GEORGE CATLIN

Die Indianer Nordamerikas

und die während eines achtjährigen Aufenthalts unter den wildesten Stämmen erlebten Abenteuer und Schicksale

BAND 1

GUSTAV KIEPENHEUER VERLAG
LEIPZIG UND WEIMAR

Aus dem Amerikanischen übertragen
und mit Anmerkungen von Heinrich Berghaus (1797–1884).
Der Text folgt der von Adolf Sommerfeld 1924 in Berlin edierten Ausgabe.
Unterschiedliche Schreibweisen von Personen- und Stammesnamen
wurden vereinheitlicht.
Nachwort von Veit Klahre

ISBN Sammel-Nr. 3-378-00379-0
ISBN 3-378-00380-4
(Bd. 2 ISBN 3-378-00381-2)

1. KAPITEL

Wyoming, Geburtsort des Verfassers – Seine frühere Beschäftigung – Erste Veranlassung zu seinen Reisen in das Indianerland – Gesandtschaft der Indianer in Philadelphia – Erster Ausflug in den ›Fernen Westen‹ im Jahre 1832 – Absicht, eine Nationalgalerie zu gründen – Zahl der besuchten Stämme, der Gemälde und der übrigen gesammelten Gegenstände – Wahrscheinliche Vertilgung der Indianer – Die richtige Art, sich ihnen zu nähern und ihren Charakter zu würdigen

Da die folgenden Blätter auf das dringende Verlangen einiger Freunde schnell nach einer Reihe von Briefen und Bemerkungen bearbeitet wurden, die ich während eines mehrjährigen Aufenthaltes und Umherwanderns unter einigen der wildesten und entlegensten Indianerstämme schrieb, so habe ich es für das beste gehalten, mein Buch gleich mit dieser Seite zu beginnen, ohne alle weitere Vorrede und Zueignung als die, welche ich hiermit an alle Leser richte.

Sollte es einer Entschuldigung bedürfen, daß ich so ohne alle Umstände beginne, so mögen meine Leser wissen, daß ich bei diesem Band weder Raum noch Zeit übrighabe, um mich und mein Buch in die Welt einzuführen.

Nachdem ich so ohne weiteres begonnen habe, will ich die Sünde auf mich nehmen, dieses Kapitel als das erste an die Spitze der oben erwähnten Reihe von Briefen zu stellen, obgleich es mehrere Jahre später geschrieben wurde; ich bin dadurch in den Stand gesetzt, mich bei meinen Lesern (die bis jetzt noch wenig oder nichts von mir wissen) mit wenigen Worten einzuführen und zugleich den in den folgenden Kapiteln beschriebenen Gebräuchen solche Erläuterungen hinzuzufügen, welche als Schlüssel oder Kommentar dienen und die Leser auf den Inhalt vorbereiten können.

Bei der großen Menge von Büchern, die in dieser aufgeklärten Zeit die Welt überschwemmen, halte ich es für meine Pflicht, so bald als möglich um Verzeihung dafür zu bitten, daß ich überhaupt ein Buch geschrieben, und sodann (falls etwa meine Leser ein solches Gefallen an meinen Erzählungen finden sollten, daß sie mir die Kürze meines Werkes zum Vorwurf machen) es mir zu nicht geringem Verdienst anrechnen, daß ich ihre Zeit und ihre Geduld nicht länger mißbraucht habe.

Indem ich es also meinen Lesern überlasse, selbst aufzufinden, was in dem Buch enthalten ist, ohne ihnen irgend etwas zu versprechen, beginne ich von mir selbst zu berichten, daß ich vor einigen dreißig Jahren in Wyoming in Nordamerika geboren bin, und zwar von Eltern, die bald nach der Beendigung des Revolutionskrieges und nach dem unseligen Ereignis der ›Indianerermordung‹ in jenes schöne und berühmte Tal kamen.

Meine Jugend wurde einigermaßen unnütz vertändelt, indem ich statt der Bücher lieber die Flinte und die Angel in die Hand nahm.

Auf das dringende Verlangen meines Vaters, eines praktizierenden Advokaten, gab ich diese Lieblingsunterhaltungen sowie die gelegentliche Beschäftigung mit dem Pinsel, die ich bereits sehr liebgewonnen hatte, auf und begann unter der Leitung von Reeve und Gould die Rechte zu studieren. Ich besuchte die Vorlesungen dieser gelehrten Advokaten zwei Jahre, wurde zur Advokatur zugelassen und praktizierte in meiner Heimat als eine Art von Nimrods-Advokat zwei oder drei Jahre, worauf ich vorsichtig meine juristische Bibliothek und alles, bis auf meine Flinte und Angelrute, verkaufte, für den Erlös mir Pinsel und Farben anschaffte und in Philadelphia ohne Lehrer oder Ratgeber die Malerei begann.

Ich übte meine Hand mehrere Jahre in dieser Kunst, und während ich beständig den Wunsch hegte, in einem Zweig dieser Kunst etwas zu leisten und dieser mit Enthusiasmus mein ganzes Leben zu widmen, erschien plötzlich in Philadelphia eine Gesandtschaft von zehn bis fünfzehn Indianern von edlem und würdevollem Äußeren aus den Wildnissen des ›Fernen Westens‹, geschmückt und gerüstet in ihrer ganzen klassischen Schönheit – mit Schild und Helm – Tunika und Mantel – bemalt und geschmückt – kurz, wie geschaffen für die Palette eines Malers.

Schweigend und mit stoischer Würde stolzierten diese Herren der Wälder, in ihre bemalten Mäntel gehüllt, die Stirn mit den Federn des Kriegsadlers geschmückt, in der Stadt umher und erregten allgemeine Bewunderung. Als sie endlich nach Washington abgingen, hing ich lange Zeit mit tiefem Bedauern meinen Gedanken nach, bis ich endlich zu folgenden Schlüssen kam: Schwarze und blaue Kleider und Zivilisation dienen nicht nur dazu, die Grazie und Schönheit der Natur zu verhüllen, sondern auch, sie zu vernichten. Der Mensch in der Einfachheit und Erhabenheit seiner Natur, unbeschränkt und ungehemmt durch die Vermummungen der Kunst, ist gewiß das schönste Modell für den Maler – und das Land, das diese Modelle gewährt, ist unstreitig das beste Studium oder die beste Schule der Künste in der Welt; ein solches ist nach den Modellen, die ich gesehen habe, jedenfalls die Wildnis von Nordamerika. Und die Geschichte und die Gebräuche eines solchen Volkes durch malerische Darstellungen aufzubewahren sind Aufgaben, wert, daß ein Mann seine Lebenszeit darauf verwendet, und nichts als der Verlust meines Lebens soll mich hindern, ihr Land zu besuchen und ihr Geschichtsschreiber zu werden.

Es lag etwas ungemein Angenehmes in diesem Entschluß, der mich mitten unter solche lebenden Modelle für meinen Pinsel versetzen und die oben genannten Lieblingsgegenstände, die in der Stadt so lange schon dem Rost und dem Verderben preisgegeben waren, ohne die mindeste Aussicht, wieder zu meinem Vergnügen beizutragen, zu meinem Unterhalt und zu meinem Schutz wieder in meine Hände bringen sollte.

Mein Entschluß stand fest – ich teilte meine Absicht Verwandten und Freunden mit, ohne jedoch bei einem einzigen Beifall zu finden. Ich versuchte ehrlich und redlich alles Mögliche, aber es war vergeblich, diejenigen zu überzeugen, deren Ängstlichkeit alle nur denkbaren Schwierigkeiten und Gefahren aufsuchte, ohne imstande zu sein, die Größe und Wichtigkeit meiner Absichten zu begreifen oder zu würdigen; ich riß mich daher von allen los – von meiner Frau und meinen bejahrten Eltern – und war mein eigener Ratgeber und Beschützer.

Indem meine Absichten auf diese Weise feststanden, begann ich, bewaffnet und gerüstet, im Jahre 1832 meine Wanderungen und drang in die weiten und pfadlosen Wildnisse, die gewöhnlich der große ›Ferne Westen‹ des nordamerikanischen Kontinents genannt werden, mit leichtem Herzen und mit der enthusiastischen Hoffnung und dem festen Vertrauen, daß ich alle Zufälle und Entbehrungen überwinden würde, die mit einem Leben verbunden sein müssen, das der schriftlichen und geographischen Darstellung der Sitten, Gebräuche und des Charakters eines interessanten und mit schnellen Schritten von der Erde verschwindenden Menschenschlages gewidmet ist; und indem ich einer dahinsterbenden Nation, die keinen eigenen Geschichtsschreiber und Biographen hat, um getreu ihre Personen und ihre Geschichte zu schildern, die Hand reiche, werde ich das, was zum Besten der Nachwelt aufbewahrt werden kann, einer schnellen Vergessenheit entreißen und als ein treues und gerechtes Denkmal der Erinnerung an einen großen und edlen Menschenschlag verewigen.

Mit diesen Beschäftigungen habe ich bereits acht Jahre verbracht, meistenteils mich in dem Indianerland unter den roten Männern aufgehalten und mich bei ihren Spielen und Vergnügungen soviel wie möglich mit ihnen identifiziert, um mit ihrem Aberglauben und ihren geheimen Gebräuchen, die den Schlüssel zum Leben und dem Charakter des Indianers bilden, besser bekannt zu werden.

Ich begann mein mühsames und gefahrvolles Unternehmen mit dem Vorsatz, nach und nach jeden Indianerstamm auf dem Kontinent von Nordamerika zu besuchen und von den angesehensten Personen, sowohl Männern als Frauen eines jeden Stammes, ähnliche Bildnisse, Ansichten ihrer Dörfer, Spiele usw. sowie ausführliche Nachrichten über ihren Charakter und ihre Geschichte mit nach Hause zu bringen. Ich wollte mir auch ihre Trachten und eine vollständige Sammlung der von ihnen verfertigten Kunstgegenstände und Waffen verschaffen und dies alles in einer einzigen Galerie aufstellen zum Besten und zur Belehrung künftiger Geschlechter.

Alles Verdrießliche, was eine ernste Idee dieser Art etwa haben mag, nehme ich für mich in Anspruch, da ich unstreitig der erste Künstler war, der auszog, um seine Leinwand bis zu dem Felsengebirge (Rocky Mountains) zu tragen, und ein bedeutender Teil der folgenden Blätter wurde bereits in den Jahren 1832 und 1833 in den New-Yorker Zeitungen veröffentlicht, also lange zuvor, ehe Washington Irving und andere, deren interessante Erzählungen der Welt vorliegen, ihre Reisen unternahmen.

Ich habe noch keineswegs alle Stämme besucht; aber ich habe einen sehr großen Weg und mit weit vollständigerem Erfolg zurückgelegt, als ich erwartete.

Ich habe achtundvierzig verschiedene Stämme besucht, die größtenteils verschiedene Sprachen redeten und zusammen vierhunderttausend Seelen zählten. Ich habe dreihundertzehn Bildnisse in Öl mitgebracht, auf denen die Indianer sämtlich in ihrer Nationaltracht und in ihren eigenen Wigwams gemalt wurden; ferner zweihundert Ölgemälde, die Ansichten von ihren Dörfern, ihren Wigwams, ihren Spielen und religiösen Gebräuchen, ihren Tänzen, ihren Ballspielen, ihren Büffeljagden und anderen Belustigungen (die zusammen über dreitausend ganze Figuren enthalten) sowie Landschaften ihres Gebietes darstellen und außerdem eine sehr große und merkwürdige Sammlung von Trachten und anderen von ihnen verfertigten Gegenständen, von der Größe eines Wigwams bis zu der einer Feder oder einer Rassel.

Einige der interessantesten dieser Gemälde habe ich, im verkleinerten Maßstab gezeichnet, diesem Buch beigefügt. Dies ist alles, was ich für jetzt über mich und mein Werk zu sagen wünsche.

Über die Indianer habe ich weit mehr zu sagen, werde es aber weiter nicht zu entschuldigen suchen, daß ich die Aufmerksamkeit meines Lesers für die nachfolgende Schilderung ihres Charakters und ihrer Gebräuche in Anspruch nehme.

Die Indianer (wie ich sie nennen werde), die Wilden oder die roten Männer der Wälder und Prärien Nordamerikas, sind von besonderem Interesse durch ihre relative Stellung zu den zivilisierten Völkern und durch ihren großen Abstand von diesen. Wir sehen hier ein zahlreiches Volk, dessen Ursprung in undurchdringliches Dunkel gehüllt, dessen frühere Geschichte unbekannt ist, dessen nationale Existenz sich ihrem Ende naht, von dessen Gebieten in dem kurzen Zeitraum von zweihundertfünfzig Jahren drei Viertel in den Besitz der weißen Männer gekommen sind, von dem zwölf Millionen dem Branntwein, den Blattern und dem Bajonett zum Opfer gefallen sind, und von dem nur noch ein kleiner Teil übrig ist, um noch eine kurze Zeit zu leben, in der gewissen Voraussicht, bald demselben Schicksal anheimzufallen.

Der Schriftsteller, der es unternehmen wollte, die Geschichte eines solchen Volkes mit allem Unglück und Mißgeschick, von dem es betroffen worden, zu schreiben, müßte notwendig mehr Raum haben, als mir in dieser kurzen Übersicht zu Gebote steht; auch müßte er, ebenso wie ich, mit den Lebenden beginnen, oder er liefe Gefahr, sich bei der Einleitung seines Werkes so lange aufzuhalten, bis die gegenwärtig noch lebenden Reste dieses Menschenschlages verschwunden sind und ihre Existenz und ihre Gebräuche, gleich denen vergangener Zeiten, von denjenigen, für die sein Buch bestimmt wäre, in Zweifel gezogen würden. Ein solcher Schriftsteller muß auch, um gerecht zu sein, mancherlei Theorien und Meinungen berichtigen, die, sei es aus Unwissenheit oder aus bösem Willen, unvertilgbar in der Welt verbreitet worden sind; er muß ferner vieles sammeln und ordnen, was nur unvollkommen berichtet oder zugunsten eines Volkes geschrieben ist, das nicht die Mittel hat, dergleichen aufzuzeichnen, sondern dies der Redlichkeit und Genauigkeit seiner Feinde zu überlassen gezwungen ist.

Eine solche Geschichte müßte auch eine genaue Darstellung der den roten Männern widerfahrenen Behandlung sowie der Ursachen enthalten, die ihren schnellen Verfall herbeigeführt haben; ferner eine klare und systematische Prophezeiung in bezug auf die Zeit und die Art ihrer endlichen Vertilgung, gegründet auf die Ursachen und das Verhältnis ihrer früheren und jetzigen Verminderung.

Mag mir nun eine so herkulische Arbeit künftig zufallen oder nicht, ich sende jetzt dieses Buch, das die Taten und Gebräuche der

Lebenden enthält, in die Welt hinaus, und ich hoffe zuversichtlich, daß sowohl diejenigen Leser, die sich unterrichten und die historischen Tatsachen kennenlernen wollen, als auch diejenigen, die nur der Unterhaltung wegen lesen, befriedigt sein werden.

Jedermann weiß, daß die Indianer Nordamerikas kupferfarbig, daß ihre Augen und Haare schwarz, daß sie höchst unkultiviert und nicht getauft, daß sie aber nichtsdestoweniger doch menschliche Wesen sind mit Gesichtszügen, Gedanken, Vernunft, Gefühlen wie wir; aber wenige wissen, wie sie leben, wie sie sich kleiden, wie sie beten, welcher Art ihre Handlungen, ihre Gebräuche, ihre Religion, ihre Vergnügungen usw. sind, die sie in den unkultivierten Gegenden ihres noch unbetretenen Landes ausüben. Dies alles klar und bestimmt zu schildern ist der Hauptzweck des Werkes.

Es würde unmöglich sein, in einem Buch beschränkten Umfanges alle Sitten und Gewohnheiten dieses Volkes zu beschreiben; was indes darüber erzählt worden ist, habe ich selbst an Ort und Stelle, so wie es vor meinen Augen vorging, geschildert, und wenn einige meiner Erzählungen etwas zu stark gefärbt erscheinen sollten, so hoffe ich, man wird auch mir diejenige Nachsicht angedeihen lassen, die man herkömmlicherweise allen Künstlern gewährt, deren Hauptfehler bei ihren Gemälden mehr in der Lebhaftigkeit der Farben als in der Zeichnung besteht. Ich glaube jedoch, daß sich sonst nichts darin finden wird, weshalb ich um Nachsicht zu bitten hätte, selbst wenn einiges davon die Leichtgläubigkeit stutzig machen und mir den Tadel derjenigen Kritiker zuziehen sollte, die, während sie zu Hause an ihrem Pult sitzend, sich des Weins und einer guten Zigarre erfreuen, die einfachen Erzählungen eines ehrlichen Reisenden (der sein Leben abkürzt, indem er für die Welt einsammelt) vornehmen und ihn und sein Werk der Vergessenheit, sein Weib und seine Kinder zur Armut und zum Hungertod verdammen, nur weil er Szenen beschreibt, die sie nicht gesehen haben und daher nicht glauben.

Die Indianer Nordamerikas, die bis auf weniger als zwei Millionen zusammengeschmolzen sind, waren einst die unbestrittenen Besitzer des Bodens, auf dem der Große Geist sie erschaffen, ein glückliches, blühendes Volk, das sich aller ihm bekannten Bequemlichkeiten und Genüsse des Lebens erfreute und täglich Dankgebete zu dem Großen Geist für seine Güte und seinen Schutz emporsandte. Sie zählten damals sechzehn Millionen. Da kamen vor wenigen Jahrhunderten die weißen Männer in ihr Land, und dreißig Millionen von ihnen mühen sich jetzt ab für die Güter und Genüsse des Lebens, über den Gebeinen und der Asche von zwölf Millionen roter Männer, von denen sechs Millionen durch die Blattern und die übrigen durch das Schwert, das Bajonett und den Branntwein dahingerafft worden sind. Alle diese Mittel des Todes und der Vernichtung wurden von den weißen Männern eingeführt, deren Vorfahren der arme Indianer freundlich aufnahm und mit ›Ähren vom grünen Korn und Pemmikan‹ bewirtete. Von den noch vorhandenen zwei Millionen sind 1 400 000 bereits lebend der Habgier des weißen Mannes zum Opfer gefallen, entartet und entmutigt durch den Genuß des Branntweins und die ihn begleitenden Laster. Die übrigen, die die Drohungen oder die Schmeicheleien des weißen Mannes und seine Reizmittel noch nicht verführt haben, leben in ihren wilden Schlupfwinkeln noch nach ihrer alten Art.

Mit diesen habe ich größtenteils meine Zeit verlebt, und ihren Gebräuchen sind die folgenden Blätter hauptsächlich gewidmet. Ihre Gewohnheiten, wie wir sie bei ihnen beobachten können, sind allein die einheimischen, und diese sind es, die ich für künftige Zeiten aufzubewahren wünschte.

Von den Toten und den Sterbenden, von denen, die den Tod erlitten und von denen, die ihm entgegengehen, werde ich ausführlicher am Schluß dieses Buches sprechen oder später, wenn ich Muße dazu finde und von diesen Dingen sprechen kann, ohne der Welt oder irgend jemand in ihr Anstoß zu geben.

Das auf den folgenden Blättern entworfene Bild, das ich der freien und lebendigen Wirklichkeit des Lebens und nicht der unsicheren Erinnerung oder der Häßlichkeit und Entstellung, der Krankheit und des Todes entnommen habe, übergebe ich der Welt sowohl zur Unterhaltung als zur Belehrung, und ich hoffe, sie wird es mir verzeihen, wenn sie etwa der Meinung sein sollte, daß ich den Charakter der Indianer überschätzt oder daß ich zu sehr in das einzelne der indianischen Mysterien und Albernheiten eingegangen sei.

Um mich recht zu verstehen und aus diesen Briefen den Nutzen zu ziehen, den sie beabsichtigen, muß daher der Leser sich mit mir weit von der zivilisierten Welt entfernen; er muß die Stadt New York verlassen, das Alleghanygebirge übersteigen und mir weit jenseits des mächtigen Missouri und selbst bis an den Fuß und auf die Gipfel des Felsengebirges, eine Strecke von einigen tausend englischen Meilen, folgen; er muß alles, was er in den Büchern über indianische Grausamkeit, über mutwillige Metzeleien und Mordtaten gelesen, vergessen und die seit der Kindheit gegen diesen unglücklichen Menschenschlag eingesogenen Vorurteile ablegen. Er muß bedenken, daß, wenn er die Wilden Nordamerikas gesehen, ohne eine solche Reise gemacht zu haben, er seine Schlüsse nur auf diejenigen gründen kann, die an der Grenze leben, deren Gewohnheiten verändert, deren Stolz gebrochen, deren Land geplündert, deren Weiber und Kinder schändlich mißbraucht, deren Besitztum ihnen entrissen, deren Körper durch den übermäßigen Genuß von Branntwein entnervt worden, deren Freunde und Verwandte frühzeitig ins Grab gesunken, deren angeborener Stolz endlich den durch die Zivilisation ihnen eingeimpften Lastern gewichen und, im stillen durch das tiefe Gefühl der Beleidigung und des Unrechts genährt, zu grausamer Rache bereit ist. – Er muß bedenken, daß, wenn er seine angebliche genaue Kenntnis dieses Volkes nur aus Büchern und Zeitungen geschöpft hat, er doch wenigstens sein Urteil über den Charakter eines Volkes zurückhalten sollte, das unter der Hand seiner Feinde stirbt, ohne die Mittel zu besitzen, seine eigene Geschichte zu schreiben – das in seiner Nacktheit mit seinen einfachen Waffen gegen Flinte und Pulver, gegen Branntwein und Stahl und Krankheit und gepanzerte Krieger kämpft, die es fortwährend mit Füßen treten und endlich auf demselben Boden, den sie dem armen Wilden entrissen, frohlockend die Geschichte seiner Grausamkeit und Barbarei verkünden, während unter den Furchen, die ihr Pflug zieht, friedlich seine Gebeine ruhen.

Die Ungleichheit zwischen dem wilden und zivilisierten Menschen ist in jeder Beziehung, sowohl hinsichtlich der Waffen und der Verteidigungsmittel als des Unternehmungsgeistes, der Fertigkeiten und der Erziehung, so groß, daß der erstere fast immer, im Krieg wie im Frieden, und selbst dann noch der Unterliegende ist, wenn seine Pfeife und sein Tomahawk ihm bereits in das Grab gefolgt sind und sein Charakter der Geschichte anheimgefallen ist, und erwartet, daß seine Feinde, denen er dies hat überlassen müssen, seinem Andenken werden Gerechtigkeit widerfahren lassen.

Einige Schriftsteller, ich bedaure, es sagen zu müssen, haben den Charakter des nordamerikanischen Indianers als im höchsten Grad düster, halsstarrig, grausam und blutgierig geschildert und stellen ihn kaum über das Tier, während andere, und unter diesen ich selbst, den roten Männern einen hohen Rang anweisen und sie als höchst intelligente Wesen darstellen; noch andere endlich, sowohl Freunde als Feinde der roten Männer, von ihnen als einer ›Anomalie‹ der Natur sprechen.

Ich habe weder Zeit noch Neigung, hier einer so unverantwortlichen Behauptung zu widersprechen, und begnüge mich mit der

Überzeugung, daß jener Ausdruck weit mehr auf denjenigen Teil der Menschheit passen würde, der sich am weitesten von der Natur entfernt hat, als auf solche, die sich in der Sphäre, für die der Große Geist sie bestimmte, einfach bewegen und sie ausfüllen.

Nach dem, was ich von diesem Volk gesehen habe, fühle ich mich ermächtigt zu sagen, daß ich in seinem Charakter durchaus nichts Auffallendes oder Unerklärliches gefunden habe. Es ist vielmehr sehr leicht zu begreifen, wenn man nur die rechten Mittel anwendet, sich mit ihm bekannt zu machen; es hat allerdings auch seine Fehler, allein auch wiederum vieles, was den Beifall und die Bewunderung der zivilisierten Welt verdient. Und wer diese Blätter mit Aufmerksamkeit liest, wird, wie ich hoffe, mir darin beistimmen, daß der nordamerikanische Indianer in seinem Naturzustand bieder, gastfrei, redlich, unerschrocken, kriegerisch, grausam, rachsüchtig, halsstarrig – aber dennoch ein ehrenwertes, denkendes und religiöses Wesen ist.

Ist dies der Fall, so denke ich, ist es genug, um ihn der Welt zur redlichen Prüfung zu empfehlen, und es wird wohl in dieser aufgeklärten Zeit in allen zivilisierten Ländern noch Mitleid genug vorhanden sein, um einem untergehenden Geschlecht die helfende Hand zu reichen, vorausgesetzt, daß Vorurteil und Furcht, was bisher den zivilisierten Menschen beständig von dem wilden entfernt gehalten, abgelegt werden können.

Ich habe durch eine lange Bekanntschaft mit diesem Volk die feste Überzeugung gewonnen, daß dieser Unwissenheit der Weißen in bezug auf den wahren Charakter und die Neigungen der Indianer hauptsächlich alles Mißgeschick, das die letzteren betroffen hat, zuzuschreiben ist; man hielt sich stets voll Mißtrauen von ihnen entfernt und betrachtete sie als Feinde, gegen die man nur ein System beständigen Krieges und Betruges in Anwendung bringen könne.

Es ist indes nicht schwierig, sich dem Indianer in seinem wilden Naturzustand zu nähern und mit ihm bekannt zu werden, wenn man nur die oben erwähnten Vorurteile und Besorgnis ablegen kann und sich die Mühe nimmt, wie ich es getan habe, ihn in seinem einfachen Naturzustand aufzusuchen, wie er unter seinem bescheidenen Dach, umgeben von Weib und Kind, seine Pfeife raucht, während seine treuen Hunde und Pferde außerhalb seines Zeltes lagern. – So kann jedermann ihn sehen und seine Freundschaftspfeife mit ihm rauchen, die unveränderlich mit einem herzlichen Willkommen dem Fremden dargereicht und ihm zugleich im nächsten Augenblick zur Stillung des Hungers das Beste, was der Wigwam bietet, vorgesetzt wird.

Aber die meisten Menschen werden ihn höchstwahrscheinlich nicht so sehen, denn er ist zu weit entfernt und nur denen erreichbar, welche Golddurst und Habgier in jene fernen Regionen lockt und die durch Scham abgehalten werden, der Welt die Tugenden mitzuteilen, die sie zu Boden geworfen und mit Füßen getreten haben.

Selbst den Gebrauch des Wortes ›Wilder‹ in seinem gewöhnlichen Sinn bin ich geneigt, als einen Mißbrauch des Wortes und als eine Schmach für das Volk, auf das es angewendet wird, zu betrachten. Das Wort bedeutet doch eigentlich nichts als wild oder wilder Mensch, und ein wilder Mensch kann von seinem Schöpfer mit allen menschlichen und edlen Eigenschaften ausgerüstet sein, die in dem Herzen eines gesitteten Menschen wohnen. Unsere Furcht und Besorgnisse vor diesem Volk hat daher diesem Wort eine neue Bedeutung gegeben, und fast die ganze zivilisierte Welt bezeichnet mit dem Wort ›Wilder‹ den wütendsten, grausamsten und blutgierigsten Charakter, den man sich nur denken kann.

Der greuliche Bär (Ursus ferox – Grizzly Bear) wird wild genannt, weil er blutdürstig, raubgierig und grausam ist, und ebenso der Tiger, und beide sind, gleich dem armen roten Menschen, gefürchtet worden, weil man sich teils aus Unwissenheit auf Vorurteil von ihnen fernhielt, teils, wenn man in Berührung mit ihnen kam, sie nicht zu behandeln verstand, bis van Amburgh der Welt zeigte, daß es selbst bei diesen wilden und unvernünftigen Tieren nur der Freundschaft und des engen Anschließens von seiten ihres Herrn bedarf, um Gehorsam und Liebe bei ihnen zu finden.

Auf den folgenden Blättern wird man viele auffallende Beispiele von der Gastfreundschaft, Rechtlichkeit und dem Ehrgefühl dieses unwissenden und unaufgeklärten Volkes und als Gegenstück dazu viele Beweise von den finsteren, grausamen und widrigen, durch den heilsamen Einfluß der Gesetze und des Christentums nicht gezügelten Leidenschaften finden.

Ich habe während sieben oder acht Jahren nach und nach an drei- bis vierhunderttausend dieses Volkes unter den allerverschiedensten Umständen besucht, und nach den vielfachsten und durchaus freiwilligen Handlungen ihrer Gastlichkeit und Freundlichkeit fühle ich mich verpflichtet zu sagen, daß sie von Natur ein friedsames und gastliches Volk sind. Ich war stets in ihrem Land willkommen und wurde mit dem Besten bewirtet, was sie hatten, ohne jemals etwas dafür zu entrichten; sie haben mich oft mit Gefahr ihres Lebens durch das Land ihrer Feinde geleitet und mich bei dem Transport meines schweren Gepäcks über Gebirge und Flüsse unterstützt, und unter allen diesen Umständen, während ich ihnen doch gänzlich preisgegeben war, hat niemals ein Indianer mich verraten, mich mißhandelt oder mir nur das Geringste von meinem Eigentum entwendet.

Dies spricht sehr (und ist, wenn der Leser mir glauben will, auch ein Beweis) für die Tugenden dieses Volkes, wenn man sich erinnert (und dies sollte man tun), daß es in ihrem Land keine Gesetze gegen den Diebstahl gibt, daß Schlösser und Riegel ihnen unbekannt sind und daß den Dieb keine andere menschliche Strafe treffen kann als die Verachtung, die in den Augen seines Volkes seinem Charakter als Schandmal anhaftet.

Und so sonderbar es auch klingen mag, ich habe oft in diesen kleinen Gemeinden trotz des Mangels aller Rechtssysteme dennoch Ruhe und Frieden und eine Glückseligkeit in einem Grad herrschen sehen, daß Könige und Kaiser sie darum beneiden könnten. Ich habe gesehen, daß Recht und Tugend beschützt, Unrecht bestraft wurde; ich habe eheliche, kindliche und elterliche Zärtlichkeit in der natürlichen Einfachheit und Genügsamkeit gesehen. Ich habe eine innige und dauernde Zuneigung zu einigen dieser Männer gefaßt, die ich nicht zu vergessen wünsche – deren Herzen ich nahestand und die bei unserer endlichen Trennung mich in ihre Arme schlossen und mich und meine Angelegenheiten dem Großen Geist empfahlen.

Aus den obigen Gründen wird der Leser es mir verzeihen, wenn ich so lange und so nachdrücklich bei der Gerechtigkeit der Ansprüche dieses Volkes verweilte und mit blutendem Herzen gelegentlich mein Bedauern aussprach über das Schicksal, das die Überreste dieses unglücklichen Geschlechts erwartet und das von den Felsen und Tieren seines Heimatlandes lange überlebt werden wird; angegriffen von seinen Mitmenschen, deren Habgier, wie zu befürchten steht, dem irdischen Elend des Indianers erst dann ein Ziel setzen wird, wenn dieser im Grab liegt.

Ich kann nicht umhin, hier noch einmal zu wiederholen, daß die Stämme der roten Männer Nordamerikas, als eine Nation menschlicher Wesen, ihrem Untergang nahe sind; daß, um ihr eigenes, sehr schönes Bild zu gebrauchen, ›sie schnell gegen Sonnenuntergang hin zu den Schatten ihrer Väter eilen‹ und daß der Reisende, der dieses Volk in seiner ursprünglichen Einfachheit und Schönheit sehen will, sich bald nach den Prärien und dem Felsengebirge begeben muß, weil er sie sonst nur so sehen wird, wie man sie jetzt an den Grenzen sieht, wie einen Korb voll toten Wildes, abgemattet, gejagt, blutend und tot, ihrer Federn und Farben beraubt; und unter denen man sich, um ihren Nationalcharakter zu schätzen, vergeblich nach irgendeinem anderen Moralsystem oder Maßstab umsieht, als der ist, wonach man ihn nur zu oft als aus Grausamkeit und Barbarei zusammengesetzt geschildert hat.

2. KAPITEL

Mündung des Gelben Steinflusses (Yellowstone River) – Entfernung von St. Louis – Schwierige Schiffahrt auf dem Missouri – Herr Chouteau und der Major Sandford – Fort der Pelzcompagnie – Indianische Epikuräer – Neue und wahre Schule für die Künste – Schöne Modelle

Ich erreichte das Fort an der Mündung des Gelben Steinflusses an Bord des Dampfbootes ›Yellow Stone‹ nach einer dreimonatigen Reise von St. Louis, das über vierhundert deutsche Meilen von hier entfernt ist. Der größere Teil dieser Strecken ist nie zuvor von Dampfbooten befahren worden, bis die fast unübersteiglichen Hindernisse, welche sich fortwährend dem Reisenden auf diesem trüben Strom entgegenstellen, durch den unermüdlichen Eifer des Herrn Chouteau allmählich überwunden wurden. Der Major Sandford, Regierungsagent für die Missouri-Indianer, befand sich auch auf dem Dampfboot.

Die amerikanische Pelzcompagnie hat hier zum Schutz gegen die Wilden ein sehr starkes Fort errichtet, das dreihundert Fuß im Quadrat und mit Kanonen besetzte Bastionen hat. Unsere Annäherung an das Fort, unter dem eine halbe Stunde lang währenden Donner der Kanonen und dem gellenden Geschrei der an den Ufern versammelten, halb erschrockenen Indianer, bot einen auffallenden und malerischen Anblick. Eine an Ereignissen so reiche Reise, die so viel neue, malerische und romantische Szenen darbot, während das Dampfschiff an den Dörfern der ›erstaunten Wilden‹ vorüberfuhr und sie mit dem Ausströmen des Dampfes und dem Donner des Geschützes grüßte, würde Stoff zu vielen Kapiteln liefern, und ich kann mir das Vergnügen nicht versagen, zuweilen einige der Szenen, deren Zeuge ich war und noch bin, sowie die Gefühle zu schildern, die sich des Fremden bemächtigen, der durch dies interessante und luxuriöse Land reist – denn beides ist es, ein wahres

Land der Epikuräer. Wir wurden von den Wilden zu Festessen von Hundefleisch, als der ehrenvollsten Speise, die dem Fremden vorgesetzt werden kann, eingeladen und mit den köstlicheren Biberschwänzen und Büffelzungen bewirtet.

In dieser, fast achthundert deutsche Meilen von meinem Geburtsort entfernten Gegend, wohin mich allein der Enthusiasmus für meine Kunst gebracht hat, bieten mir sowohl die Landschaften als die Menschen die schönsten Modelle für meinen Pinsel dar, und ich betrachte diese Wildnis als die wahre Schule für die Kunst, und seitdem ich mitten unter tausenden dieser Ritter des Waldes lebe, bin ich überzeugt, daß sie bei ihrem kraftvollen Gliederbau dreist mit jenen Modellen wetteifern können, die die griechischen Bildhauer in den Stand setzten, ihren marmornen Bildsäulen eine so unnachahmliche Schönheit und Anmut zu geben. Keine Einbildungskraft, sei sie auch von den lebendigsten Beschreibungen unterstützt, vermag sich jemals ein Bild zu schaffen von der Schönheit und Wildheit der Szenen, die man in diesem romantischen Land täglich erblickt. So zum Beispiel, wenn Hunderte von anmutigen jungen Leuten mit dem vollen Ausdruck des Vergnügens auf dem Antlitz, während ihr langes schwarzes Haar, im Wind flatternd, sich mit dem Schweif des Pferdes vermischt, über die grüne Flur hinfliegen, um mit Spiel und Pfeil in eine Herde wütender Büffel Tod und Verderben zu bringen; oder wenn sie bei dem glänzenden Kriegsgepränge, geschmückt mit den prächtigsten Farben und Verzierungen, sich mit ihrer männlichen Schönheit, mit dem größten Anstand und mit jenem kecken Trotz von Menschen bewegen, die niemand auf Erden über sich erkennen und keinen Gesetzen verantwortlich sind als den Gesetzen Gottes und der Ehre.

Außer der Kenntnis der menschlichen Natur und meiner Kunst habe ich bei diesem mühevollen und kostspieligen Unternehmen noch einen anderen Zweck, der, wenn er auch mir nicht von gleichem Nutzen sein sollte, doch für die Nachwelt nicht ohne Interesse und Wert sein wird. Ich habe seit vielen Jahren gesehen, daß das edle Geschlecht der roten Männer, die in den pfadlosen Wäldern und den grenzenlosen Wiesenfluren zerstreut sind, bei der Annäherung der Zivilisation zusammenschmilzt. Ihre Rechte werden angetastet, ihre Moralität wird untergraben, ihr Gebiet ihnen entrissen, ihre Gebräuche werden verändert und gehen verloren, bis sie endlich ins Grab sinken und die Pflugschar den Rasen über ihren Gräbern umwendet, und ich bin herbeigeeilt – nicht um ihr

Leben oder ihr Geschlecht zu retten (denn sie sind ›verurteilt‹ und müssen sterben), sondern um ihr Aussehen und ihre Trachten zu retten, auf die die erobernde Gesittung all ihr Gift spritzen und sie zu Boden werfen und zu Boden treten mag, die aber dennoch gleich einem Phönix sich ›von der Palette eines Malers‹ wieder erheben und auf der Leinwand jahrhundertelang als Denkmäler eines edlen Geschlechts fortleben werden. Zu diesem Zweck beschloß ich, jeden Indianerstamm auf dem Kontinent zu besuchen, wenn ich am Leben bliebe, um in jedem Stamm Bildnisse ausgezeichneter Indianer beiderlei Geschlechts in ihrer Nationaltracht und zugleich ihre Dörfer, häuslichen Sitten, Spiele, Mysterien, religiösen Gebräuche usw. zu malen und Anekdoten, Überlieferungen und geschichtliche Daten der einzelnen Nationen zu sammeln.

Das Resultat meiner Arbeiten wird ohne Zweifel für künftige Zeiten von Interesse sein, denen außerdem nichts übrigbleibt, wonach sie diesen ursprünglichen einfachen Menschenschlag beurteilen könnten, weil ihm in wenigen Jahren das Fortschreiten der Zivilisation und der Tod alle seine nationalen Gebräuche und seinen nationalen Charakter geraubt haben wird.

3. KAPITEL

Charakter des Missouristroms – Schöne Prärieufer – Malerische Tonhügel – Erstes Erscheinen eines Dampfbootes auf dem Yellowstone-Fluß und sonderbare Vermutungen der Indianer – Niederlassung der Pelzcompagnie am Yellowstone – M'Kenzie, seine Tafel und seine Höflichkeit – Indianerstämme in der Nachbarschaft

Bevor ich zu den Vergnügungen und Gebräuchen dieses schönen Landes übergehe (die bis jetzt dem größten Teil der Welt noch unbekannt sind), will ich über meine beschwerliche Reise von St. Louis bis zu dem Fort an der Mündung des Yellowstone, eine Strecke von mehr als vierhundert deutschen Meilen, die man zurücklegen muß, ehe man diesen wilden und lieblichen Ort erreicht, einige Worte sagen.

Der Missouri unterscheidet sich in seinem Aussehen und Charakter vielleicht von allen Flüssen der Welt; man fühlt sich beängstigt, sobald man aus dem Mississippi in sein schlammiges Wasser kommt. Von der Mündung des Yellowstone bis zu seiner Vereinigung mit dem Mississippi durchströmt der Missouri mit seinem brausenden trüben Wasser eine Strecke von mehr als vierhundert deutschen Meilen, und auf dieser ganzen Entfernung ist kaum ein Ruheplatz für ein Boot. Durch das fortwährende Herabstürzen der unterwaschenen Alluvialufer ist das Wasser stets trübe und undurchsichtig und hat zu allen Jahreszeiten das Ansehen von Schokolade oder Kaffee mit Milch und Zucker. Um mich von dieser Undurchsichtigkeit noch besser zu überzeugen, habe ich sowohl bei dem Fort als weiter stromabwärts mehrere Versuche angestellt, deren Resultate mich ungemein überraschten. Ich legte nämlich ein Stück Silber (und später ein Stück einer Muschel, das noch weißer ist) in ein mit Missouriwasser gefülltes Glas und konnte es, wenn ich von der Seite durchsah, nicht durch eine Wasserschicht von einem Achtel Zoll Dicke erkennen. Dies war jedoch im Frühjahr, zu welcher Zeit der Fluß hohen Wasserstand hat und daher weit trüber ist als in den anderen Jahreszeiten, obwohl er immer schlammig und gelb ist und ein Fremder, wegen des brausenden und wilden Charakters und der ungewöhnlichen Farbe dieses Stromes, selbst bei dem niedrigsten Stand glauben würde, es sei Hochwasser.

Bis auf mehr als zweihundert Meilen oberhalb St. Louis ist der Strom an den Ufern (und an manchen Stellen das ganze Bett) mit Zweigen und Baumstämmen von den größten Dimensionen angefüllt, die mit dem unterwaschenen Ufer in den Strom gestürzt sind und mit den Wurzeln am Boden festsitzen, während die Wipfel, stromabwärts gerichtet, auf dem Wasser schwimmen und dem kühnen Reisenden Furcht und Schrecken einflößen.

Fast auf jeder Insel und Sandbank liegen große Massen dieser schwimmenden Bäume, und bei hohem Wasserstand ist die Oberfläche des Stromes buchstäblich mit solchem Treibholz bedeckt, wodurch es sowohl den Kiel- als den Dampfbooten unmöglich wird, den Strom hinaufzufahren.

Mit welchem Recht man diese Wasserhölle den ›Styxfluß‹ nennt, wage ich nicht zu entscheiden, aber nichts könnte passender oder unschuldiger sein, als diesen Strom den River of Sticks (Baumstammfluß) zu nennen.

Die Szene ist jedoch nicht überall so düster; die Ufer sind mit schönen grünen Rasenflächen bedeckt, und an vielen Orten treten die Wälder von stattlichen Baumwollstämmen bis dicht an das Ufer heran, mit dem sie, wenn es unterwaschen ist, in den Strom stürzen und dem Ozean zugeführt werden.

Der größere Teil der Ufer dieses Stromes ist jedoch ohne Wald, und das Auge verweilt gern auf den schönen Prärien, die sich meistenteils sanft gegen den Fluß hin senken, mit Rasen von dunkelstem Grün bedeckt sind und in der Ferne allmählich in einen Samtteppich von den reichsten Farben übergehen, die kein Pinsel wiederzugeben vermag. Je mehr man sich der Quelle nähert – in der oberen Hälfte seines Laufs – verschwinden die Baumstämme und Zweige, aber der Strom behält seinen heftigen und trüben Charakter.

Man hat, sehr mit Unrecht, die Szenerie dieses Flusses als einförmig und aller malerischen Schönheiten entbehrend geschildert. Dies ist wahrscheinlich von Leuten geschehen, die nicht zu den besten Richtern über Naturschönheiten gehörten oder doch nicht darauf achteten, indem sie, aus Furcht vor den Wilden, die dies schöne Land bewohnen, zu sehr mit der Sorge für die Sicherheit ihres Lebens und ihres Pelzwerkes beschäftigt waren. Eine Strecke von tausend englischen Meilen und darüber erschien mir wie ein Feenland, und während dieses Teils meiner Reise war ich fast immer auf dem Verdeck und ergötzte mich daran, die zahllosen Berge, Hügel, Täler und Schluchten zu betrachten, wo die Herden von erschreckten Büffeln, Elens, Antilopen, von schleichenden Wölfen und Bergziegen, jede auf ihre eigene Weise und in der größtmöglichen Eile, sich dem Anblick und dem Geräusch des Dampfbootes zu entziehen suchten, das zum ersten Mal die grünen und wilden Ufer des Missouri mit dem Getöse des mächtigen Dampfes begrüßte.

Von St. Louis bis zu den Wasserfällen des Missouri, eine Strecke von mehr als fünfhundertfünfzig deutschen Meilen, ist eine zusammenhängende Prärie, die nur an wenigen Stellen längs der Ufer des Stromes und seiner Nebenflüsse durch üppigen Wald unterbrochen wird.

Die größte Erhebung dieser Prärien, die sich östlich und westlich vom Missouri in fast endlose Ferne erstrecken, beträgt zweihundert bis dreihundert Fuß über dem Niveau des Stromes, der sich ein Bett oder Tal für seinen Lauf gebildet hat, dessen Breite von zwei bis zwanzig englische Meilen wechselt. Dies Bett oder Tal ist augenscheinlich durch die Gewalt der Strömung gebildet worden, die allmählich diesen ungeheuren Raum ausgewaschen und die Trümmer in den Ozean geführt hat. Durch die beständig wiederholten Überschwemmungen des Stromes sind diese Massen abgelagert worden und haben auf den Wiesen zu beiden Seiten den reichsten Alluvialboden mit horizontaler Oberfläche gebildet, durch die der Fluß sich im Schlangenlauf hindurchwindet und abwechselnd von einem Hügelhorn (bluff) zum anderen fließt, die sich in höchst malerischen Formen und in den schönsten Farben zeigen; einige senken sich mit ihren grünen Abhängen in den lieblichsten Gruppen allmählich bis an den Rand des Wassers, während andere, ihres Grüns beraubt, sich als ungeheure Tonmassen von verschiedenen Farben zeigen und die wunderlichsten Ansichten darbieten. Diese sonderbaren und malerischen Formen sind durch Regen und Frost entstanden, die unausgesetzt diese kahlen Hügel verändern, indem sie ihre Abhänge auswaschen und in den Fluß hinabspülen.

Unter diesen Gruppen sieht man tausend verschiedene malerische Formen; an einigen Stellen glaubt man, während das Boot vorüberfährt, vor und hinter sich meilenweit die endlosen Ruinen einer alten Stadt zu sehen – Wälle, Terrassen, Dome, Türme, Zitadellen und Kastelle – Kuppeln, schöne Säulenhallen, hier und da eine einzelne Säule, zerfallene Piedestale und selbst einige einzeln stehende Spitzsäulen von Ton – und das alles glänzt in der Ferne, wenn das Sonnenlicht von den Tausenden von Gipskristallen, die in dem Ton eingelagert sind, reflektiert wird. Werden diese Gruppen von Domen und Mauern mit Zinnen am Morgen oder Abend von den Sonnenstrahlen beleuchtet, so gewährt dies einen Anblick, den nur derjenige sich vorstellen kann, der dies schöne und malerische Land besucht hat.

In diesen wilden und ruhigen Schlupfwinkeln leben in Herden das Bergschaf und die schnelle Antilope sicher vor ihren Feinden, denen die Abhänge dieser Bluffs fast unzugänglich sind. Auch der greuliche Bär hat sich diese Plätze zu seinem Aufenthalt gewählt, wo er grämlich in den Schluchten und Abgründen herumschleicht und den lauernden Indianer verscheucht, während die Bergschafe und Antilopen sich auf den Gipfeln der Hügel herumtummeln, sicher vor Störungen durch Menschen und Raubtiere.

Dies ist eine flüchtige Skizze der Szenen und Gegenden, die sich auf einer Strecke von fünfhundert deutschen Meilen während einer Fahrt von drei Monaten unserem Auge darboten.

Nichts hat wohl die Indianer jemals so sehr in Erstaunen gesetzt als das Dampfboot, wenn es rauchend, rudernd und brausend an ihren Dörfern vorüberflog. Diese armen und unwissenden Menschen hatten auf dieser ganzen Strecke nie etwas von einem Dampfboot gehört, und an einigen Orten schienen sie durchaus nicht zu wissen, was sie tun oder lassen sollten; sie konnten nicht, wie ein Holländer zu Newburgh am Hudsonfluß, es für eine ›schwimmende Sägemühle‹ halten; sie hatten keinen Namen dafür, und daher war es, wie alles, was ihnen geheimnisvoll und unerklärlich ist, Medizin (Geheimnis). Wir hatten eine zwölfpfündige Kanone und drei oder vier achtpfündige Drehbassen an Bord, die für das Fort der amerikanischen Pelzcompagnie an der Mündung des Yellowstone-Flusses bestimmt waren, und sowie wir uns einem Dorf näherten, wurden diese sämtlichen Geschütze mehrmals schnell hintereinander abgefeuert, was die armen Bewohner in die äußerste Verwirrung und Bestürzung versetzte. Einige warfen sich mit dem Gesicht auf die Erde und riefen den Großen Geist an – andere schossen ihre Pferde und Hunde tot und opferten sie, um den Großen Geist zu versöhnen, den sie beleidigt glaubten – noch andere verließen ihre Dörfer und rannten auf die Gipfel der einige englische Meilen entfernten Hügel, oder sie kamen, wenn das Boot ihrem Dorf gegenüber landete, vorsichtig ans Ufer, um zu sehen, was aus ihren Häuptlingen werden würde, die durch ihre Stellung verpflichtet waren, zu uns an Bord zu kommen, mochten wir Freunde oder Feinde sein. Zuweilen, wenn der Kapitän zu seinem Vergnügen die Dampfpfeife ertönen ließ, stürzten alle, Männer, Frauen, Kinder, Hunde, Häuptlinge, alt und jung in einer bunten Masse übereinander hin.

Ihre meisten Männer stellten mancherlei wunderliche Vermutungen über die Beschaffenheit und die Kräfte des Dampfbootes auf. Unter den Mandanern nannten es einige das ›große Donnerboot‹, denn als wir in einiger Entfernung von dem Dorf waren, sahen sie den Blitz des Pulvers und hörten den Donner des Geschützes; andere nannten es das ›große Medizin-Kanoe mit Augen‹; Medizin mußte es sein, weil sie es nicht verstanden, und Augen mußte es haben, weil, wie sie sagten, ›es seinen eigenen Weg sieht und das tiefe Wasser in der Mitte des Bettes aufsucht‹. Sie hatten keine Idee davon, daß das Boot von dem Mann am Steuerruder gelenkt werde, und mußten daher wohl erstaunen, als sie sahen, daß es stets das tiefste Wasser wählte. Ich werde später noch einige merkwürdige Vorfälle dieser Art mitteilen.

Das Fort an der Mündung des Yellowstone-Flusses ist von Herrn M'Kenzie, der jetzt darin wohnt, erbaut worden. Es ist die größte und am besten gebaute Niederlassung dieser Art am Fluß und bildet den Mittelpunkt und die Hauptniederlage für die Geschäfte der Pelzcompagnie in dieser Gegend. Es befindet sich hier ein großer Vorrat an Waren, und zu gewissen Zeiten des Jahres kommen die

Agenten von den zahlreichen Außenposten mit dem Ertrag ihres Handels hier zusammen, um sich von neuem mit Waren für den Handel mit den Indianern zu versehen.

Das Fort hat eine sehr gute Lage in einer schönen Prärie am Ufer in der Nähe der Einmündung des Yellowstone-Flusses in den Missouri; die Bewohner und die Vorräte sind gegen die Angriffe der Indianer hinreichend geschützt.

Herr M'Kenzie, ein großherziger, hochsinniger Schotte, scheint mit der Leitung der Pelzcompagnie in dieser Gegend und bis an die Felsengebirge beauftragt zu sein. Er wohnt gut und bequem innerhalb des Forts, das etwa acht Blockhäuser und Magazine enthält; gewöhnlich befinden sich hier vierzig bis fünfzig Mann und hundertfünfzig Pferde, letztere außerhalb des Forts. Seine Tafel ist mit allem ausgestattet, was das Land bietet: mit Büffelfleisch und Zungen, mit Biberschwänzen und Knochenmark, nur gibt es keinen Kaffee, kein Brot und keine Butter, dafür aber guten Wein, denn täglich wird eine Flasche Madeira und trefflicher Portwein in einen Kübel mit Eis gestellt und beim Diner geleert.

Dieser Handelsposten ist der Versammlungsort einer großen Anzahl von Indianerstämmen der Umgegend, die des Handels wegen hier zusammenkommen; zuweilen erscheinen ganze Stämme. Gegenwärtig lagern hier um das Fort die Knisteneaux, Crows (Krähen), Assiniboins und Blackfeet (Schwarzfüße). Ich werde diese und noch andere in ihrer Heimat besuchen und hoffe, auf diese Weise die Odschibbewäs, Assiniboins, Knisteneaux, Schwarzfüße, Krähen, Schaiennes, Großbäuche, Mandaner und andere zu sehen und in den folgenden Blättern über ihre Gebräuche, Geschichte, Überlieferungen, Trachten usw. zu berichten.

4. KAPITEL

Indianer des oberen Missouri – Allgemeiner Charakter – Büffel – Art, sie zu töten – Büffeljagd – Chardons Sprung – Verwundeter Büffel – M'Kenzies außerordentliche Geschicklichkeit – Rückkehr von der Jagd

Die verschiedenen Indianerstämme, die das Land am oberen Missouri bewohnen, haben unstreitig von allen auf dem Kontinent das hübscheste Aussehen, sind am besten ausgerüstet und am prächtigsten gekleidet. Sie leben in einem Land, das reich an Büffeln und wilden Pferden ist, die ihnen einen trefflichen und leicht zu erlangenden Lebensunterhalt gewähren. Die reine Atmosphäre gibt ihnen Gesundheit und langes Leben, und sie sind die unabhängigsten und gesündesten von allen Indianerstämmen, die ich gesehen habe. Sie befinden sich alle noch in dem Zustand ursprünglicher Wildheit und haben daher etwas Malerisches und Schönes, das sich kaum beschreiben läßt, und nichts kann einige ihrer Spiele und Unterhaltungen, ihre Tänze und festlichen Aufzüge an Grazie und Schönheit übertreffen.

Soweit ich in das Indianergebiet vorgedrungen bin, habe ich es bestätigt gefunden, daß diejenigen Indianer, die noch am meisten im Naturzustand leben und am wenigsten von der zivilisierten Welt wissen, an ihrem Körper höchst reinlich, in ihrer Kleidung elegant und in ihrem Betragen höflich sind. Die Krähen- und Schwarzfußindianer stehen in dieser Beziehung wohl obenan, und wer sie nicht in ihrer Heimat gesehen hat, kann sich keinen Begriff davon machen, welcher Reichtum, wieviel Geschmack selbst in der Kleidung bei einigen dieser Indianer herrscht.

Jeder dieser Söhne des Waldes oder vielmehr der Prärie ist ein freier Mann; die Frauen sind seine Sklavinnen. Das einzige, was er seiner würdig hält, ist, sich mit Bogen, Köcher, Schild und Speer auf sein schnaubendes Roß zu schwingen oder ohne allen Schmuck, nur mit Bogen und Köcher, sich zu Pferde unter die fliehenden Büffelherden zu stürzen und von seinem selten fehlenden Bogen den tödlichen Pfeil zu senden.

Die Büffelherden, die in zahlloser Menge auf den schönen Prärien weiden, gewähren ihnen Überfluß an Fleisch, und sie ziehen dies so sehr allem anderen Fleisch vor, daß die Hirsche, Elentiere und Antilopen in großen Rudeln in der größten Sicherheit in den Prärien umherstreifen, denn die Indianer töten sie gewöhnlich nur, wenn sie ihrer Häute zur Kleidung bedürfen. Der Büffel, oder richtiger Bison, ist ein edles Tier, das auf den weiten Prärien von der mexikanischen Grenze im Süden bis zur Hudsonbai im Norden umherschweift. Er ist etwas größer als der gemeine Stier; sein Fleisch, das einen köstlichen Geschmack hat, einigermaßen dem von fettem Rindfleisch ähnlich, gewährt dem Wilden eine gesunde und leicht zu erlangende Nahrung, von der er fast ausschließlich lebt. Die Häute, Hörner, Hufe und Knochen verwendet er zur Anfertigung von Kleidungsstücken, Schilden, Bogen usw. Der Büffelstier ist, wenn er zum Widerstand gereizt wird, eines der wütendsten und am grimmigsten aussehenden Tiere. Die lange zottige Mähne, die Nacken und Schultern in großer Fülle bedeckt, hängt oft bis auf die Erde hinab. Die Büffelkuh ist kleiner und nicht so wütend, obgleich auch ihr Ansehen nicht weniger wild und furchtbar ist.

Die Art, wie die Indianer den Büffel töten – er wird fast nur mit dem Pfeil und der Lanze, und zwar im vollen Jagen, erlegt –, bietet ein im höchsten Grad belebtes, anziehendes Schauspiel. Ich begleitete fast täglich die Indianer auf die Jagd und nahm oft selbst daran teil, noch öfter aber ritt ich nur nebenher, um die einzelnen Szenen genau zu studieren und sie dann auf die Leinwand zu übertragen.

Ich will jetzt eine Jagd beschreiben, die Herr M'Kenzie mit einer Anzahl seiner Leute ohne Indianer veranstaltete und an der ich teilnahm. Er hat innerhalb des Forts einen geräumigen Eiskeller, worin er das Büffelfleisch lange Zeit frisch aufbewahrt; geht der Vorrat zur Neige, so besteigt er sein Lieblings-Büffelpferd (das heißt dasjenige Pferd, das am besten zur Büffeljagd abgerichtet ist), nimmt seine leichte kurze Flinte, die sich am bequemsten im vollen Jagen laden läßt, und geht mit fünf oder sechs seiner Leute nicht auf die Jagd, sondern ›nach Fleisch‹. So zogen wir denn auch eines Morgens aus, nämlich die Herren M'Kenzie, Chardon, Baptiste Defonde, Tullock, ich und noch einige andere, deren Namen ich nicht weiß. Vier oder fünf Mann erhielten noch den Befehl, uns mit ebenso vielen einspännigen Wagen zu folgen, um die erlegten Büffel nach Hause zu schaffen. Wir setzten über den Fluß und hatten einige englische Meilen im Galopp zurückgelegt, als wir von einem Hügel aus eine Büffelherde von vierhundert bis fünfhundert Stück erblickten, die sich hier gewiß vollkommen sicher glaubten und von denen einige grasten, andere lagen und schliefen. Wir näherten uns ihnen bis auf eine englische Meile, machten halt, und Herr Chardon ›warf die Feder‹, um zu sehen, woher der Wind komme (ein Gebrauch, der immer beobachtet wird); dann begann das ›Auskleiden‹, das heißt, jeder entledigte sich und sein Pferd aller unnötigen Gegenstände, die bei der Jagd hinderlich sein konnten: Hüte, Röcke und Kugelsäcke wurden abgelegt, die Ärmel aufgestreift, ein Tuch um den Kopf, ein anderes um den Leib gebunden, die Patronen zurechtgemacht und in die Westentasche gesteckt oder ein halbes Dutzend Kugeln in den Mund genommen usw. Dies währte etwa zehn bis fünfzehn Minuten, und nachdem nun der Anführer den Jagdplan vorgelegt hatte, die Flinten geladen und die Ladestöcke in die Hand genommen waren, ritten wir alle in einer Front und im langsamen Schritt vorwärts. Die Pferde sind hier sämtlich-

auf diese Jagd eingeübt und scheinen mit demselben Enthusiasmus daran teilzunehmen wie ihre Reiter. Während des Auskleidens und Ladens zeigten sie die größte Ungeduld, und als wir uns der Herde näherten, schienen sie alle von der Jagdlust begeistert zu sein, denn selbst der trägste Gaul stolzierte mit elastischem Schritt, einer biß auf die Stange, spitzte die Ohren und richtete seine funkelnden Augen auf das Wild, während er unter dem Sattel seines Reiters zitterte.

Auf diese Weise ritten wir vorsichtig und schweigend weiter und waren den Büffeln bis auf etwa zehn oder fünfzehn Ruten nahe gekommen, als sie uns erblickten, kehrtmachten und in Masse davonliefen. Nun ging es vorwärts (und vorwärts müssen alle, denn niemand würde in einem solchen Augenblick sein Pferd zurückhalten können), und dahin flogen wir über die Prärie, in eine Wolke von Staub gehüllt. M'Kenzie war der vorderste und verschwand bald in dem Staub. Ich hatte einen großen Stier entdeckt, dessen Schultern über die ganze Herde hervorragten, und drängte mich durch, um an seine Seite zu kommen. Ich ging nicht nach ›Fleisch‹, sondern nach einem ›Siegeszeichen‹; ich wollte seinen Kopf und seine Hörner. Ich jagte durch die über die Ebene hinstürmende Herde, von allen Seiten gedrängt und gestoßen, so daß ich oft nicht wußte, ob ich auf einem Büffel oder auf meinem Pferd saß, bis ich endlich an die Seite meines Stiers gelangte und ihm einen Schuß beibrachte. Ich sah den Blitz von mehreren Flinten, hörte aber keinen Knall. Chardon hatte einen stattlichen Stier verwundet und wollte eben zum zweiten Mal schießen; beide waren, ebenso wie wir, in vollem Rennen und dicht vor mir, als der Stier sich plötzlich umwandte und das Pferd auf die Hörner nahm, so daß Chardon einen Froschsprung über den Büffel hinweg machte und fast unter den Hufen meines Pferdes zu Boden fiel. Ich ritt so schnell als möglich zu ihm zurück; er lag noch am Boden, der Büffel neben ihm, mit den Beinen nach oben, und quer über demselben das Pferd. Ich stieg sogleich ab; indes hob sich Chardon auf den Händen empor, Augen und Mund voll Staub, und suchte seine Flinte, die an dreißig Schritte weit von ihm lag. »Um Himmels willen, seid Ihr verletzt, Chardon?« – »Nein, nein, ich glaube nicht. Oh, das bedeutet nichts, Herr Catlin, das ist nichts Neues – aber das ist hier ein verdammt harter Boden.« Bei diesen Worten wurde der arme Mensch ohnmächtig, erhob sich jedoch nach wenigen Augenblicken wieder, nahm seine Flinte und ergriff sein Pferd beim Zügel, das mit Gestöhn aufstand, den Staub abschüttelte – und wir waren alle wieder auf dem Platz, mit Ausnahme des Stiers, der das traurigste Schicksal hatte.

Ich sah mich nun nach der fliehenden Herde und unseren Gefährten um, allein von beiden war nichts zu sehen als die Staubwolke, die sie hinter sich gelassen hatten. Dagegen erblickte ich in geringer Entfernung zur Rechten meinen großen Stier, der sich auf drei Beinen so schnell wie möglich von diesem gefährlichen Boden zu entfernen suchte. Ich galoppierte auf ihn los, und sogleich kehrte er sich kampffertig gegen mich; er schien sehr gut zu wissen, daß er mir nicht entgehen könne, und wollte daher sein Leben so teuer wie möglich verkaufen.

Ich fand, daß mein Schuß ihn etwas zu weit nach vorn getroffen, eine Schulter zerschmettert hatte und in der Brust steckengeblieben war; bei seiner großen Masse war es ihm daher unmöglich, auf mich loszuspringen. Ich näherte mich ihm bis auf wenige Schritte, nahm mein Skizzenbuch heraus, legte meine Flinte quer über den Sattel und begann ihn zu zeichnen, indem ich es dem Scharfsinn meines Pferdes überließ, mich außer dem Bereich der Gefahr zu halten. Er stand ganz still, während aus seinen Augen die größte Wut blickte. Ich ritt rund um ihn herum und zeichnete ihn in verschiedenen Stellungen; einmal legte er sich nieder, und ich zeichnete ihn in dieser Lage; dann warf ich meine Mütze nach ihm, worauf er sich wieder erhob und wieder gezeichnet wurde. Auf diese Weise erhielt ich einige unschätzbare Skizzen dieses wutblickenden Untieres, das von meiner Zeichnung gewiß nichts ahnte.

Niemand kann sich einen Begriff machen von dem Blick eines solchen Tieres; ich fordere die ganze Welt auf, mir ein anderes Tier zu nennen, das einen so entsetzlichen Blick hat wie ein großer Büffelstier, der verwundet ist und sich, vor Wut aufschwellend, zum Kampf umwendet – seine Augen sind blutrot, seine lange zottige Mähne hängt bis auf den Boden – das Maul steht offen, und er stößt Ströme von Dampf und Blut aus Maul und Nase aus, wenn er sich bückt, um auf seinen Angreifer loszuspringen.

Während ich ruhig zeichnete, kamen M'Kenzie und seine Gefährten, ihre erschöpften Rosse am Zügel führend, von der Jagd zurück, und hinter uns vier oder fünf Wagen, um das Fleisch nach Hause zu schaffen. Alle versammelten sich um mich und meinen Stier, den ich durch einen Schuß in den Kopf tötete. Wir setzten uns auf die Erde, jeder zündete seine Pfeife an und erzählte seine Heldentaten. Ich selbst wurde herzlich ausgelacht, weil ich als Neuling einen alten Stier getötet hatte, dessen Fleisch ungenießbar ist. Ich ritt mit M'Kenzie zurück, der mir fünf Kühe zeigte, die fettesten und schönsten der Herde, die er erlegt hatte, und zwar auf einer Strecke von einer englischen Meile; alle wurden im gestreckten Galopp getötet, und jeder Schuß ging gerade durchs Herz. In der kurzen Zeit, die erforderlich ist, um eine englische Meile im Galopp zurückzulegen, hatte er fünfmal geschossen, viermal geladen, die Tiere ausgewählt und mit jedem Schuß getötet! Außerdem waren noch sechs Tiere erlegt worden. Es wurden nunmehr ihre besten Teile abgeschnitten, auf die Wagen und Packpferde geladen und das übrige den Wölfen preisgegeben.

So leben die weißen Männer in diesem Land, auf diese Weise verschaffen sie sich ihren Lebensunterhalt, und dies ist eine von ihren Vergnügungen, wobei man Gefahr läuft, sich alle Rippen zu zerbrechen und hinterher noch wegen seiner Torheit und Unklugheit verspottet zu werden.

5. KAPITEL

Häuptlinge der Schwarzfüße – Ihre Kleidung; Frau und Kind der Schwarzfüße – Skalp – Rote Pfeifen und Fundort des Pfeifentons – Bogen, Schilde, Pfeile und Lanzen der Schwarzfüße – Ausgezeichnete Schwarzfußindianer

Es gibt vielleicht, mit Ausnahme der Krähenindianer, keinen Stamm in Nordamerika, der sich bequemer und prächtiger kleidet als die Schwarzfüße. Beide Stämme unterscheiden sich wenig hinsichtlich der Kostbarkeit und Eleganz des Kostüms sowie der Stoffe, obgleich die Näherei und die Verzierungen mit den Stacheln des Stachelschweines, die einen Hauptschmuck ihrer Staatskleider bilden, bei jedem Stamm verschieden ist, so daß jeder, der sich mit diesen Moden etwas vertraut gemacht hat, sogleich danach den Stamm zu bestimmen vermag. So bestand zum Beispiel die Kleidung des erwähnten Häuptlings, den ich zeichnete, in einem Hemd oder einer Tunika aus zwei Hirschhäuten, mit dem Halsteil abwärts und so aneinandergefügt, daß die Hinterläufe zusammengenäht waren und die Nähte längs des Armes von den Schultern bis zu den Handknöcheln hinliefen. Jede Naht war mit einer zwei Zoll breiten, sehr schönen Stickerei von Stacheln des Stachelschweins bedeckt, und von dem unteren Rand derselben, von der Schulter bis zur Hand, hingen Fransen von schwarzem Haar, das er den von ihm im Gefecht getöteten Feinden geraubt hatte. Die Beinkleider bestanden aus demselben Stoff, und von der Hüfte bis zum Fuß hinab war ein Streifen von gleicher Breite, und auf gleiche Weise mit Stacheln und Haarlocken verziert, angebracht. Letztere werden von den Skalpen entnommen und als Siegeszeichen getragen.

Die Frau (Squaw) dieses Häuptlings, Ih-nis-kin (Kristall), habe ich ebenfalls gezeichnet. Sie hat ziemlich angenehme Gesichtszüge, was bei den Schwarzfußindianern eine Seltenheit ist. Sie trug eine Kleidung aus Fellen und war die jüngste und zuletzt gewählte von sechs oder acht Frauen, weshalb sie von ihrem Mann wie ein Augapfel bewacht wurde. Der Enkel dieses Häuptlings (Satschem), ein Knabe von sechs bis acht Jahren und zu jung, um schon einen Namen zu haben, wurde auch von mir gezeichnet, und zwar in der Tracht eines Kriegers mit Bogen und Köcher und einem Mantel von der Haut eines Waschbären. Die Geschichte dieses Kindes ist interessant. Sein Vater ist tot, und nach dem Ableben des oben erwähnten alten Häuptlings wird es erbliches Oberhaupt des Stammes. Die Krähenindianer hatten diesen Knaben bereits zweimal geraubt, aber die Schwarzfüße ihn jedesmal mit großem Verlust an Menschen wieder befreit und ihn dann zu Herrn M'Kenzie in das Fort gebracht, wo er bleiben soll, bis er sein Amt als Häuptling zu übernehmen imstande ist.

Der Skalp, von dem oben die Rede war, besteht aus einem Teil der Kopfhaut von der Größe der Handfläche oder auch kleiner, welcher auf dem Wirbel des Kopfes, da wo das Haar strahlenförmig von einem Punkt ausgeht, herausgeschnitten und mit großer Sorgfalt getrocknet und aufbewahrt wird, als Beweis von der Erlegung eines Feindes dient und dem Mann Anspruch auf den Namen eines Kriegers gibt. Wenn der Skalp ›umtanzt‹ worden ist, das heißt, nachdem die Krieger um den auf eine Stange gesteckten oder von einer alten Frau emporgehaltenen Skalp herumgetanzt haben, welches in Zwischenräumen zwei bis drei Wochen lang geschieht, so wird er an den Stiel einer Lanze oder Kriegskeule befestigt, oder der Sieger teilt das Haar in kleine Locken und schmückt seine Kleidung damit. Es ist sehr schwer, einen so verzierten Anzug von den Indianern zu erlangen, da er ihnen gewöhnlich um keinen Preis feil ist. (Von dem Skalp, dem Skalpieren und dem Skalptanz wird weiter unten mehr die Rede sein.)

Die Mokassins des Häuptlings sind ebenfalls von Hirschhaut gemacht und auf ähnliche Weise verziert. Sein Mantel ist aus der

Haut eines jungen Büffelstieres verfertigt, die das Haar behält und auf der inneren, mit Stacheln des Stachelschweins verzierten Seite die Kämpfe der Helden auf sehr sinnreiche, wenn auch rohe Weise in Zeichnungen darstellt. Das Rohr seiner Pfeife ist vier bis fünf Fuß lang und zierlich mit den Spitzen von Stachelschweinstacheln von verschiedener Farbe umwunden; der Kopf ist aus Speckstein geschnitten, wie fast alle Pfeifenköpfe der Indianer. Nach der Aussage der Wilden findet sich dieser Speckstein an einem Ort zwischen dem Fort und den St.-Anthony-Wasserfällen an den Quellen des Mississippi. Der Fundort ist geheiligt und neutraler Boden, wo alle Stämme dieser Gegenden, sowie vom Mississippi und den großen Seen, zusammentreffen, und auf Befehl des Großen Geistes selbst die erbittertsten Feinde sich als Freunde behandeln müssen.

Auf ähnliche Weise wie dieser Satschem (Häuptling) kleiden sich alle oben erwähnten Häuptlinge der Schwarzfüße und sind, wie alle diese nordwestlichen Stämme, mit Bogen, Köcher und Lanze bewaffnet und tragen am linken Arm einen Schild zum Schutz gegen die Pfeile.

Die Kleidung und Rüstung dieser ›Lanzenritter‹ ist ganz klassisch. Sie sind, im wahren Sinn des Wortes, fast beständig zu Pferde und führen ihre Waffen auf den offenen Ebenen mit furchtbarem Erfolg, wo sie im vollen Jagen das Wild erlegen und den Feind töten. Es herrscht in dieser Beziehung bei allen Stämmen, die diese großen Ebenen oder Prärien des Westens bewohnen, derselbe Brauch. Diese Ebenen liefern ihnen einen Überfluß an wilden und schnellen Pferden, auf deren Rücken sie im vollen Jagen jedes Tier erreichen können und dann mit Leichtigkeit töten.

Der Bogen, scheinbar eine unbedeutende Waffe, wird in den Händen seines Besitzers, der von Jugend auf an dessen Handhabung gewöhnt ist, zu einer Waffe von fast unglaublicher Kraft. Seine Länge beträgt gewöhnlich etwa drei, zuweilen nur zwei und einen halben Fuß. Diese geringen Dimensionen haben gewiß ihren guten Grund, denn ein kleiner Bogen ist zu Pferde allerdings besser zu gebrauchen als ein großer. Die meisten dieser Bogen sind von Eschenholz gemacht und auf der Außenseite mit Lagen von Büffel- oder Hirschsehnen versehen, die unzertrennlich daran befestigt sind und ihnen eine große Elastizität geben. Viele Bogen bei den Schwarzfüßen und den Krähenindianern sind auch aus Knochen oder aus den Hörnern des Bergschafes verfertigt. Die Bogen von Knochen sind die besten und werden hier nur für den Preis von einem oder zwei Pferden verkauft. Ich habe mehrere sehr schöne Bogen dieser Art erhandelt. Wenn ich aber fragte, aus welchen Knochen dieselben verfertigt worden, so erhielt ich stets die Antwort: »Das ist Medizin«, das heißt, es ist ein Geheimnis für sie, oder sie wünschen nicht, darüber befragt zu werden. Diese Knochen stammen offenbar von keinem der Tiere her, die gegenwärtig auf den Prärien oder in den Gebirgen zwischen dem Fort und dem Großen Ozean leben, denn einige dieser Bogen sind drei Fuß lang, aus einem Stück und dabei so dicht, hart, weiß und poliert wie Elfenbein; sie können daher nicht, wie manche glauben, von dem Geweih des Elens gemacht sein, das dunkelfarbig und porös ist, und ebensowenig von Büffelhörnern. Ich bin daher der Meinung, daß die Indianer an der Küste des Großen Ozeans die Kinnbacken des Pottfisches, der daselbst oft auf den Strand geworfen wird, sammeln und im Gebirge an die Schwarzfuß- und Krähenindianer verkaufen, die dann ihre Bogen daraus verfertigen, ohne über ihre Herkunft mehr zu wissen als wir.

In den Händen eines Indianers auf schnellem, gut dressiertem Pferd ist dieser Bogen in den offenen Ebenen eine höchst wirksame, gewaltige Waffe. Von der Kraft, womit die Pfeile abgeschossen werden und von den tödlichen durch sie verursachten Wunden kann sich niemand eine Vorstellung machen, wenn er nicht einer Jagd der Indianer auf eine Büffelherde beigewohnt hat. Die Pfeilspitzen sind entweder aus Feuerstein oder Knochen von den Indianern selbst gemacht, oder es sind Stahlspitzen, wie sie gegenwärtig hauptsächlich von den Pelzhändlern bis an die Rocky Mountains geliefert werden. Der Köcher, der stets auf dem Rücken getragen wird, ist aus Panther- oder Otterfell gemacht und enthält gewöhnlich zweierlei Arten von Pfeilen: die eine Art ist für den Feind bestimmt, gewöhnlich vergiftet und mit langen Widerhaken versehen, damit die Spitze in der Wunde zurückbleibt, wenn der Schaft, an den sie nur leicht angeleimt ist, herausgezogen wird; bei der anderen Art, die nur zur Jagd dient, sind die Spitzen gut an dem Schaft befestigt und die Haken umgekehrt, damit sie leicht aus der Wunde gezogen und wieder benutzt werden können.

Menschen und Pferde sind in diesem Land so eingeübt, daß dies Geschäft des Tötens für sie ein leichtes Spiel ist. Die Pferde sind so abgerichtet, daß sie sich den Tieren auf der rechten Seite nähern, so daß der Reiter seinen Pfeil nach links hin abschießen kann; sie laufen, ohne daß der Zügel gebraucht wird, der lose auf dem Nakken hängt, und bringen den Reiter bis auf drei oder vier Schritte von dem Tier, worauf der Pfeil mit großer Leichtigkeit und Sicherheit ins Herz geschossen wird, und zwar geschieht dies zuweilen mit solcher Kraft, daß er durch den Körper des Tieres hindurchgeht.

Ein Indianer auf einem schnellen und gut abgerichteten Pferd, mit seinem Bogen in der Hand und dem Köcher auf dem Rücken, der an hundert Pfeile enthält, von denen er fünfzehn bis zwanzig in einer Minute abschießen kann, ist daher ein furchtbarer und gefährlicher Feind. Manche Indianer führen auch eine Lanze von zwölf bis fünfzehn Fuß Länge mit einer Spitze von poliertem Stahl; alle aber haben einen Schild aus der Nackenhaut des Büffels, die geräuchert und mit einem aus den Hufen dieses Tieres gezogenen Leim gehärtet wird. Diese Schilde sind undurchdringlich für die Pfeile, und selbst eine Büchsenkugel prallt ab, wenn sie den Schild schief halten, was sie mit großer Geschicklichkeit zu tun wissen.

Auf solche Weise sind alle diese wilden, roten Ritter der Prärie ausgerüstet, und wie es nichts Malerischeres oder Ergreifenderes gibt als einen über die grünen, endlosen Prärien galoppierenden Trupp dieser Krieger, ebenso würde auch keine gleiche Anzahl berittener Männer in diesem Land so unwiderstehlich und unbesiegbar sein wie sie, wenn man ihnen Vertrauen auf ihre Macht und ihre Überlegenheit einflößen könnte; allein, dies ist niemals der Fall, denn so weit der Name der weißen Männer gedrungen ist, und selbst lange vorher, ehe der Indianer Gelegenheit hatte, sich mit ihnen zu messen, zitterte er vor Furcht und Angst bei seiner Annäherung. Er hört von den Künsten und der Geschicklichkeit des weißen Mannes, von seiner List und Verschlagenheit, von seinen hundert Todes- und Zerstörungswerkzeugen, er fürchtet seine Nähe, bebt mit Furcht und Zittern vor ihm zurück, und sein Stolz und sein Mut verlassen ihn bei dem Gedanken, mit einem Feind zu streiten, der, wie er glaubt, ihn mit Medizin oder geheimen Waffen bekämpft.

Ich malte hier einen Schwarzfußindianer, Pe-toh-pi-kiss (Adlerrippe), der zwar kein Häuptling, aber doch ein sehr bedeutender Mann in seinem Stamm ist. Er rühmt sich hier im Fort, daß er acht Biberfängern und Pelzhändlern eigenhändig den Skalp abgezogen habe. Sein Anzug ist prachtvoll und ganz mit Skalplocken von roten und weißen Männern bedeckt, seine Kopfbedeckung besteht aus Hermelinfellen und schön polierten, aufrecht stehenden Büffelhörnern; letztere dürfen nur die Tapfersten tragen; und ich werde später auf die Wichtigkeit und die Bedeutung dieses Schmuckes zurückkommen. Sodann malte ich noch einen alten Häuptling, der die wichtige und beneidete Würde eines ›Medizinmannes‹ bekleidet, das heißt, er ist Arzt, Zauberer, Prophet, Wahrsager, Taschenspieler und Oberpriester und wird natürlich als ein Orakel betrachtet. Sein Name ist Wun-nes-tou (der weiße Büffel).

6. KAPITEL

Medizin oder Geheimnisse – Medizinbeutel – Ursprung des Wortes ›Medizin‹ – Die Art, den Medizinbeutel zu machen – Wert des Medizinbeutels für den Indianer und die zu seiner Anfertigung nötigen Gegenstände – Ein Doktor oder Medizinmann der Schwarzfüße; seine Heilmethode – Verschiedene Ämter und Wichtigkeit des Medizinmannes

Das Wort ›Medizin‹, das ›Geheimnis‹ bedeutet, spielt eine große Rolle bei den Indianern. Die Pelzhändler in diesem Land sind fast sämtlich Franzosen und nennen natürlich einen Arzt ›Médecin‹. Das Indianerland ist aber voll von Ärzten, und da sie sämtlich Zauberer und in viele Geheimnisse eingeweiht sind oder dies wenigstens behaupten, so ist das Wort ›Medizin‹ auf alle geheimnisvollen oder unerklärlichen Dinge angewendet worden. Die Engländer und Amerikaner, die diese Gegend ebenfalls besuchen und dort Handel treiben, haben das Wort mit einer kleinen Veränderung, aber in derselben Bedeutung angenommen; sie nennen jene Personen ›Medizinmänner‹, was etwas mehr umfaßt als Doktor oder Arzt. Die Ärzte aber sind alle Medizinmänner, da man glaubt, daß sie sämtlich bei der Ausübung ihrer Kunst sich mehr oder weniger mit Geheimnissen oder Zauberei befassen. Dennoch war es notwendig, dem Wort noch eine umfassendere Bedeutung zu geben, da es sowohl unter den Indianern, als unter den jene Gegenden besuchenden Weißen Personen gab, die in den Geheimnissen bewandert waren, ohne von der Anwendung von Arzneien etwas zu verstehen; alle diese werden jetzt mit dem umfassenden Namen ›Medizinmänner‹ bezeichnet. So erschien ich diesem abergläubischen Volk als ein Medizinmann ersten Ranges, weil die Malerei ihnen etwas Unbekanntes und Unerklärliches war und daher von ihnen die ›größte Medizin‹ genannt wurde. Meine mit Perkussionsschlössern versehenen Flinte und Pistolen waren große Medizin, und kein Indianer konnte dazu bewogen werden, sie abzufeuern, denn sie wollten nichts mit des weißen Mannes Medizin zu tun haben.

Die Indianer bedienen sich jedoch nicht des Wortes ›Medizin‹, sondern jeder Stamm hat ein eigenes Wort dafür, das gleichbedeutend ist mit ›Geheimnis‹ oder ›Geheimnismann‹.

Der Medizinbeutel ist daher der ›Geheimnisbeutel‹, und man muß seine Bedeutung und Wichtigkeit kennen, da er gewissermaßen der Schlüssel zu dem Leben und dem Charakter der Indianer ist. Diese Beutel werden aus Häuten von Säugetieren, Vögeln oder Amphibien gemacht und nach dem Geschmack oder der Laune des Verfertigers auf die mannigfaltigste Art verziert oder aufbewahrt. Sie werden gewöhnlich in einem Teil der Kleidung des Indianers befestigt oder in der Hand getragen und sind oft so verziert, daß sie seiner Person zum Schmuck dienen. Sie werden stets mit Gras, Moos oder ähnlichen Dingen ausgestopft und enthalten gewöhnlich gar keine Arzneien, da sie gewissenhaft verschlossen und versiegelt und selten oder nie geöffnet werden. Jeder Indianer im Naturzustand hat seinen Medizinbeutel in irgendeiner Form, dem er die größte Verehrung beweist und von dem sein ganzes Leben hindurch Sicherheit und Schutz zu erwarten ist; man möchte dies in der Tat eine Art Götzendienst nennen, denn zuweilen scheint er ihn wirklich anzubeten. Oft werden als Medizin für einen Mann Feste veranstaltet und Hunde und Pferde geopfert; auch unterwirft der Indianer sich tage-, ja wochenlang strengen Fasten- und Bußübungen verschiedener Art, um seine Medizin zu besänftigen, wenn er glaubt, sie beleidigt zu haben.

Längs der Grenze, wo die weißen Männer über diesen albernen und nutzlosen Gebrauch lachen, ist er größtenteils abgeschafft; aber in den Gegenden am oberen Missouri besteht er noch in voller Kraft, und jeder männliche Indianer trägt seinen übernatürlichen Zauber oder Beschützer bei sich, auf den er blickt, wenn er sich im Gefecht oder in anderer Gefahr befindet; in solchen Fällen keinen Medizinbeutel bei sich zu haben wird für eine üble Vorbedeutung gehalten.

Dieser sonderbare und wichtige Artikel wird auf folgende Weise bereitet. Wenn ein Knabe vierzehn oder fünfzehn Jahre alt ist, so verläßt er auf zwei, drei, vier oder fünf Tage das Zelt seines Vaters, um ›seine Medizin zu machen‹. Er legt sich dann an einem entfernten, einsamen Ort auf die Erde, ruft den Großen Geist an und fastet während dieser ganzen Zeit. Schläft er in dieser Zeit der Enthaltsamkeit und Gefahr ein, so wird das erste Tier (Säugetier, Vogel oder Reptil), von dem er träumt oder vielleicht geträumt zu haben vorgibt, als dasjenige betrachtet, das der Große Geist zu seinem geheimnisvollen Beschützer für das ganze Leben bestimmt hat. Er kehrt sodann in seines Vaters Zelt zurück, erzählt seinen Erfolg, und nachdem er seinen Durst und Hunger gestillt, begibt er sich mit Waffen oder Fallen hinweg, bis er das ihm bestimmte Tier erlegt hat, dessen Haut er ganz aufbewahrt, sie nach Gefallen verziert und als ›Glück bringend‹, wie er sagt, lebenslänglich bei sich trägt; sie verleiht ihm Stärke im Kampf und wird bei seinem Tod mit ihm beerdigt als sein schützender Genius, der ihn sicher in die schönsten Jagdgefilde leitet, die in der anderen Welt seiner warten.

Der Medizinbeutel ist dem Indianer um keinen Preis feil; wer ihn verkaufte oder weggäbe, würde in seinem Stamm mit ewiger Schande gebrandmarkt werden; auch läßt der Aberglaube des Indianers dies schon nicht zu, da er ihn als Geschenk des Großen Geistes betrachtet. Verliert der Indianer den Medizinbeutel im Gefecht, so ist die Schande, und wenn er noch so tapfer für sein Land kämpft, kaum weniger groß, als wenn er ihn verkauft oder verschenkt hätte. Der Feind, der ihn erbeutet, zeigt ihn seinem Volk als Siegeszeichen, während der, der ihn verloren hat, die Achtung, die anderen jungen Männern seines Stammes gezollt wird, verliert und den Beinamen ›ein Mann ohne Medizin‹ oder ›der seine Medizin verloren‹ erhält, bis es ihm gelingt, den Verlust zu ersetzen. Dies kann jedoch nur geschehen, wenn er im Kampf einem von seiner Hand erlegten Feind den Medizinbeutel abnimmt. Ist dies geschehen, so hat er die Achtung seines Stammes wiedergewonnen, ja er steht sogar noch höher da, denn ein solcher Beutel wird die ›beste Medizin‹ oder ›ehrenvolle Medizin‹ genannt.

Es ist ein sonderbarer Umstand, daß ein Indianer nur einmal im Leben seine Medizin selbst machen, sie aber durch die Medizin seines Feindes ersetzen kann. Beide Bestimmungen sind ein wichtiger Beweggrund für ihn, im Gefecht tapfer zu streiten: die erste, um seine Medizin zu schützen und zu bewahren, die zweite, damit er, falls er das Unglück hat, sie zu verlieren, sie ersetzen und seinen Ruf wiedererlangen möge.

Ich konnte auf meinen Wanderungen niemals, selbst nicht für die höchsten Preise, einen Medizinbeutel von einem Indianer kaufen, und selbst an der Grenze, wo sie seinem Gebrauch entsagt haben, kann ein weißer Mann wohl den Indianer bewegen, seinen Medizinbeutel abzulegen, aber nicht, ihn zu verkaufen. Der Indianer wird ihn, dem weißen Mann zu Gefallen und um ihn vor unheiliger Berührung zu schützen, vergraben, aber er wird stets in der Nähe dieses Ortes umherstreifen und ihm seine Verehrung beweisen.

Diese wunderlichen Anhänge an der Kleidung eines Indianers werden aus den Häuten der verschiedensten Tiere gemacht, wie

Otter, Biber, Bisamratte, Wiesel, Waschbär, Iltis, Fledermaus, Maulwurf, Maus, Schlange, Frosch, Kröte, Habicht, Adler, Elster, Sperling usw.; zuweilen wird sogar die Haut eines Wolfes dazu genommen, während in anderen Fällen das Tier so klein ist, daß er es unter der Kleidung verbirgt.

Alle Stämme haben ihre Ärzte, die auch Medizinmänner, und zwar die angesehensten, sind. Sie werden ordentlich aufgefordert, den Kranken Arznei zu verordnen, wofür man sie bezahlt; manche von ihnen erlangen große Geschicklichkeit in ihrem Fach und eine bedeutende Berühmtheit unter ihrem Volk. Zuerst verordnen sie Wurzeln und Kräuter, von denen sie eine Menge verschiedener Spezies haben, und wenn diese nichts helfen, so schreiten sie zur Anwendung ihres letzten Mittels, nämlich der ›Medizin‹ oder des Geheimnisses. Wenn sie zu diesem Zweck dem Kranken den letzten Besuch abstatten, so ziehen sie einen auf die wunderlichste Weise zusammengesetzten Anzug an, tanzen über dem Kranken, schütteln ihre schrecklichen Rasseln und singen Zaubergesänge, in der Hoffnung, den Leidenden durch Zauberei zu heilen. Es kommen allerdings Fälle vor, daß der Kranke während der Anwendung dieser albernen Mittel sich wieder erholt, dann sieht man den scharfsinnigen Sohn des indianischen Äskulap mehrere Tage auf dem Dach eines Wigwams stehen, wie er der gaffenden Menge ohne allzu große Bescheidenheit kundtut, welche erstaunliche Geschicklichkeit er in seiner Kunst erworben und wie seine ›Medizin‹ durchaus unfehlbar sei. Stirbt dagegen der Kranke, so wechselt der Arzt seine Kleider, vermischt seine Klagen mit denen der Leidtragenden und versichert, es sei der Wille des Großen Geistes gewesen, daß der Kranke sterbe, weshalb seine schwachen Bemühungen, als man ihn gerufen, nicht hätten wirken können; dies genügt dem unwissenden und abergläubischen Volk, und der Ruf und Einfluß des Arztes bleibt ungeschwächt.

Ich hatte Gelegenheit, einer solchen Anwendung der ›Medizin‹ beizuwohnen, als bei dem Fort ein Schwarzfußhäuptling von einem Knisteneauxindianer erschossen worden war; es geschah dies auf folgende Weise:

Es hatten sich mehrere hundert Zuschauer, Indianer und Pelzhändler, um den sterbenden Häuptling versammelt; als es hieß, der Medizinmann komme, mußten die Anwesenden um den Verwundeten einen Kreis von dreißig bis vierzig Fuß Durchmesser bilden für die wunderbaren Operationen des Doktors, und zugleich wurde ihm so viel Platz gemacht, daß er durch die Menge hindurchgehen konnte, ohne jemand zu berühren. Als dies geschehen war, erschien der Medizinmann mit langsamem und vorsichtigem Schritt in dem Kreis, wo die tiefste Stille herrschte und man nur das leise und zufällige Tönen der Rasseln an seiner Kleidung hörte. Sein Kopf und Körper waren ganz mit der Haut eines gelben Bären bedeckt, dessen Kopf ihm als Maske diente und dessen Klauen ihm auf die Handgelenke und die Knöchel herabreichten; mit der einen Hand schüttelte er die furchtbare Rassel, und in der anderen schwang er seine Medizinlanze oder den Zauberstab. Die Mißtöne der Rassel begleitete er mit den Sprüngen und dem Geschrei der Indianer und dem abscheulichen und schreckenerregenden Grunzen, Knurren und Brummen des wütenden Bären, während er in plötzlich herausgestoßenen Kehltönen Zaubersprüche an die guten und bösen Geister richtete und um den im Todeskampf liegenden Mann herumtanzte, über ihn hinwegsprang, ihn mit den Füßen stieß und ihn nach allen Richtungen herumzerrte.

Dies währte etwa eine halbe Stunde, bis der Verwundete starb, worauf der Medizinmann sich tanzend entfernte und alles, was zu seiner Amtskleidung gehörte, sorgfältig verpackte, um es den profanen Augen zu entziehen.

Dieser Anzug ist das wunderlichste Gemisch von Gegenständen des Tier- und Pflanzenreiches. An der Haut des gelben Bären, der hier selten vorkommt, daher als eine Ausnahme von der regelmäßigen Ordnung der Natur und folglich als große Medizin betrachtet wird, sind Häute von mancherlei Tieren befestigt, die ebenfalls Anomalien oder Mißbildungen und daher Medizin sind; ferner Häute von Schlangen, Fröschen und Fledermäusen, Schnäbel, Zehen und Schwänze von Vögeln, Hufe von Hirschen, Ziegen und Antilopen; mit einem Wort – etwas von allem, was in diesem Teil der Welt schwimmt, fliegt oder läuft.

Diese Männer, die, wie bereits gesagt, in ihrem Stamm als Würdenträger betrachtet werden, stehen in der höchsten Achtung, jedoch nicht sowohl wegen ihrer Kenntnisse in Materia medica als vielmehr wegen ihrer Geschicklichkeit in der Zauberei und den Geheimnissen. Sie fehlen keinem Stamm, und überall sind die Ärzte zugleich Beschwörer, Zauberer, Wahrsager und, man möchte sagen, auch Oberpriester, da sie alle religiösen Zeremonien beaufsichtigen und leiten. Man betrachtet sie überall als Orakel, sie nehmen an allen Beratungen über Krieg und Frieden teil, und es wird keine öffentliche Handlung unternommen, ohne erst ihre Meinung einzuholen, auf welche stets das größte Gewicht gelegt wird.

7. KAPITEL

Krähen- und Schwarzfußindianer – Allgemeiner Charakter und äußere Erscheinung – Zelt oder Wigwam der Krähenindianer – Abbrechen der Zelte und Fortschaffen des Lagers – Zubereitung und Räuchern der Häute – Schönheit der Kleidung – Stehlen oder Einfangen der Pferde – Grund des schlechten Rufes der Krähenindianer

Die Schwarzfüße sind vielleicht der zahlreichste und kriegerischste von allen Stämmen in Nordamerika. Sie bewohnen das ganze Land um die Quellen des Missouri, von der Mündung des Yellowstone-Flusses bis zu den Felsengebirgen. Ihre Anzahl kann man nach den besten Schätzungen zu vierzigtausend bis fünfzigtausend Seelen annehmen. Sie sind (gleich allen Stämmen, deren Zahl groß genug ist, um ihnen Kühnheit einzuflößen) kriegerisch und grausam, das heißt, sie sind räuberisch, schweifen furchtlos im Land umher, selbst bis tief in die Felsengebirge hinein, und bekämpfen ihre Feinde, worunter natürlich alle zu verstehen sind, die das umliegende Land bewohnen.

Die Krähenindianer, welche an den Quellen des Yellowstone-Flusses leben, sind den Schwarzfüßen in den erwähnten Beziehungen ähnlich; auch sie schweifen einen großen Teil des Jahres umher und suchen ihre Feinde, wo sie diese finden können. Sie sind weit geringer an Zahl als die Schwarzfüße, mit denen sie in beständigem Kampf leben und deren Übermacht im Gefecht ihnen so große Verluste zugefügt, daß sie wahrscheinlich in wenigen Jahren ganz ausgerottet sein werden. Sie zählen vielleicht nicht über siebentausend Seelen, und darunter wohl nicht mehr als achthundert Krieger. Unter den mächtigeren Stämmen, wie Sioux und Blackfeet, rechnet man auf fünf Personen einen Krieger; bei den Crows, Mönnitarriern, Puncahs und anderen kleinen, aber kriegerischen Stämmen kann dieses Verhältnis nicht bestehen, da wegen des beständigen Verlustes an Männern im Krieg und bei den Büffeljagden oft zwei bis drei Frauen auf einen Mann kommen.

Die Schwarzfüße und Krähenindianer errichten ihre Wigwams oder Hütten ungefähr auf dieselbe Art wie die Sioux und Assiniboins. Sie werden aus zusammengenähten Büffelhäuten gemacht und im Inneren von zwanzig bis dreißig fichtenen Stangen von fünfundzwanzig Fuß Länge getragen; oben befindet sich eine Öffnung, um den Rauch hinaus- und das Licht einzulassen. Wollen sie weiterziehen, so wird eine solche Hütte von den Frauen in wenigen

Minuten abgebrochen und mit Leichtigkeit nach einem anderen Teil des Landes transportiert, wo sie ihr Lager aufschlagen wollen. Dies geschieht sechs- bis achtmal im Laufe des Sommers, da sie den ungeheuren Büffelherden bei ihren Wanderungen über die weiten Ebenen von Osten nach Westen und von Norden nach Süden folgen. Sie haben hierbei den doppelten Zweck, sich Büffelhäute und Büffelfleisch zu verschaffen; erstere bereiten sie zu und verkaufen sie im Herbst und Winter an die Pelzcompagnie, letzteres wird getrocknet, Pemmikan daraus bereitet und das Mark für den Winter aufbewahrt.

Ihr Winterlager schlagen sie gewöhnlich in hochbewaldeten Gegenden auf, an den Ufern eines Flusses, tief versteckt zwischen den umliegenden Hügeln, die die Gewalt des Windes brechen und den langen und beschwerlichen Winter erträglicher machen. Zuweilen wohnen sie den ganzen Winter in ihren Hütten, gewöhnlich aber fällen sie Bäume und errichten eine rohe Art Blockhaus, worin sie wärmer wohnen und zugleich geschützt sind gegen die Angriffe ihrer Feinde, denn ein Blockhaus bietet gegen indianische Waffen ziemliche Sicherheit.

Die Krähenindianer haben von allen Stämmen dieser Gegend und vielleicht in ganz Nordamerika die schönsten Hütten. Sie errichten diese, wie bereits erwähnt, auf dieselbe Weise und aus demselben Material wie die Sioux; zuweilen bereiten sie die Häute, aus welchen die Hütten bestehen, so zu, daß sie weiß wie Leinwand erscheinen, besetzen sie sehr hübsch mit den Stacheln des Stachelschweines und bemalen und verzieren sie auf mannigfaltige Weise, daß sie dem Auge einen sehr hübschen Anblick gewähren. Ich besitze eines dieser Zelte, das schön verziert, mit Skalplocken besetzt und so geräumig ist, daß vierzig Personen darin speisen können. Die Fichtenstangen, die es tragen, etwa dreißig Stück, stammen aus den Felsengebirgen und sind vielleicht einige hundert Jahre im Gebrauch. Das aufgeschlagene Zelt hat eine Höhe von fünfundzwanzig Fuß, auf der einen Seite befindet sich das Bild des Großen oder Guten Geistes, auf der anderen das des Bösen Geistes, und das Ganze macht einen sehr hübschen Eindruck.

Das Abbrechen und Fortschaffen der Zelte eines Lagers ist sehr merkwürdig. Als ich den Missouri hinauffuhr, sah ich ein aus sechshundert Zelten bestehendes Lager in wenigen Minuten abbrechen, zusammenpacken und den Zug sich in Bewegung setzen. Will ein Häuptling den Lagerplatz verändern, so schickt er wenige Stunden vor der bestimmten Zeit seine Läufer oder Ausrufer (deren jeder

Häuptling in seinem Dienst hat) durch das Lager, um seine Absicht und die Stunde des Aufbruchs zu verkünden. Es werden dann sogleich die nötigen Vorbereitungen getroffen, und zu der festgesetzten Zeit sieht man das Zelt des Häuptlings, nachdem einige der Zeltstangen hinweggenommen, im Winde flattern. Dies ist das Zeichen; in einer Minute sieht man alle Zelte, die soeben noch unbeweglich auf der schönen, ebenen Grasflur standen, im Wind hin und her flattern, und in der nächsten Minute liegen alle flach am Boden, worauf die schon bereitstehenden Pferde und Hunde mit der ihnen bestimmten Last beladen werden.

Zu diesem Zweck bindet man die Zeltstangen in zwei Bündel zusammen und befestigt sie mit den dünnen Enden zu beiden Seiten an den Schultern oder dem Widerrist des Pferdes, während die dikken Enden zu beiden Seiten auf dem Boden nachschleppen. Dicht hinter dem Pferd wird ein Querholz befestigt, das die Zeltstangen in gehöriger Entfernung voneinander hält, und auf dieses und die Stangen legt man nun das zusammengelegte Zelt und eine Menge Hausgeräte, und oben auf all diesen Dingen sitzen zwei, drei und zuweilen vier Frauen und Kinder! Jedes dieser Pferde wird von einer Frau geführt, die entweder mit einem großen Packen auf dem Rücken vorausgeht oder rittlings auf dem Pferd sitzt, vielleicht mit einem Kind an der Brust, während ein anderes hinter ihr sitzt, mit dem einen Arm sich an der Mutter festhält und mit dem anderen zärtlich einen jungen Hund umschlingt.

Auf diese Weise werden fünf- bis sechshundert Wigwams mit allem Hausgerät meilenweit über die Grasebenen dieses Landes fortgeschafft, und dreimal soviel Männer sieht man auf guten Pferden voraus oder an den Seiten umherschweifen. Bei einigen Stämmen folgen hinter dieser sonderbaren Karawane wenigstens fünfmal soviel Hunde, von denen jeder, der groß genug und nicht etwa zu schlau ist, um sich einjochen zu lassen, auf dieselbe Art wie die Pferde eingespannt wird und auf fünfzehn Fuß langen Stangen seine Ladung ziehen muß, die aus einem Teil der Gerätschaften des Zeltes besteht, zu dem er gehört.

Die Krähenindianer sind gleich den Schwarzfüßen schön gekleidet und vielleicht mit noch etwas mehr Geschmack und Eleganz, da die Häute, woraus ihr Anzug gemacht wird, feiner und weißer zubereitet werden; sie übertreffen hierin die zivilisierten Völker und verfahren dabei auf folgende Weise: Zuerst legen sie die Büffelhäute und andere Häute einige Tage in eine Lauge von Asche und Wasser; sodann werden sie über einen Rahmen oder auf der Erde zwischen Pflöcken und Nägeln ausgespannt, mit Büffel- und Elengehirn bestrichen und bleiben so mehrere Tage liegen, worauf sie von den Squaws mittels eines an den Rändern geschärften Knochens auf der Fleischseite geschabt, getrocknet, weich gemacht und zur Benutzung zugerichtet werden.

Der größere Teil dieser Häute wird jedoch noch einer anderen Behandlung unterworfen, wodurch sie wertvoller und brauchbarer werden – sie werden nämlich geräuchert. Zu diesem Zweck wird ein kleines Loch in die Erde gegraben und darin faules Holz angezündet, welches viel Rauch und wenig Flamme gibt; um das Loch herum werden mehrere Pfähle von gehöriger Länge in die Erde gesteckt, oben zusammengebunden und mit einer Haut bedeckt, deren Ränder man gewöhnlich zusammennäht, damit der Rauch nicht entweicht. In dieser zeltartigen Vorrichtung wird nun die zu räuchernde Haut eingehängt und bleibt in dem heißen Rauch einen Tag oder länger. Die auf diese Weise geräucherten Häute mögen noch so oft naß werden, sobald sie trocken geworden, erlangen sie wieder die frühere Weichheit und Biegsamkeit. Die Kleidung des Indianers wird hundertmal auf seinem Körper naß und bleibt immer weich, und die dem Regen und der Strenge des Winters ausgesetzten Zelte sind beim Abbrechen ebenso weich und rein, als ob sie eben neu wären aufgeschlagen worden.

Ein Krähenindianer ist überall an seiner hübschen, weißen Kleidung und seiner großen, schönen Figur zu erkennen; die meisten sind sechs Fuß groß. Die Schwarzfüße sind dagegen von mittlerer Größe, mit breiten Schultern und stark gewölbter Brust; die Häute, aus denen sie ihren Anzug verfertigen, sind schwarz, und von dieser Farbe ihrer Beinkleider und Mokassins haben sie wahrscheinlich den Namen Schwarzfüße erhalten.

Die Krähenindianer haben stets, solange man sie kennt, für sehr höflich und freundlich gegolten. Sie haben unstreitig zuweilen in ihrem Land Trapper und Reisende beraubt, weshalb man sie Schelme, Diebe, Schurken erster Klasse genannt hat; aber sie selbst betrachten dies nicht so. Stehlen ist allerdings auch in ihren Augen ein großes Verbrechen und die schmachvollste Handlung, deren ein Mann sich schuldig machen kann; wenn sie aber zuweilen das Pferd eines Pelzhändlers entführen, so nennen sie das ›fangen‹ und rühmen sich dessen; sie betrachten dies als eine Art Wiedervergeltung oder summarischen Verfahrens, das sie für recht und ehrenwert halten. Und warum sollten sie dies nicht für die zügellosen Eingriffe, die die habsüchtigen weißen Männer von einem bis zum anderen Ende des Landes sich erlauben, indem sie das Wild töten und die Biber und anderen wertvollen Pelztiere wegfangen, ohne irgendeine Entschädigung dafür zu geben und selbst auch dann noch damit fortfahren, nachdem sie mehrmals gewarnt worden sind vor den Gefahren, denen sie sich aussetzen, wenn sie dies Verfahren nicht einstellen.

Ich halte die Indianer für den redlichsten und ehrenwertesten Menschenschlag von allen, unter denen ich jemals gelebt habe, und ich versichere auf meine Ehre, daß sie im Naturzustand gewiß von allen Menschen die letzten sind, die stehlen oder rauben, wenn man sich ihrer Ehre anvertraut. Und für das unaufhörliche und maßlose Raub- und Plünderungssystem, das die habgierigen weißen Männer gegen die rechtmäßigen Eigentümer des Bodens ausüben sowie für die Ausschweifungen, die sie begehen, ist das gelegentliche Wegtreiben einiger Pferde doch wohl nur eine gelinde Strafe, wohl die gelindeste, die man erwarten sollte; und in der Tat kann nur ein sehr ehrenwertes und edeldenkendes Volk es dabei bewenden lassen, während es doch in seiner Macht stände, die wenigen weißen Männer in seinem Land einer weit strengeren Bestrafung zu unterwerfen, ohne irgendeinem Gesetz dafür verantwortlich zu sein.

In St. Louis und anderen Orten sagte man mir, daß die Kräheninindianer die abgefeimtesten Schurken, Diebe und Straßenräuber seien, eine Ansicht, die sich seitdem allgemein verbreitet hat und die sich einzig darauf gründet, daß sie den Agenten der Pelzcompagnie Crooks und Hunt, als diese auf ihrem Weg nach Astoria durch ihr Gebiet zogen, einige Pferde wegtrieben. Diese Herren, die große Vorräte an Waren, Flinten, Munition, Messern, Lanzen und Pfeilspitzen usw. bei sich hatten, lagerten einige Zeitlang im Gebiet der Krähenindianer (ich glaube, sie überwinterten dort). Die Indianer versammelten sich in großer Menge um sie, behandelten sie freundlich und wohlwollend und ersuchten sie (nach der eigenen Aussage jener Herren), ihnen Flinten, deren sie sehr nötig bedürften, sowie einige andere Gegenstände gegen Pferde zu überlassen. Dies verweigerten die weißen Männer, da sie doch von dem Wild der Indianer lebten. Sie erzählten unstreitig, daß sie ihre Waren nach Astoria bringen müßten; allein die Indianer wußten nichts von diesem Ort, ihnen war es genug, daß die Waren weiter nach Westen gingen, um daraus zu schließen, daß die Waffen für ihre Todfeinde, die Schwarzfüße, bestimmt seien, die dann über sie herfallen und sie vertilgen würden. Sie ritten daher fort, und um ihren Unwillen zu zeigen, nahmen sie einige Pferde der Compagnie mit hinweg, wofür sie Diebe und Straßenräuber genannt worden sind. Es ist bei allen Wilden gebräuchlich und ein Teil ihrer Rechtspflege, sich an dem zu rächen, der sie beleidigt hat, und wenn dies nicht möglich ist, an dem ersten weißen Mann, der ihnen begegnet, vorausgesetzt, daß der Beleidiger ein Weißer war. Es sollte mich daher gar nicht überraschen, wenn mir oder dem geneigten Leser, falls er in dieses Land kommen sollte, für jene (angebliche) Beleidigung das Pferd geraubt würde.

Dennoch sprechen diejenigen, die jahrelang des Handels wegen mit ihnen verkehrten, zum Beispiel die Herren M'Kenzie, Sublette und Campbell, sich sehr günstig über sie aus und erklärten sie für eine der ehrenwertesten, biedersten und hochherzigsten Nationen der Erde, mit tiefem Gefühl für Ehre, furchtlos und tapfer, aber auch schnell im Bestrafen oder Wiedervergelten einer erlittenen Beleidigung.

8. KAPITEL

Weitere Bemerkungen über die Krähenindianer – Außerordentliche Länge ihres Haares – Eigentümlichkeit ihres Kopfes – Frauen der Krähen- und Schwarzfußindianer – Ihre Art, sich zu kleiden und zu bemalen – Unterschied zwischen den Sprachen der Krähenindianer und der Schwarzfüße – Verschiedene Horden – Verschiedene Sprachen und Anzahl der Schwarzfüße – Knisteneaux – Assiniboins und Odschibbewäs – Die Assiniboins, ein Teil der Sioux – Ihre Art, Fleisch zu kochen – Der Pfeifentanz – Der Häuptling Wi-jun-jon; sein Besuch in Washington – Kleidung der Frauen und Kinder der Assiniboins – Knisteneaux oder Crihs; ihr Charakter und ihre Zahl – Odschibbewäs

Es ist bereits oben gesagt worden, daß die meisten Krähenindianer sechs Fuß groß sind, und dennoch ist bei vielen das Haar so lang, daß es beim Gehen den Boden berührt und in einigen Fällen sogar noch einen Fuß lang nachschleppt; es verleiht dies ihren Bewegungen eine ungemeine Grazie und Schönheit. Sie bestreichen ihr Haar gewöhnlich jeden Morgen reichlich mit Bärenfett, und dies ist vielleicht eine, wenn auch nicht die einzige Ursache der ungemeinen Länge, denn die übrigen Stämme dieser Gegend befolgen das nämliche Verfahren, ohne jedoch das nämliche Resultat zu erlangen. Nur die Mandaner und Sioux haben ebenfalls sehr starkes Haar, das auch bei ihnen zuweilen fast bis auf die Erde reicht.

Diese ungewöhnliche Länge des Haares bei den Krähenindianern beschränkt sich jedoch nur auf die Männer; die Frauen haben zwar auch schönes, glänzendes und starkes Haar, aber entweder verstehen sie nicht, es so zu pflegen, oder sie dürfen es nicht so lang tragen wie die Männer, die auf ihr langes Haar sehr stolz sind; in manchen Fällen müssen die Frauen das Haar ganz abscheren.

Der Gebrauch der Männer, das Haar lang zu tragen, herrscht bei allen westlichen und nordwestlichen Stämmen jenseits der Sioux und Fuchsindianer. Die Pahnis am Plattefluß und etwa zwei oder drei andere Stämme scheren den Kopf fast ganz kahl.

Der gegenwärtige Häuptling der Krähenindianer heißt ›Langhaar‹ und verdankt seinen Namen und seine Würde dem Umstand, daß er von allen Männern seines Volkes das längste Haar hat. Sublette und Campbell maßen es und fanden es zehn Fuß und sieben Zoll lang; auch überzeugten sie sich, daß es durchaus sein eigenes Haar sei. Er umwindet es gewöhnlich vom Kopf an mit einem breiten Lederriemen und wickelt es dann auf zu einem zehn bis zwölf Zoll langen und einige Pfund schweren Knäuel, den er beim Gehen unter dem Arm oder auf der Brust in den Falten des Kleides trägt. Bei feierlichen Aufzügen oder ähnlichen Gelegenheiten ist es dagegen sein Stolz, es mit Bärenfett einzureiben und aufgelöst herabhängen zu lassen, so daß es, schwarz und glänzend wie ein Rabenfittich, noch in der Länge von drei bis vier Fuß auf dem Rasen nachschleppt.

Die meisten oberen Stämme haben die Gewohnheit, an ihr eigenes Haar fremdes mit Leim anzukleben, wahrscheinlich, um das lange Haar der Krähenindianer nachzuahmen, denen allein die Natur diese ausgezeichnete Zierde verliehen hat.

Ich zeichnete in dem Fort mehrere angesehene Krähenindianer, unter anderen Chah-ce-chopes (die vier Wölfe), einen hübschen Mann, dessen natürliches Haar den Boden berührt, wenn er geht. Er hat einen schönen und männlichen Anstand und trauert um seinen Bruder, weshalb er sich einige Büschel seines schönen Haares abgeschnitten hat; es ist dies alles, was ein Mann von dieser wichtigen, den größten Teil seines Lebens hindurch gepflegten Zierde missen kann. Wenn dagegen eine Frau um ihren Ehemann oder ihr Kind trauert, so schneidet sie sich das Haar bis an den Kopf ab und hört allmählich auf zu trauern, sowie das Haar sich der früheren Länge wieder nähert.

Außerdem malte ich einen ausgezeichneten Krieger, Duhk-pits-a-ho-shee (Roter Bär), seine Frau Oo-je-en-a-he-ha (die Frau, die in der Bärenhöhle lebt) und den jüngeren Pa-ris-ka-roo-pa (zwei Krähen). Der letztere zeichnet sich aus durch seinen ungemeinen Scharfsinn als Redner und Ratgeber schon in früher Jugend und auf etwas übermäßige Art durch das charakteristische Kennzeichen der Krähenindianer, nämlich den halbmondförmigen Umriß des Kopfes und die niedrige, zurücktretende Stirn. Es ist dies eine Eigentümlichkeit dieses Stammes, woran man sogleich den Krähenindianer erkennen kann, wenn sie auch nicht bei allen so stark hervortritt.

Die Frauen der Krähenindianer (und ebenso der Schwarzfüße) sind nicht schön und, wie bei allen Stämmen, die Sklavinnen ihrer Männer; alle häuslichen und andere schwere Arbeiten obliegen ihnen, und sie dürfen weder an den religiösen Gebräuchen noch an den Tänzen und anderen Vergnügungen teilnehmen. Sie sind bei allen diesen oberen und westlichen Stämmen sehr anständig und oft sehr schön und geschmackvoll gekleidet. Der ganze Anzug wird aus Hirsch- oder Ziegenhaut gemacht, reicht vom Kinn bis zu den Füßen herab und ist mit Hermelin besetzt und sehr zierlich mit Stachelschweinstacheln und Knöpfchen besetzt. Gleich allen indianischen Frauen scheiteln sie das Haar auf der Stirn und färben die Scheitellinie mit Zinnober oder roter Erde. Die Männer der Schwarzfüße scheiteln das Haar an zwei Stellen auf der Stirn und lassen dazwischen ein Büschel von einem bis zwei Zoll Breite, welches sorgfältig bis auf die Nasenwurzel heruntergestrichen und dort gerade abgeschnitten wird.

Die Sprachen dieser beiden Stämme sind unter sich und von denen aller benachbarten Stämme ganz verschieden. Da beide seit undenklichen Zeiten sich befehden, so verheiraten sie sich nicht untereinander und haben auch keine Unterredungen, wodurch sie eine gegenseitige Kenntnis ihrer Sprache erlangen könnten.

Es gehörte ein Menschenleben dazu, um die Sprachen aller dieser verschiedenen Stämme, die ich besuchte, zu sammeln; ich muß dies anderen überlassen, die Zeit dazu haben, sich ausschließlich damit zu beschäftigen.

Die Schwarzfüße sind vielleicht der mächtigste Indianerstamm auf dem Kontinent, und da sie sich ihrer Stärke bewußt sind, so haben sie sich hartnäckig den Pelzhändlern widersetzt, die allmählich mit ihnen Bekanntschaft gemacht haben und einen dauernden und einträglichen Handel anzuknüpfen suchen. Da ihr Gebiet reich ist an Bibern, Büffeln und den meisten Pelztieren Nordamerikas, so hat die amerikanische Pelzcompagnie ihre Niederlassungen bis in jenes Land vorgeschoben, und die zahlreichen Scharen der Trapper folgen den Flüssen und Strömen und vertilgen die dort lebenden Biber. Die Schwarzfüße haben daher wiederholt erklärt, daß, wenn die Trapper fortführen, die Biber wegzufangen, sie diese totschlagen würden, wo sie ihnen begegneten. Sie haben diese Drohung schon vielfach wahr gemacht, und die Compagnie verliert jährlich fünfzehn bis zwanzig Leute, die von den Schwarzfüßen bei Verteidigung ihres Eigentums und ihrer Rechte erschlagen werden. Geschenke und Branntwein werden indes auch hier, wie bei allen anderen Stämmen, ihren Zauber nicht verfehlen, und die Habgier des weißen Mannes wird die Prärien und die Flüsse bis an die Rocky Mountains und hinüber bis an den Großen Ozean ihrer Reichtümer berauben und dem Indianer nur eine traurige, einsame Wüste überlassen, um darin zu wohnen und endlich zu verhungern.

Die Schwarzfüße sind daher weit weniger mit den Weißen in Berührung gekommen und weit weniger bekannt als die meisten anderen Stämme. Über ihre Zahl weiß man nichts Gewisses, indes glaube ich nach den von den Pelzhändlern eingezogenen Erkundigungen annehmen zu können, daß alle unter dem Namen der Schwarzfüße begriffenen Indianer etwa vierzigtausend Seelen betragen. Bei der unvollkommenen Kenntnis, die man von diesen und den anderen, um die Quellen des Missouri lebenden Stämmen hat, dürften indes wohl mehr Indianer zu den Schwarzfüßen gerechnet werden, als eigentlich dazugehören, zum Beispiel die Großbäuche der Prärien (Grosventres des Prairies) und die Cotonnés, welche nicht die Sprache der Schwarzfüße reden, aber mit ihnen jagen, essen und fechten und sich mit ihnen verheiraten, also als Bundesgenossen und Freunde mit ihnen leben, aber ihre eigene Sprache und ihre eigenen Gebräuche haben.

Die eigentlichen Schwarzfüße werden in vier Horden oder Familien geteilt, nämlich die Pi-a-ganer mit fünfhundert Zelten, die Schwarzfuß-Horde mit vierhundertfünfzig Zelten, die Blut-Horde mit vierhundertfünfzig Zelten und die Kleinen Röcke mit zweihundertfünfzig Zelten. Diese vier Horden, die zusammen etwa eintausendsechshundertfünfzig Zelte haben, bestehen, wenn man zehn Personen auf jedes Zelt rechnet, aus sechzehntausendfünfhundert Seelen.

Von den anderen oben erwähnten Stämmen, die vielleicht mit Unrecht zu den Schwarzfüßen gerechnet werden, haben die Großbäuche der Prärien vierhundertdreißig Zelte und eine ganz verschiedene Sprache, die Circihs (Circees) zweihundertzwanzig Zelteund die Cotonnés zweihundertfünfzig Zelte und ebenfalls ihre eigene, von der der anderen ganz abweichende Sprache.*

Es ist in diesen Gegenden ein reiches und interessantes Feld für den Sprachforscher. Die Annahme einiger Gelehrten, daß sämtliche Indianersprachen Nordamerikas sich auf zwei oder drei Wurzeln zurückführen ließen, dürfte sich, nach meiner Ansicht, bei genauerer Untersuchung als unhaltbar erweisen. Die Sprache der Dacotas ist gänzlich verschieden von der Sprache der Mandaner, die sich wieder völlig von der der Schwarzfüße und der Kräheníndianer unterscheidet. Brazeau, ein kenntnisreicher und genauer Beobachter, der lange unter den Schwarzfüßen und Schaiennes lebte und die Sprachen dieser und der benachbarten Stämme spricht, versichert ebenfalls, daß alle diese Sprachen radikal verschieden seien und daß er während seines langen Aufenthalts unter diesen Stämmen nicht die geringste Ähnlichkeit zwischen den Sprachen der Circihs, Cotonnés, Schwarzfüße, Schaiennes, Krähenindianer und Mandaner habe entdecken können. Nach dem, was ich von anderen, mit diesen Stämmen bekannten Personen gehört habe, bin ich von der Richtigkeit dieser Angaben vollkommen überzeugt.

Die Knisteneaux oder Crihs, wie sie gewöhnlich genannt werden, sind von kleinem Wuchs, aber gut gebaut, stark und lebhaft. Sie sind ungemein tapfer und trotz ihrer geringen Zahl (etwa dreitausend Seelen) in beständigem Kampf mit den Schwarzfüßen, die im Westen von ihnen wohnen. Wegen dieser Ungleichheit in der Zahl nimmt die Menge ihrer Krieger schnell ab. Sie bewohnen das Land von der Mündung des Yellowstone-Flusses in nordwestlicher Richtung weit in das britische Gebiet hinein und verkehren hauptsächlich mit den Handelsposten der britischen Nordwest-Compagnie.

Die Assiniboins (siebentausend Seelen) und die Odschibbewäs (Ojibbeways, sechstausend Seelen) nehmen einen weiten Landstrich ein von der Yellowstone-Mündung in nordöstlicher Richtung bis zum Winnipegsee und handeln vornehmlich mit der britischen Compagnie. Diese drei Stämme leben als Nachbarn in Freundschaft miteinander; doch dürfte dies gute Einvernehmen, das wahr-

* Mehrere Jahre, nachdem ich das Obige geschrieben, hatte ich eine Unterredung mit dem Major Pilcher, einem ehrenwerten Mann, der lange als Agent unter diesem Volk lebte und gegenwärtig Oberaufseher der Indianerangelegenheiten in St. Louis ist, und erfuhr von ihm zu meinem Erstaunen, daß die Schwarzfüße, mit Einschluß der oben erwähnten Bundesgenossen, wohl nahe an sechzigtausend Seelen zählten.

scheinlich nur durch die Pelzhändler zustande gebracht worden ist, gleich allen indianischen Friedensverträgen, wohl nicht allzu lange währen.

Die Odschibbewäs sind unstreitig ein Teil des Stammes der Tschippewäs, die die Südwestufer des Oberen (Superior) Sees bewohnen. Ihre Sprache ist dieselbe, obgleich sie mehrere hundert englische Meilen voneinander entfernt sind; sie scheinen keine Nachrichten darüber zu besitzen, wie oder wann sie getrennt wurden.

Die Assiniboins gehören offenbar mit den Dacotas oder Sioux zu einem Stamm, denn sie gleichen sich sowohl im äußeren Ansehen als in der Sprache. Auch über diese Trennung dieser beiden Teile eines Stammes weiß man nichts Näheres. Es kommen solche Trennungen mehrfach vor. Große Streifparteien entfernen sich auf der Jagd oder im Krieg oft sehr weit von der Heimat und lassen sich, wenn ihnen die Rückkehr durch Feinde abgeschnitten ist, in entfernten Gegenden nieder.

Ihren Namen haben die Assiniboins von der sonderbaren Art, das Fleisch zu kochen, erhalten. Wenn sie sonst ein Tier erlegt hatten, so gruben sie ein Loch von der Größe eines gewöhnlichen Topfes in die Erde, legten ein Stück von der rohen Rückenhaut des Tieres darüber, preßten es mit der Hand hinein, daß es eng an die Seiten anschloß, füllten es mit Wasser und legten das Fleisch hinein, während sie in einem nahebei befindlichen Feuer große Steine glühend machten und sie dann in das Wasser hineinhielten, bis das Fleisch gekocht war. Wegen dieses eigentümlichen Gebrauchs haben die Odschibbewäs ihnen den Namen ›Assiniboins‹ oder ›Steinkocher‹ gegeben. Jetzt ist dieser Gebrauch längst abgeschafft und kommt nur noch bei Festlichkeiten vor; denn lange zuvor, ehe die Pelzhändler ihnen Töpfe lieferten, hatten die Mandaner sie in der Anfertigung von guten und brauchbaren irdenen Töpfen unterrichtet.

Sie sind ein schöner Menschenschlag; die Männer haben viel Anstand in ihren Bewegungen und wissen ihre bemalten Mäntel von Büffelhaut auf sehr gefällige Weise zu tragen. Sie sind tüchtige Jäger und ziemlich mit Pferden versehen, und da ihr Land reich an Büffeln ist, so besitzen sie alles, was zu einem behaglichen Indianerleben gehört. Ihre Spiele und Unterhaltungen sind mannigfach; das beliebteste ist das Ballspiel, ferner das Mokassinspiel, Pferderennen und Tänze. Die letzteren sind genau dieselben wie bei den Sioux, von denen später die Rede sein wird; dagegen scheint der

Pfeifentanz ihnen eigentümlich zu sein, weshalb ich ihn hier näher beschreiben will.

Auf einem festgestampften Platz vor dem Dorf, der zu allen öffentlichen Versammlungen und auch zu vielen Vergnügungen diente, saßen die jungen Leute, die den Tanz aufführen wollten, auf Büffelhäuten um ein kleines Feuer; in der Mitte, dicht bei dem Feuer, saß ein Würdenträger, der ein Häuptling (vielleicht ein Arzt oder Medizinmann) zu sein schien, mit einer langen Pfeife, die er am Feuer anzündete und unaufhörlich rauchte, indem er in halberstickten Kehltönen eine Art Gesang ausstieß. Während dies vorging, fing ein anderer, grimmig aussehender Bursche an, eine Trommel oder Tamburin zu schlagen und mit seiner Stimme zu begleiten, worauf einer von den sitzenden jungen Leuten sich erhob, bald auf dem einen, bald auf dem anderen Fuß herumsprang und nach dem Takt der Trommel dazu sang. Nachdem er mehrmals auf diese Weise die Runde gemacht und jedem der Sitzenden seine Fäuste vor das Gesicht gehalten hatte, ergriff er einen von ihnen bei der Hand, riß ihn empor, tanzte eine Weile mit ihm und ließ ihn dann los, um seinen Tanz in der Mitte des Kreises fortzusetzen; jener tanzte nun seinerseits weiter, riß einen anderen empor und schloß sich dann seinem Gefährten in der Mitte des Kreises an. So ging es fort, bis alle auf den Füßen waren und mit Gebärden und Geschrei einen solchen Lärm machten, daß die Erde unter unseren Füßen zu zittern schien. Dies währte etwa eine halbe Stunde zur großen Belustigung der Zuschauer und endigte mit einem höchst durchdringenden Geschrei und Gebell wie von erschreckten Hunden.

Die Assiniboins haben auch, gleich den Krähenindianern, sehr langes Haar, das zuweilen bis auf die Erde reicht. Diese große Länge wird jedoch, wie ich mich überzeugte, in den meisten Fällen dadurch hervorgebracht, daß man anderes Haar in verschiedenen Abständen an das eigene anleimt und diese Stellen mit einer Art Teig von roter Erde und Leim bedeckt, was sich überdies in Zwischenräumen von zwei bis drei Zoll wiederholt. Das Haar wird in Büschel von etwa Zollbreite geteilt und hängt über den Rücken bis auf die Fersen hinab.

Ich malte den Sohn des Häuptlings, einen ausgezeichneten jungen Mann namens Wi-jun-jon (Taubeneikopf) und seine Frau Chin-cha-pee (der kriechende Feuerwurm), eine hübsche Squaw, die einen schönen Anzug von dem Fell des Bergschafs trug und den mit sonderbarem Schnitzwerk verzierten Stab in der Hand hatte, mit dem in diesem Land jede Frau versehen ist und der dazu dient, die Prärierübe, ›Pomme blanche‹, auszugraben, die in diesen nördlichen Prärien in großer Menge vorkommt und den Indianern eine reichliche und nahrhafte Speise darbietet. Die Frauen sammeln diese Rüben, indem sie den Stab in die Erde stecken und sie dann herausheben; sie werden getrocknet aufbewahrt.

Ich war zugegen, als Wi-jun-jon, nach einer Abwesenheit von einem Jahr oder länger, zu seinem Stamm, seiner Frau und seinen Kindern zurückkehrte. Er hatte in Washington zu tun gehabt, wo er den Winter über unter den Fashionables der feinen Welt zugebracht hatte, und ich kann versichern, daß sein Erscheinen unter seinem eigenen Volk als ein zivilisierter Stutzer ein außerordentliches Ereignis war und unter den roten Assiniboins ungewöhnliches Aufsehen erregte. Ich reiste mit ihm von St. Louis auf dem Dampfboot ›Yellow Stone‹ zusammen und war dabei, als er an Land ging, wo auf einer schönen Prärie mehrere tausend seiner Landsleute versammelt waren. Er trug die blaue Uniform eines Obersten, die ihm der Präsident der Vereinigten Staaten geschenkt hatte, mit goldenen Epauletten, Schärpen und breitem Säbel, sowie Stiefel mit hohen Absätzen und unter dem Arm ein Fäßchen mit Branntwein und einen blauen Schirm in der Hand. In dieser Metamorphose setzte er sich an das Ufer unter seine Freunde, sein Weib und seine anderen Verwandten, die nicht das mindeste Zeichen der Erkennung gaben, obgleich sie sehr gut wußten, wer vor ihnen saß; auch er blickte auf alle – sein Weib, seine Eltern und Kinder, als ob es Fremde seien. Nachdem dieses wechselseitige Anschauen eine volle halbe Stunde gewährt hatte, begann ein allmähliches, aber äußerst kaltes und höchst förmliches Erkennen und Bekanntwerden, ohne die geringste Bewegung, und der frühere Umgang wurde so fortgesetzt, als ob er gar nicht unterbrochen gewesen wäre.

Es ist dies ein Beispiel von dem Stoizismus, der allen nordamerikanischen Indianern eigen ist und einen der auffallendsten Züge in ihrem Charakter bildet, von ihnen, gleich manchen anderen Sonderbarkeiten, hochgeschätzt, gepflegt und ausgeübt wird, ohne daß wir die Gründe dafür einzusehen vermöchten und auch vielleicht nie einsehen werden.

Dieser Mann erregte wunderbares Aufsehen in seinem Stamm, der sich Tag und Nacht staunend und lautlos in Masse um ihn versammelt, wenn er erzählt, was er in der feinen Welt gesehen und was ihnen natürlich alles unverständlich und unbegreiflich ist, weshalb sie bereits anfangen, ihn als Lügner und Aufschneider zu betrachten. Welche Folgen seine Reisen und seine Bekanntschaft mit der zivilisierten Welt für ihn haben werden, muß die Zeit lehren. Jetzt wird er von den angesehenen Männern des Stammes verachtet, und er ist wegen der Vorteile, die man aus seiner fashionablen Reise für ihn hätte erwarten können, eher zu bemitleiden als zu beneiden.

Die Frauen dieses Stammes sind anmutig und zuweilen hübsch; ihr Anzug sowie der der Kinder wird gewöhnlich aus den Fellen der Bergziege gemacht und mit den Stacheln des Stachelschweins und Reihen von Elenzähnen besetzt.

Die Knisteneaux oder Crihs, wie sie gewöhnlich in diesem Land genannt werden, sind ein sehr zahlreicher Stamm, der sich von dem Fort nordwärts bis zu den Ufern des Winnipegsees und in nordwestlicher Richtung selbst bis über die Rocky Mountains hinaus erstreckt.

Ich sagte oben, daß sie dreitausend Seelen zählten; damit ist jedoch nur der kleine Teil des großen Stammes gemeint, der das Fort der amerikanischen Pelzcompagnie an der Mündung des Yellowstone-Flusses des Handels wegen zu besuchen pflegt und kaum selbst die große Ausdehnung des Gebietes kennt, über das dieser zahlreiche und zerstreute Stamm verbreitet ist. Ihre Gebräuche sind noch als ursprünglich anzusehen, da die Gewohnheiten der zivilisierten Welt bis jetzt noch nicht bei ihnen Eingang gefunden haben. Sie kleiden sich, gleich den anderen Stämmen dieser Gegend, in Felle, auch ist ihre Jagd und Kriegführung eine ganz ähnliche. Sie sind ein kühner, unternehmender Stamm, der weit über die Prärien umherschweift und den Feind in seinem eigenen Land bekämpft. Mit dem zahlreichen Stamm der Schwarzfüße führen sie einen unversöhnlichen Krieg, und obgleich sie geringer an Zahl und kleiner von Figur sind, so haben sie sich doch ebenso kräftig und nicht weniger glücklich in den Kämpfen bewiesen.

9. KAPITEL

Betrachtungen über den großen ›Fernen Westen‹ und seine Gebräuche – Alte Bekanntschaft – Gang und Wirkungen der Zivilisation – Der Verfasser sucht den ›Fernen Westen‹ – Zusammentreffen mit dem Freitrapper Baptiste

Wer in einem solchen Land ist, wie ich gegenwärtig, der hat keine Muße zum Schreiben und kaum Zeit genug zum Moralisieren. Alles, was er tun kann, ist, seinen Skalp zu bewachen und sich nach Lebensmitteln umzusehen. Aber die flüchtigen Vorfälle des wilden Lebens geben schnelle und unauslöschliche Eindrücke der lebhaftesten Art, und wer sie sich wieder zu vergegenwärtigen vermag, dem bieten sie ein reiches Material für seine Feder. Wer für solche Eindrücke empfänglich ist, kann eine Menge von Vorfällen sammeln, die sich leicht beschreiben lassen – er braucht nur das Gemälde einer Welt zu entwerfen, die von allem, was man bisher gesehen und geschildert, gänzlich verschieden ist; mit ihren Tausenden von (englischen) Meilen, mit ihren Tausenden und aber Tausenden von rasenbewachsenen Hügeln und Tälern, wo das tiefste Schweigen herrscht und wo der zu Betrachtungen geneigte Geist seinem Schöpfer näher zu sein glaubt. Hat wohl irgend jemand einen der grünen Hügel des Missouri erstiegen, von dessen Gipfel der Blick über die endlosen grasbedeckten Hügel und Täler schweift, wo das Schweigen des Todes herrscht und nicht einmal die Stimme eines Vogels oder eines Heimchens gehört wird – ohne von dem Gefühl einer sanften Melancholie befallen zu werden, die seine Gedanken von allem, was unter und neben ihm war, abzog!

Man hat nur ein weites Land voll grüner Felder zu schildern, wo die Menschen alle rot sind – wo Fleisch das Hauptnahrungsmittel bildet – wo es keine Gesetze gibt, als die der Ehre – wo an die Stelle der Eichen und Nadelhölzer der Baumwollbaum und der Pekkan treten – wo die Büffel, das Elen, das Bergschaf und die windschnelle Antilope umherschweifen – wo Elstern und plaudernde Papageien statt des Rotkehlchens und der Bachstelze erscheinen – wo die Wölfe weiß und die Bären grau – wo Fasanen die Hühner der Prärien sind und die Frösche Hörner haben – wo die Flüsse gelb sind und zivilisierte Menschen das Aussehen von Wilden erhalten. In diesem ganzen wunderbaren Land sind alle Hunde Wölfe – alle Frauen Sklavinnen – alle Männer Gebieter. Von alten Bekannten erkennt man in diesem Land der wunderlichsten Metamorphosen nur die Sonne und die Ratten wieder; jene sendet überall ihre wohlbekannten Strahlen herab, und Monsieur Ratapon wurde als ein alter Bekannter begrüßt, den ich mit Freuden wiedersah, obgleich auch er etwas wilder aussah.

Wenn man diese unermeßlichen Regionen des klassischen Westens durchreist, so wird der Menschenfreund zur Bewunderung hingerissen; aber um dorthin zu gelangen, ist man genötigt, aus dem Licht und Glanz der zivilisierten Atmosphäre hinabzusteigen zu den verschiedenen Graden der Zivilisation, die allmählich in den beklagenswertesten Zustand längs der äußersten Grenze übergehen und den höchsten Grad des Elends und der Verworfenheit unter den herabgewürdigten Wilden erreichen, wo der Genius der natürlichen Freiheit und Unabhängigkeit durch die Laster und Ausschweifungen, die der unmoralische Teil der zivilisierten Gesellschaft dort eingeführt hat, vernichtet worden ist. Durch dieses dunkle Tal der Verworfenheit eilt man schnell wie durch eine Pestatmosphäre hindurch, bis man endlich die stolze und ritterliche Gesellschaft der Wilden in ihrem ursprünglichen Naturzustand erreicht, außerhalb des Bereichs der zivilisierten Verdorbenheit. Hier findet man vieles, was Enthusiasmus und Bewunderung erregt. Zwar findet man auch hier häufig die vorherrschenden Leidenschaften in des Wilden Brust: Roheit und Grausamkeit, aber gezügelt und zuweilen unterdrückt durch die edelsten Züge von Ehrgefühl und Hochherzigkeit.

Es ist dies ein Menschenschlag, der sich des Lebens und seiner Genüsse erfreut und die Tugenden übt, die die Welt, die nur nach den elenden, herabgewürdigten Individuen an der Grenze urteilt, nicht zu würdigen vermag. Von der ersten Ansiedlung an der atlantischen Küste bis auf den heutigen Tag ist das Gift dieser verpesteten Grenze von dem nördlichen bis zum südlichen Ende unseres Landes unter sie eingedrungen und hat, gleich dem Feuer der Prärie, das alles auf seinem Wege zerstört, alle hinweggerafft und bis auf die Namen der Vergessenheit übergeben. Auf diese verderbte Klasse allein läßt sich die Bezeichnung ›arme, nackte, betrunkene Wilde‹ mit Recht anwenden; denn alle Stämme, die ich besuchte und die noch unbekannt sind mit den Lastern der zivilisierten Welt, sind gut und in vielen Fällen sauber gekleidet und erfreuen sich des Lebens und seiner Genüsse. Für den Charakter und die Erhaltung dieser edlen Menschen bin ich voll Enthusiasmus, und diesem unverdorbenen Volk widme ich gern alle meine Kräfte. Es ist betrübend, daß alle die zahlreichen Stämme, die unsere atlantischen

Staaten bewohnten, nicht nach ›Westen‹ geflohen sind – daß man sie hier nicht findet – daß sie von dem Feuer, das über sie hinfuhr, vernichtet worden, daß sie ins Grab gesunken sind und nichts als ihr Name übriggeblieben ist.

Der unterscheidende Charakter aller westlichen Indianer sowie ihre Überlieferungen in bezug auf ihre ehemaligen Wohnsitze setzen es außer allem Zweifel, daß sie seit sehr langer Zeit den Boden bewohnen, den sie jetzt innehaben, und sie unterscheiden sich in den meisten Beziehungen von den Nationen, die früher die atlantische Küste bewohnten und die, nach der irrtümlichen Meinung vieler, nach Westen geflohen sind.

Für dies gutmütige und harmlose, von den Lastern der zivilisierten Gesellschaft noch unberührte Volk erkläre ich hier laut, daß die Ehre unseres Landes – die Ehre jedes Bürgers der Republik – die Sache der Humanität es erfordern, daß unsere Regierung endlich kräftig einschreite, damit der Überrest vor der Pest bewahrt bleibe, die schnell auf sie eindringt. Wir haben genug von ihrem Gebiet erhalten, und das Land, das sie jetzt bewohnen, ist meistenteils zu sehr von Holz entblößt, als daß es dem zivilisierten Menschen von Nutzen sein könnte; ihnen bietet es dagegen die Mittel und Genüsse des wilden Lebens, und es steht zu hoffen, daß unsere Regierung nicht länger die absichtliche Ausrottung dieses glücklichen Volkes dulden wird.

Das Herz wollte mir oft zerspringen, wenn ich Zeuge ihrer unschuldigen Vergnügungen war und dabei an das Verderben dachte, das sich mit schnellen Schritten ihnen naht, wenn nicht die Regierung, die allein sie vor dem Untergang zu retten vermag, den schützenden Arm erhebt.

Welchen Grad von Glückseligkeit diese Naturmenschen auf ihre eigene Weise erlangen können oder in welchem Verhältnis sie, im Vergleich zu der Summe der Glückseligkeit der zivilisierten Gesellschaft, die Genüsse des Lebens genießen mögen, ist lange ein Gegenstand vieler Zweifel gewesen, und ich will es nicht unternehmen, diese jetzt zu entscheiden. Wenn indes der Durst nach Kenntnissen seit Erschaffung der Welt ewigdauerndes Elend über die Menschen gebracht hat, wenn mit der Vermehrung unserer geistigen Genüsse auch die Sorgen und Mühen in demselben Verhältnis zugenommen haben, so sehe ich nicht ein, was wir in dieser Beziehung ihnen voraus haben. Und wenn ich nach dem vollen Ausdruck der Freude auf ihren glücklichen Gesichtern urteilen darf, so bin ich der Meinung, daß ihr Leben weit glücklicher ist als das unsrige, wenn nämlich das Wort ›Glück‹ sich auf diejenigen anwenden läßt, denen das Licht der christlichen Religion noch nicht geleuchtet hat.

Ich habe lange mit kritischem Auge die Gesichter dieser Söhne des Waldes betrachtet, die nie von Sorgen gefurcht wurden, auf die das Elend nie seinen Stempel gedrückt hat. Ich habe den kühnen, unerschrockenen Gang, das stolze, aber würdevolle Benehmen dieser Naturmenschen beobachtet, die in ihrer ungebundenen Freiheit, noch unberührt von feilen Vergnügungen, sich nur den Gesetzen und der Macht Gottes unterwerfen. Da sie alle gemeinschaftliche Besitzer des Bodens sind, so sind sie alle reich, und keines von den Hindernissen einer verhältnismäßigen Armut kann ihre gerechten Ansprüche auf Ruhm unterdrücken. Wer kann, frage ich, ohne Bewunderung eine Gesellschaft betrachten, wo Friede und Einigkeit herrscht – wo die Tugend gepflegt – das Recht geschützt, das Unrecht bestraft wird – und zwar ohne andere Gesetze als die der Ehre, die die höchsten Gesetze ihres Landes sind.

Da dies Volk keine Gesetze hat, so liegt das souveräne Recht der summarischen Vergeltung in der Brust des Beleidigten oder seiner Freunde, und die Gewißheit einer grausamen Rache von der Hand eines dazu berechtigten Wilden ist unendlich mehr zu fürchten als die langsame und ungewisse Vergeltung des Gesetzes.

Man wird mich einen Enthusiasten nennen; das mag sein, denn ich leugne es nicht. Es ist von jeher meine vorherrschende Leidenschaft gewesen, die wildesten Gegenden in der Natur aufzusuchen und meine Hand dem Naturmenschen zu reichen. Die Erzählungen von diesen und das Aufsuchen jener füllten die ersten Seiten meiner jugendlichen Eindrücke.

Die traurige Geschichte meines heimatlichen ›Tales‹ (Wyoming) ist schön besungen worden, und bei dem Entfliehen von Gertrudens Seele folgte meine jugendliche Einbildungskraft dem Wilden in seine entfernten Schlupfwinkel, und ich betrachtete ihn mit großer Furcht, die allmählich in Mitleid und endlich in Bewunderung überging.

Eine Reise von achthundert bis neunhundert deutschen Meilen von der atlantischen Küste, wobei man allmählich von dem Mittelpunkt der zivilisierten Gesellschaft bis zu der äußersten Wildheit der ursprünglichen Werke der Natur gelangt, und wieder zurück, bietet Stoff zu mancher interessanten Erzählung; und wer sich nur an den Werken der Natur erfreut, hat auf einer solchen Reise einen weit höheren Genuß als den, der aus den selbstsüchtigen Erwartungen pekuniärer Vorteile entspringt.

Trotz allem, was bis jetzt geschrieben und erzählt worden ist, gibt es kaum irgendeinen Gegenstand, der den gelehrten Leuten im Osten weniger bekannt ist als der Charakter und die Vergnügungen des Westens, das heißt, ich meine den fernen Westen (the Far West) – das Land, dessen Bezauberung eine für die zivilisierte Welt so gefährlichen Reiz hat. Nur wenige Personen kennen die wahre Bedeutung des Wortes ›Westen‹; und wo ist er zu finden? – Gleich einem Phantom flieht er vor uns, je weiter wir reisen und je weiter wir uns dem Sonnenuntergang nähern.

Zu Anfang der Reise glaubten mehrere meiner Reisegefährten aus New York, schon eine ungeheure Strecke im Westen vorgedrungen zu sein, als wir uns bei den Niagarafällen befanden, und eilten wieder nach Hause, um ihre Freunde mit einer Schilderung der Szenen des Westens zu unterhalten. In Buffalo landete ein Dampfboot mit vierhundert Reisenden, das zwölf Tage unterwegs gewesen war – »Woher?« – »Vom Westen.« In dem reichen Staat Ohio haben Hunderte ihre Besitzungen verkauft und gehen – ›nach dem Westen‹. In der schönen Stadt Cincinnati sagte man mir: »Die Tage des schnellen Aufblühens für unsere Stadt sind vorüber, sie liegt nicht weit genug gegen Westen.« In St. Louis, dreihundert deutsche Meilen westlich von New York, versicherte meine Wirtin, ich würde mit ihren Tischgenossen zufrieden sein, denn sie wären fast sämtlich Kaufleute aus dem ›Westen‹. Ich fragte: »Woher kommen die mit Schweinefleisch, Honig, Häuten usw. beladenen Dampfboote?«

»Aus dem Westen.«

»Und die schweren Silberbarren, die diese Leute seit mehreren Stunden an Bord dieses Bootes bringen?«

»Sie kommen von Santa Fé, aus dem Westen.«

»Wohin geht dies so reich mit trockenen Waren, Dampfmaschinen usw. beladene Dampfschiff?«

»Nach Jefferson City.«

»Jefferson City? Wo ist das?«

»Weit im Westen.«

»Und wohin geht jenes schwerbeladene Dampfboot, der ›Yellow Stone‹?«

»Es geht noch weiter westlich.« – »Dann«, sagte ich, »will ich nach dem Westen gehen.« Und ich ging an Bord der ›Yellow Stone‹.

Nachdem wir über vierhundert deutsche Meilen zurückgelegt hatten, waren wir an der Mündung des Yellowstone-Flusses – im Westen. Wie? Fakturen, Frachtbriefe usw., eine ganze Niederlassung weit im Westen! »Und diese sonderbar aussehenden, langhaarigen Leute, die eben angekommen sind und die Ereignisse ihrer langen und mühseligen Reise erzählen, wer sind sie?«

»Oh, das sind einige unserer Kaufleute, die soeben aus dem Westen kommen.«

»Und jenes Kielboot, jenes Makinah-Boot, und jene ansehnliche Karawane, sämtlich reich mit Waren beladen?«

»Die, mein Herr, sind ausgerüstet, um nach dem Westen zu gehen.«

»Nach Westen, wie? Dann will ich es noch einmal versuchen und sehen, ob ich nach Westen gehen kann ...«

»... Wie, auch hier ein Fort?«

»Oui, Monsieur, oui, Monsieur«, rief ein verwegen und halbwild aussehender Bursche, der, seinen Gefährten voraus, auf seinem wilden Pferd zu mir heransprengte.

»Wie weit seid Ihr hier westlich vom Yellowstone-Fluß, mein guter Freund?«

»Comment?«

»Wie weit?« – (Pause) – »quel distance?«

»Pardon, Monsieur, je ne sais pas, Monsieur.«

»Ne parlez vous l'anglais?«

»Non, Monsieur, ich sprechen französisch und amerikanisch; mais je ne parle pas l'anglais.«

»Gut, mein Lieber, ich werde englisch sprechen und Ihr amerikanisch.«

»Pardon, pardon, Monsieur.«

»Gut, dann wollen wir beide amerikanisch sprechen.«

»Sehr gut, Herr, je suis content, pour denn ich sehen, daß Ihr sprechen ziemlich gut americain.«

»Wie heißt Ihr?«

»Baptiste, Monsieur.«

»Wer sind die so prächtig gekleideten Indianer mit so schönen Pferden, die dort drüben auf der Ebene lagern?«

»Ils sont Corbeaux.«

»Krähenindianer, wie?«

»Ja, mein Herr, Monsieur.«

»Wir sind also im Land der Krähenindianer?«

»Non, Monsieur, non ganz genau; wir sein in die Land der verdammten Pieds noirs.«

»Schwarzfüße, wie?«

»Oui.«

»Was für blaue Berge sind das, die wir da drüben sehen?«

»Ha, quel montaigne? Cela est la montaigne du ... pardon.«

»Des rochers, nicht wahr?«

»Oui, Monsieur, die Rock montaigne.«

»Ihr lebt wohl hier?«

»Non, Monsieur, ich kommen weit aus die Westen.«

»Wie, aus dem Westen? Wo, beim Himmel, ist das?«

»Wie, zum Teufel, die Westen? Nun, Ihr werdet sehen, Monsieur, er sein sehr weit weg, ich glaube. Monsieur Pierre Chouteau kann Euch geben die histoire de ma vie – il bien sait, que je prends les castors sehr weit in die Westen.«

»Gut, Baptiste, ich will für jetzt wieder umkehren und es später versuchen, nach dem Westen zu gehen. Aber Ihr sagt, Ihr handelt mit den Indianern und fangt Biber; Ihr seid wohl im Dienst der amerikanischen Pelzcompagnie!«

»Non, Monsieur, non ganz; ich bin ein Freitrapper, Monsieur, frei.«

»Freitrapper, was ist das? Ich verstehe Euch nicht, Baptiste.«

»Nun, Monsieur, ich glauben, das sein leicht pour verstehen – Ihr sollen alles wissen. Zuerst, ich bin auf drei Jahre bei der Pelzcompagnie in St. Louis eingeschrieben – für Prämie, achtzig Dollars, versteht Ihr mich? Dann ich gehen für Lohn, und ich bin gekommen den Missouri herauf, und ich fangen Biber viel für sechs Jahre, seht Ihr, bis ich gelernt habe sehr viel; und dann seht Ihr, Monsieur M'Kenzie gibt mir drei Pferde – eins pour reiten und zwei pour packen (mais, er nicht kaufen, er nicht geben, er leihen), und er leihen mir zwölf Fallen, und ich habe gemacht Reisen in die Rock montaigne, und ich leben ganz allein an die Flüsse, pour prendre les castors, zuweilen sechs Monate, zuweilen fünf Monate, und ich kommen zurück nach Yellowstone, und Monsieur M'Kenzie geben mir kute Preise pour alles.«

»Herr M'Kenzie rüstet Euch also aus und kauft Euch die Biber für einen gewissen Preis ab?«

»Oui, Monsieur, oui.«

»Wieviel gibt er Euch für Eure Biber, Baptiste?«

»Ha! Einen Dollar pour einen Biber.«

»Einen Dollar für das Fell, wie?«

»Oui.«

»Nun, Ihr müßt ein mühseliges und gefährliches Leben führen. Könnt Ihr etwas dabei verdienen?«

»O ja, Monsieur, ziemlich kut, mais wenn nicht wären die Schurken von Rikkarih und die verdammten Pieds noirs, die Schwarzfußindianer, ich würden verdienen sehr viel Geld, mais, sacré, ich bin beraubt – beraubt zu viel!«

»Wie, rauben Euch die Schwarzfüße Euer Pelzwerk?«

»Oui, Monsieur, geraubt fünfmal! Ich bin Freitrapper sieben Jahre und bin fünfmal beraubt – ich haben nichts behalten – er haben genommen alles – er haben genommen alle Pferde – er nehmen meine Flinte – alle meine Kleider – meine Biber – und ich kommen zurück zu Fuß. In die Fort die Kleider kosten viel Geld und Branntwein sechzehn Dollar die Gallon; so seht Ihr, bin ich schuldig die Pelzcompagnie sechshundert Dollars!«

»Und das nennt Ihr ein Freitrapper sein, Baptiste?«

»Oui, Monsieur, Freitrapper, frei!«

»Ihr geht wohl nach Yellowstone und habt wahrscheinlich eine Trapper-Exkursion gemacht?«

»Oui, Monsieur, c'est vrai.«

»Seid Ihr diesmal beraubt worden, Baptiste?«

»Oui, Monsieur, von die verdammten Pieds noirs – ich haben viel verloren, alles – sehr alles. – Eh bien – pour le dernier – c'est la dernier fois, Monsieur. Ich gehen nach die Yel-Stone – ich gehen den Missouri hinunter, ich gehen nach St. Louis.«

»Nun, Baptiste, ich werde mich in diesem Teil der Welt noch einige Wochen länger aufhalten und dann von der Mündung des Yellowstone-Flusses den Missouri hinunter nach St. Louis gehen. Ich wünschte sehr, einen Menschen wie Ihr seid, auf der Reise mitzunehmen; ich will Euch gut besolden und alle Eure Ausgaben bezahlen, was sagt Ihr dazu?«

»Avec tout mon cœur, Monsieur, remercie, remercie.«

»Das ist also abgemacht, ich sehe Euch an der Mündung des Yellowstone.«

»Oui, Monsieur, an die Yel-Stone, bonsoir, bonsoir, Monsieur.«

»Aber, wartet doch, Baptiste! Ihr sagtet, es wären Krähenindianer, die dort lagern?«

»Oui, Monsieur, oui, des Corbeaux.«

»Ihr seid wohl ihr Dolmetscher?«

»Non, Monsieur.«

»Aber Ihr sprecht ihre Sprache?«

»Oui, Monsieur.«

»Nun, so kehrt um, ich will sie besuchen, und Ihr könnt mir einen Dienst leisten.«

»Bien, Monsieur, allons!«

10. KAPITEL

Reise von der Mündung des Yellowstone den Missouri abwärts zu den Mandanern – Abreise von M'Kenzies Fort – Lager der Assiniboins am Missouri – Wi-jun-jons Vorträge über die Gebräuche der weißen Männer – Bergschafe – Kriegsadler – Der wütende Bär – Tonhügel; ›Ziegelöfen‹, vulkanische Reste – Roter Bimsstein – Wildes Umherstreifen – Schlaf des Bergbewohners – Der wütende Bär mit seinen Jungen – Mutiger Angriff – Das Kanoe geraubt – Eine Mahlzeit auf einem Haufen Treibholz – Nachtlager – Üppiger Pflanzenwuchs – Abenteuer beim Aufsuchen eines Elen – Kriegspartei – Schöne Landschaft in dem ›grand Détour‹ – Wunderbare Tonhügel – Tafelland – Antilopenjagd – Großer Dom – Präriehunde – Fruchtlose Versuche, sie zu schießen – Malerische Hügel und die drei Dome – Ankunft im Dorf der Mandaner

Nachdem ich meine Ausflüge und meine Skizzen in der Umgegend des Forts beendigt und Herr M'Kenzie mir ein gut gebautes kleines Boot, das uns den mächtigen Strom hinabtragen sollte, verschafft hatte, schifften wir uns eines Morgens ein und nahmen Abschied von dem Fort, von unseren dortigen Freunden sowie für immer von den schönen grünen Feldern, Hügeln, Tälern und Präriebluffs, die die reizenden Ufer des Yellowstone-Flusses umgeben.

Unser aus grünem Holz gebautes Boot war schwer und plump; da wir aber mit dem Strom fuhren, so versprachen wir uns eine schöne und glückliche Reise. Wir hatten Munition im Überfluß – einen guten Vorrat von getrockneten Büffelzungen – einige Pfund frisches Büffelfleisch – mehr als ein Dutzend Biberschwänze – und einen großen Vorrat von Pemmikan. Bogard und Baptiste saßen mit ihren Rudern in der Mitte und am Bug, und ich nahm meinen Platz im Hinterteil des Bootes am Steuerruder ein.

Außer unseren Vorräten und uns selbst befanden sich in unserem kleinen Fahrzeug mehrere Pakete, die Anzüge und Gegenstände enthielten, die ich von den Indianern gekauft hatte; ferner meine Leinwand und Staffelei und unsere wenigen und einfachen

Kochgeräte, nämlich drei zinnerne Näpfe, ein Kaffeetopf, eine Schüssel, eine Bratpfanne und ein zinnerner Kessel.

So ausgerüstet fuhren wir unter dem Zuruf der Wilden und unserer Freunde, die am Ufer standen, schnell dahin; wir verloren sie allmählich aus dem Gesicht und richteten unsere Augen nach St. Louis, das vierhundert deutsche Meilen weiter stromabwärts liegt. Diese ganze Strecke ist nur eine ungeheure, von den umherschweifenden Indianern bewohnte Wildnis.

Nach Beendigung unserer ersten Tagereise fanden wir ein bequemes Nachtlager bei mehreren tausend Assiniboins, die ihre Zelte am Ufer aufgeschlagen hatten und uns mit allen Zeichen der Freundschaft und Achtung empfingen.

Hier fand ich auch meinen Freund Wi-jun-jon, der noch immer über die Sitten und Gebräuche der ›bleichen Gesichter‹ Vorträge hielt und die wunderbaren Szenen, deren Zeuge er auf seiner Reise nach Washington gewesen, erzählte. Es hatte sich eine große Anzahl Zuhörer um ihn versammelt, und sein schöner militärischer Anzug war so zerrissen und verändert, daß sein Aussehen wirklich lächerlich war. Seine Frau, die den Nutzen der Schöße an dem Frack nicht begriffen, hatte diese abgeschnitten und sich daraus ein Paar Beinkleider und aus der silbernen Huttresse prächtige Strumpfbänder gemacht. Den Schirm hielt der arme Teufel indes noch immer aufgespannt in der Hand. Sein Thema schien unerschöpflich, und er galt bei seinem Stamm als ein beispielloser Lügner.

Am folgenden Morgen verließen wir das Dorf der Assiniboins und setzten unsere Reise schnell stromabwärts fort. Der Missouri fließt hier mit einer Geschwindigkeit von ungefähr einer deutschen Meile in der Stunde durch eine ununterbrochene Reihe malerischer, mit Gras bedeckter Bluffs und Hügel, die überall das Ansehen eines alten hochkultivierten Landes haben, dessen Häuser und Umzäunungen verschwunden sind.

Auf großen Strecken sieht man auf der einen oder der anderen Seite schroff aufsteigende Abhänge von dreihundert bis vierhundert Fuß Höhe, die einen malerischen Anblick gewähren und sich von dem Ufer des Flusses erheben, während oben, von dem Rand des Absturzes an, die Prärie sich fast ganz horizontal in unbekannte Fernen ausdehnt.

Längs der zerrissenen Seiten dieser Klippen, die gewöhnlich aus hartem Ton bestehen, lebt das Bergschaf, und man sieht es dort oft in großer Anzahl. Dieses Tier gleicht in seinen Gewohnheiten und in seiner Gestalt sehr der Ziege, die Hörner sind jedoch denen des Widders ähnlich, haben oft zwei Windungen und an der Wurzel eine Dicke von fünf bis sechs Zoll.

Am zweiten Tag unserer Reise entdeckten wir mehrere dieser Tiere, die an dem Abhang herumkletterten und sich stets in ungefähr gleicher Entfernung zwischen dem Fuß und dem Gipfel hielten. Sie sprangen von einer Spitze auf die andere und schienen an dem Abhang zu kleben, wohin ihnen weder Mensch noch Tier folgen konnte.

Wir landeten und suchten eines dieser klugen Tiere zu schießen; nachdem wir es aber lange Zeit zwischen den Klippen verfolgt hatten und endlich glaubten, ihm auf Schußweite nahe gekommen zu sein, verließ es plötzlich seinen schmalen Standpunkt und stürzte sich mehrere hundert Fuß hinab zwischen die Bruchstücke von Felsen und Ton, und während ich nun mit Sicherheit glaubte, seinen Körper zerschmettert zu finden und mich ohne Mühe seiner bemächtigen zu können, sah ich, wie es wieder davonsprang und uns bald aus dem Gesicht verschwunden war.

Bogard, ein alter Jäger und wohlbekannt mit diesen Tieren, nahm seine Flinte auf die Schulter und sagte: »Das Wild ist fort; Sie sehen nun den Nutzen dieser starken Hörner; wenn die Tiere durch Zufall herabstürzen oder absichtlich ihren Stand verlassen, so fallen sie stets auf den Kopf, ohne den geringsten Schaden zu nehmen, und wäre es auch festes Gestein.«

Da wir einmal an Land waren und unser Boot in Sicherheit lag, so verweilten wir fast den ganzen Tag zwischen den wilden, zerrissenen Klippen und machten vergebens Jagd auf einen Kriegsadler. Dieser edle Vogel wird von den Indianern dieser Gegenden wegen seiner Schwanzfedern sehr hochgeschätzt, deren sich die Krieger zum Kopfputz und zur Verzierung ihres Anzuges bedienen. Er ist ein schöner Vogel und besiegt, wie die Indianer sagen, alle anderen Adler dieses Landes, weshalb er und seine Federn so hoch bewertet werden. Ich kann ihn nicht näher bestimmen, glaube aber, versichern zu können, daß er sich in keiner Sammlung befindet; auch findet er sich wohl in Amerika erst, wenn man sich den Rocky Mountains nähert. Er wird auch der Calumetadler genannt, weil die Indianer ihre Calumets oder Friedenspfeifen mit seinen Federn verzieren.

Wir fanden bei unserem Umherstreifen manche wilde Landschaft, sahen zuweilen die Fährte eines Bären und erblickten eine Herde Büffel, mußten uns aber, da sie die Witterung von uns erhalten hatten, mit dem Anblick begnügen. Als wir gegen Abend zu unserem Boot zurückkehrten und ganz nahe am Fluß waren, hörte ich einen Schuß fallen, und bald darauf erschien Bogard mit einer Antilope auf der Schulter. Wir schifften uns nun ein, fuhren bis zum Einbruch der Nacht und lagerten uns auf einer schönen kleinen Prärie am Fuß einer Reihe mit Gras bewachsener Bluffs. Am nächsten Tag fuhren wir bis spät nachmittags und machten halt am Fuß eines mächtigen Tonhügels, der einen höchst sonderbaren Anblick darbot. Der Strom ist hier so breit, daß er einem schönen See gleicht, und in seiner Mitte sowie an und auf seinen Sandbänken schwammen und standen Tausende von weißen Schwänen und Pelikanen.

Wenn die Landschaft vor unserem Lager mit dem strömenden Wasser, dem wilden Geflügel und der unendlichen Mannigfaltigkeit der sanft sich abdachenden Hügel und der Prärien ein schönes und gefälliges Bild darbot, so waren dagegen hinter uns die zerrissenen und verschieden gefärbten Hügel auf höchst wilde und phantastische Weise gruppiert.

Das ganze Land hinter uns schien umgegraben und zu hohen Haufen aufgetürmt worden zu sein; es hatte das Ansehen, als ob irgendein riesenhafter Maurer dort seinen Mörtel und seine Farben bereitet und seine rohen Modelle zum Bau einer kolossalen Stadt mit ihren Mauern, ihren Domen, ihren Wällen, ihren hohen Portalen und Galerien, ihren Kastellen und ihren Gräben gefertigt und mitten in seiner Arbeit aufgehört und sein Werk der zerstörenden Hand der Zeit überlassen habe, die bereits vieles getan, um es zu vernichten und das Ganze mit seinen edlen Umrissen in einen wüsten, unentwirrbaren Haufen von Ruinen zu verwandeln.

Dieser Gruppe von Tonhügeln, die den Strom mehrere Meilen weit in einiger Entfernung begleiten, haben die Reisenden wegen ihres roten Aussehens, das man bei klarem Wetter schon in der Entfernung von einigen Meilen wahrnehmen kann, den sehr passenden Namen ›Ziegelöfen‹ gegeben.

Durch die Tätigkeit des Wassers oder einer anderen Kraft scheint das Land hinweggespült worden und nur hier und da ein einziger Hügel oder Bluff übriggeblieben zu sein, der sich in Kegelform zweihundert bis dreihundert Fuß erhebt und am Gipfel spitz oder abgerundet ist; zuweilen stehen mehrere Hügel in einer Gruppe beisammen, und einige sind auf dem Gipfel tafelförmig und mit schönem Rasen bedeckt. Diese horizontale Oberfläche, die mit den entfernten Prärien in gleichem Niveau liegt, beweist deutlich, daß ihre gegenwärtige isolierte und abgerundete Gestalt durch die Einwirkung des Wassers hervorgebracht worden ist, das die zwischenliegende Erde hinwegspülte und sie in ihren jetzigen malerischen Formen zurückließ.

Ähnliche Bildungen (oder Umbildungen) sieht man an unzähligen Stellen an den Ufern des Missouri; aber der hier beschriebene Punkt hat das Eigentümliche, was (soviel ich weiß) sonst nirgends vorkommt, daß der obere Teil derjenigen Hügel, die hoch genug sind, um noch etwas von der ursprünglichen Oberfläche zu tragen, aus einer fünfzehn Fuß mächtigen Schicht von rotem Bimsstein besteht, die auf einer mehrere Fuß mächtigen, aus dem Wasser abgesetzten Schicht ruht, die in ein Konglomerat von Bruchstücken von Basaltsäulen eingesenkt ist.

Diese auffallende Bildung fesselt das Auge des Reisenden plötzlich und bringt ihn zu dem Schluß, daß er sich mitten unter den Ruinen eines erloschenen Vulkans befindet.

Die Abhänge dieser kegelförmigen Hügel, die aus Schichten von verschieden gefärbtem Ton bestehen, werden durch den Regen und den schmelzenden Schnee beständig herabgespült, und die oben aufgelagerten Massen von Bimsstein und Basalt zerbröckeln und stürzen herunter an den Fuß der Hügel, wo sie durch die wilden Wasser, die sich oft ihr Bett durch sie hindurchwühlen, in den nahen Strom geschwemmt und von diesem, auf dessen Oberfläche sie leicht wie Kork schwimmen und sich an jedem Haufen Treibholz festsetzen, mehrere hundert Meilen weit bis in den Ozean geführt werden.

Der obere Teil dieser Bimssteinlager ist glänzend rot, porös und von geringer spezifischer Schwere. Man muß aber diese sonderbaren Hügel in der Natur sehen oder wenigstens in Abbildungen, die ihre Farben getreu wiedergeben, weil sie sonst ihre malerische Schönheit verlieren, die eben in der Mannigfaltigkeit ihrer lebhaften Färbung besteht. Die Tonschichten sind rot, gelb, weiß, braun und dunkelblau und so sonderbar geordnet, daß sie einen höchst angenehmen und eigentümlichen Eindruck hervorrufen.

Ich verließ meine Leute, die in der Nähe des Bootes im Gras lagen, nahm meine Flinte und mein Skizzenbuch, wanderte durch die rauhen Schluchten zwischen den Hügeln umher und kletterte über die großen Bimssteinblöcke, die von oben herabgestürzt waren, um vielleicht den Krater oder den Ort zu finden, aus dem diese sonderbaren Gegenstände herstammten. Nachdem ich jedoch eine Zeitlang umhergestiegen war, traf ich unglücklicherweise auf die

Spuren eines großen Bären, der anscheinend kurz zuvor in derselben Richtung gewandert war, wenn auch höchst wahrscheinlich in ganz anderer Absicht; mein Entdeckungseifer war dadurch augenblicklich so bedeutend abgekühlt, daß ich eilig umkehrte und mich mit meinen Zeichnungen und dem Einsammeln von Lava und anderen Mineralien in der Nähe begnügte.

Nachdem ich den Tag über herumgestrichen war und von den Gipfeln der Hügel die Schönheit dieser Gegend betrachtet hatte, begab ich mich zu meinen Gefährten, die gewöhnlich während dieser Zeit ›Bergbewohner-Schläfchen‹ machten; wir tranken unseren Kaffee, aßen getrocknete Büffelzungen, breiteten unsere Büffelhäute aus und genossen in der Nacht einen erquickenden Schlaf, der dem ermüdeten Reisenden in der reinen Luft und bei der tiefen Stille dieser Gegend so eigentümlich ist.

Am Morgen vor Sonnenaufgang erhob sich Bogard (ein Yankee und ein wachsamer Bursche, der eben von den Rocky Mountains zurückkehrte, wo er zehn Jahre als Jäger und Trapper gelebt hatte) unter seiner Büffelhaut, rieb sich die Augen und rief, indem er nach der Flinte griff: »Seht da, den alten Kaleb! Wollt Ihr?« Baptiste, der den Schlaf mehr liebte, schnarchte weiter und murmelte etwas vor sich hin, was ich nicht verstand, aber Bogard faßte ihn so hastig an, daß er augenblicklich erwachte. Ich sprang ebenfalls auf, und alle Augen richteten sich sogleich auf Kaleb (oder Kale, wie der wütende Bär von den Trappern in den Rocky Mountains vertraulich genannt wird), eine Bärin, welche nebst zwei Jungen mit der ganzen Würde und Wut ihres Geschlechts wenige Ruten von uns saß und uns angaffte. Es war dies ein Gegenstand für den Maler, aber ich hatte nichts zum Malen – ich wandte meine Augen nach dem Boot, das wenige Schritte von uns am Strand befestigt war, und sah, daß alles, was darin gewesen, herausgeworfen und alles Eßbare ohne Umstände verzehrt worden war. Meine Pakete mit indianischen Kleidungsstücken und Merkwürdigkeiten waren an das Ufer geworfen, geöffnet und untersucht, selbst der Strick von rohem Leder, womit wir das Boot an einen Pfahl gebunden hatten, war verschwunden und also wahrscheinlich auch aufgefressen worden. Auch war dieser Blick in unser Gepäck nicht genug gewesen für ihre unersättliche Neugier – wir sahen an den Spuren ihrer großen Tatzen im Boden, daß sie um uns herumgegangen, unsere Zehen und Nasen berochen hatte, ohne uns zu belästigen. Es bestätigt dies das alte Sprichwort in diesem Land: ›Ein am Boden liegender Mann ist ‚Medizin' für den wütenden Bären‹; während es allgemein bekannt ist, daß sowohl Menschen als Tiere unfehlbar angegriffen werden, wenn sie diesem wütenden und grimmigen Tier begegnen, das der Schrecken des ganzen Landes ist und oft ein Gewicht von achthundert bis tausend Pfund erreicht.

Während wir uns in dem soeben erwähnten Dilemma befanden und jeder schnell seine Waffen zur Verteidigung instand setzte, gab ich an, auf welche Weise wir die Bärin töten, die Jungen fangen und das Fell als Siegeszeichen mit nach Hause bringen könnten. Mein Plan wurde aber, obgleich wir gut bewaffnet waren, gänzlich verworfen, denn Bogard und Baptiste widersetzten sich ihm mit großer Heftigkeit und sagten, es sei stehende Regel im Gebirge, ›niemals Kaleb anzugreifen, außer zur Selbstverteidigung‹. Ich war hingegen schon fast entschlossen, die Bärin allein anzugreifen, da ich eine Büchse in der Hand, ein Paar große Pistolen, einen Tomahawk und ein Skalpiermesser im Gürtel hatte, als Baptiste plötzlich seinen Arm über meine Schulter streckte und, nach einer anderen Richtung zeigend, ausrief: »Da ist ein Reservekorps, Herr Cataline – da ist der Ehemann! Fort, schnell nach dem Fluß, schnell!« Und Bogard fügte hinzu: »Diese verdammten Tiere sind zu stark für uns, es ist besser, wir machen uns davon.« Dies kühlte meinen Mut etwas ab, wir packten ein und fuhren so schnell wie möglich davon, während noch jeder von uns seine Flinte abschoß, worauf die Bärin voller Wut auf die Stelle hinstürzte, wo wir wenige Augenblicke zuvor unseren heilsamen Entschluß gefaßt hatten.

Während des noch übrigen Teils des Tages fuhren wir rasch weiter, indem wir die schönen Ufer bewunderten, die bald aus hohen, zerrissenen Klippen, bald aus lieblichen, grünen Präriehügeln oder aus weit erstreckten Wiesen mit ihrem vom Wind bewegten Gras und Myriaden wilder Blumen bestanden. Die Aussicht war auf dem ganzen Weg bezaubernd.

Unsere Unterhaltung drehte sich hauptsächlich um den wütenden Bären und die Gefahr, in der wir uns befanden, und meine Gefährten hatten eine Menge ähnlicher Geschichten im Vorrat. Wir verzehrten unser Frühstück sehr spät, nämlich um fünf Uhr nachmittags, und um diese Zeit wurden unsere zerstörten Vorräte glücklicherweise durch die nie fehlende Büchse Bogards wieder ergänzt, indem er eine schöne Antilope schoß, die uns vom Ufer arglos anblickte. Wir landeten und bemächtigten uns unserer Beute, fuhren jedoch weiter, da es hier an Holz fehlte. Wir erreichten indes bald eine Insel, die mit ungeheuren Massen von Treibholz bedeckt war, wo wir schnell ein großes Feuer machten und unser köstliches Mahl verzehrten, indem wir uns rittlings auf einen abgeschälten Baumstamm setzten und diesen zugleich als Stuhl und als Tisch gebrauchten. Nach Beendigung unseres Mahles ließen wir unser Feuer brennen und fuhren noch einige englische Meilen weiter, wo wir an einem wilden und unbekannten Ort unser Kanoe auf den Strand zogen und unsere Büffelhäute zum Schlafen ausbreiteten, denn es ist nicht ratsam, dies bei dem Feuer zu tun, weil hierdurch leicht eine Kriegspartei herangelockt wird.

Die Gegend, die wir heute sahen, war, wie gesagt, außerordentlich schön, und oft ruderten wir ans Ufer, um die unendliche Mannigfaltigkeit der Blumen und den Reichtum an köstlichen Früchten um uns her zu bewundern. Während wir durch das hohe Gras wanderten, stießen wir beständig an wilde Sonnenblumen und üppige Lilien, während nach allen Richtungen hin Gruppen von Pflaumenbäumen, Stachel- und Johannisbeersträuchern sich unter der Last ihrer Früchte zur Erde bogen, und zwischen diesen wilde Rosenbüsche, wie in Hecken und Beeten gepflanzt, ganz mit Blumen in den schönsten Farben bedeckt waren und jeden sie berührenden Luftzug mit Wohlgerüchen erfüllten.

Außerdem wachsen hier die amerikanische Eberesche (Sorbus americana, Service-tree) im Überfluß und der Büffelbusch, die diesen nördlichen Gegenden eigentümlich sind. Sie schmückten oft die Ufer des Flusses und die Schluchten der Hügel meilenweit, wo sie fast undurchdringliche Hecken bildeten und so mit Früchten beladen waren, daß sich ihre Zweige bis auf die Erde bogen.

Dieser letztere Strauch, den man die schönste Zierde der Prärie nennen kann, bildet gegen das üppige Laubwerk einen auffallenden Gegensatz durch die bläuliche Färbung seiner Blätter, wodurch man ihn schon in großer Entfernung erkennen kann. Er trägt eine unglaubliche Menge Früchte, die in Trauben von jedem Zweig herabhängen und etwa die Größe gewöhnlicher Johannisbeeren haben, denen sie an Farbe und Geschmack nicht unähnlich, jedoch ihrer Säure wegen fast ungenießbar sind; erst wenn sie im Herbst vom Frost getroffen worden, erhalten sie einen süßen, köstlichen Geschmack, den Weintrauben ähnlich, und ich bin geneigt zu glauben, daß man einen trefflichen Wein daraus bereiten kann.

Der Strauch gleicht einigen Abarten des Dornstrauchs, von denen er sich nur durch die schon erwähnte Farbe seiner Blätter unterscheidet. Gewöhnlich wird er sechs bis sieben, zuweilen zehn bis zwölf Fuß hoch und bildet meilenweit kleine Wälder oder Hecken.

Während wir die Früchte einsammelten und ich daran dachte, ob sich nicht daraus Wein bereiten ließe, richtete ich folgende Frage an meine Gefährten: »Angenommen, wir wären im Frühjahr bis hierher den Fluß heraufgefahren und hätten unser kleines Lager in einem Wald aufgeschlagen. Der eine von Euch wäre ein Schiffbauer, der andere ein Böttcher, jener machte Weinfässer, dieser baute ein Makinah-Boot, das fünfzig bis hundert Fässer tragen könnte, während ich als guter Jäger das kleine Lager mit Fleisch versorgte; wenn wir nun um diese Zeit den Fluß hinab ruderten, überall anhielten, wo der Büffelbusch wächst, die Beeren einsammelten und den Saft auspreßten und in unsere Fässer gössen, damit er während unserer Schiffahrt von fünfhundert deutschen Meilen gäre – wieviel Bushel (á eineinhalb Berliner Scheffel) Beeren würdet Ihr beide wohl in einem Tag einsammeln können, wenn ich das Boot bewachte und die Mahlzeit bereitete? Wieviel Barrels (á zwei Eimer) guten Weins würden wir bei unserer Ankunft in St. Louis wohl zum Verkauf vorrätig haben können?«

Diese Idee ergriff meine beiden Gefährten ungemein. Baptiste schwatzte so viel französisch durcheinander, daß ich ihn nicht verstehen konnte, und ich glaubte es nur dem Mangel der nötigen Gerätschaften zu verdanken, daß ich nicht meine beiden Gefährten verlor. Endlich kamen beide darin überein, daß sie wohl dreißig Bushel (fünfundvierzig Berliner Scheffel) dieser Beeren täglich einsammeln könnten, und nach meiner Erfahrung glaube ich, daß dies nicht übertrieben ist; wir breiteten mehrmals eine große Makinah-Decke am Boden unter den Sträuchern aus, die die meisten Früchte trugen, und wenn wir mit einem Stock gegen den Stamm schlugen, so fielen sämtliche Beeren augenblicklich auf die Decke, worauf die von ihrer Last befreiten Zweige sich schnell wieder aufrichteten; auf diese Weise erhielten wir oft durch einen einzigen Schlag einen Achtelbushel.

Ich hatte von diesem schönen Strauch, der gewiß eine große Zierde unserer Parks und Gärten bilden würde, mehrere Wurzeln mitgenommen, verlor sie aber, sowie mehrere andere Merkwürdigkeiten, die ich auf unserer Fahrt stromabwärts gesammelt hatte.

Am nächsten Morgen, nachdem wir unser Frühstück eingenommen und unser Boot längs des Ufers einer schönen Prärie langsam dahinglitt, sah ich im Gras am Ufer über mir etwas, das ich für den Rücken eines weidenden Elens hielt. Ich teilte dies meinen Gefährten mit, sprang mit meiner Flinte ans Ufer, nahm zwei Kugeln in den Mund und kroch vorsichtig in einer kleinen Schlucht hinauf, während ich meines Wildes ganz sicher zu sein glaubte, als ich zu meinem Schrecken bemerkte, daß das angebliche Elen nichts weiter war als ein Indianerpferd, das hier ruhig sein Frühstück einnahm. Weiterhin bemerkte ich noch mehrere, und näher bei mir zur Linken eine um das Feuer gelagerte Kriegspartei, und noch näher, etwa zwanzig Schritte von mir entfernt, saß ein Indianer, der seine Flinte zu reinigen schien. Ich eilte daher so schnell und vorsichtig wie möglich nach dem Boot; allein Bogard und Baptiste, die aus meinem eiligen Rückzug wohl alles erraten mochten, stießen zu früh ab und wurden von der starken Strömung um einen großen Haufen Treibholz herumgetrieben, so daß ich mir selbst überlassen blieb; sie kamen indes bald wieder ans Ufer, und nachdem ich eingestiegen war, ruderten wir schnell und schweigend weiter, bis wir außer dem Bereich der Gefahr waren, denn schon seit mehreren Tagen hatten wir gefürchtet, einer Kriegspartei der raubgierigen Rikkarihs zu begegnen, die, wie wir erfuhren, an dem Fluß sein sollten und die Mandaner aufsuchten.

Am fünften Tag (einem Sonntag) seit unserer Abreise von der Mündung des Yellowstone-Flusses landete unser Boot um elf Uhr in der ›großen Krümmung‹ (grand Détour – Big Bend) am Fuß eines stattlichen Tonhügels, dessen Gipfel wir erstiegen, um den malerischen und großartigen Anblick zu genießen. Den Rest des Tages brachte ich damit zu, eine Ansicht dieser großartigen Landschaft zu malen, zu welchem Zweck Bogard und Baptiste meine Staffelei und Leinwand auf den Gipfel des Hügels brachten; während ich malte, erlegten sie mehrere Antilopen.

Es gibt wohl kaum etwas Malerischeres als die Aussicht von diesem Punkt. Man sieht hier, wie der Strom sich auf wunderbare Weise sein tiefes Bett durch zweihundert bis dreihundert Fuß hohe Tonwände gegraben hat, während man in der Entfernung die imposante Form des hohen Tafellandes erblickt. Es ist dies eine Anomalie der Natur, die den unwiderleglichen, wenn auch überraschenden Beweis liefert, daß hier in einer früheren Zeit das Land eine höhere Oberfläche hatte, die mit der Höhe dieser tafelförmigen Hügel übereinstimmte, deren mit Gras bewachsene Oberfläche auf eine halbe englische Meile und weiter vollkommen horizontal ist und sich hundertfünfzig bis zweihundert Fuß hoch über die gegenwärtige höchste Oberfläche dieses Landes erhebt, die auf mehrere hundert englische Meilen außer jenen Hügeln nicht einen Gegenstand darbietet, der sich auch nur einen Fuß über ihr Niveau erhebt.

Die Tatsache, daß dort einst die Oberfläche dieses großen Tales war, steht fest, wie schwierig es auch sein mag, sie mit vernünftigen Ursachen und Resultaten zu vereinigen; und der Geist des schwachen Menschen wird fast gelähmt, wenn er sich deutlich zu machen sucht, auf welche Weise das anliegende Land sowohl von hier bis an den Fuß der Rocky Mountains als auch nach anderen Richtungen hin hinweggeschwemmt werden konnte, und ebenso, wenn er den Ort aufzufinden bemüht ist, wohin diese mächtigen Ablagerungen geführt wurden.

Ich erinnere mich, auf meiner Reise den Strom hinauf, etwa sechshundert bis achthundert englische Meilen weiter stromabwärts, zwei merkwürdige Gegenden, die ›viereckigen Hügel‹ und die ›Bijouhügel‹ gesehen zu haben, die die einzigen Erhebungen an dem Fluß sind, die den eben beschriebenen Überresten ähnlich zu sein scheinen; ich werde sie später besuchen. Während meine Leute mit der Jagd beschäftigt waren, verließ ich meine Staffelei und wanderte nach jenen tafelförmigen Hügeln, deren Gipfel ich erstieg und die zu meinem großen Erstaunen mehrere englische Meilen von dem Fluß entfernt waren, so daß ich einen tüchtigen Marsch zu machen hatte, um bei Anbruch der Nacht unser Lager zu erreichen. Ich fand, daß diese Hügel offenbar aus dem Wasser abgesetzt waren; sie bestanden aus einer großen Anzahl horizontaler Tonschichten von verschiedenen Farben, aus Granitsand und Geschieben; unter den letzteren fand ich schöne Stücke Achat, Jaspis und Karneole sowie hin und wieder große Stücke Bimsstein und Rapilli, die, gleich den oben erwähnten Beispielen, das Vorkommen vulkanischer Überreste beweisen.

Die Art, wie Bogard und Baptiste die furchtsame und kluge Antilope überlisteten, wird in diesem Land häufig und mit Erfolg angewendet.

Die Antilope dieses Landes ist, wie ich glaube, von allen anderen Arten verschieden und eine der schönsten Zierden der westlichen Welt. Man sieht sie oft in großer Menge auf den Hügeln und in den Tälern herumhüpfen und stundenlang in Rudeln von fünfzig bis hundert Stück dem vorüberfahrenden Boot oder der Karawane folgen, wobei sie sich in sicherer Entfernung halten, die Hügel hinauf- und hinunterlaufen, mit den Nasen schnuppern und mit den Füßen stampfen, als ob sie den Reisenden erinnern wollten, daß er sich frevelhafte Eingriffe in ihr Gebiet erlaube.

Dies kleine Tier scheint mit einem übermäßigen Teil Neugier begabt zu sein, die es oft ins Verderben führt und dem Jäger, der es zu erlegen wünscht, die Mühe erspart, ihm nachzulaufen. Wenn er entdeckt worden ist, so hat er nur nötig, seinen Ladestock in die Erde zu stecken und sein rotes oder gelbes Taschentuch darauf zu hängen, und er kann versichert sein, daß die Antilopen, wenn auch vorsichtig und zögernd, näher kommen, während er dicht dabei mit der Flinte in der Hand am Boden liegt; es ist dann leicht, zwei oder drei auf einen Schuß mit einer Kugel zu erlegen.

Nachdem wir unser Lager in der ›großen Krümmung‹ verlassen hatten und mehrere englische Meilen weit an einer Reihe von Hügeln und wunderlichen Ruinen, gleich den schon beschriebenen, vorübergeschifft waren, wurde unsere Aufmerksamkeit mehr als gewöhnlich durch den sogenannten ›großen Dom‹ gefesselt, der dicht vor uns lag.

Wir verweilten einen ganzen Tag unter diesen Tonruinen, deren Gipfel wir erstiegen, und konnten hier den Lauf des Missouri viele Meilen weit verfolgen, wie er sich durch zahllose, mit Gras bewachsene Tonhügel hindurchwindet. Eine Büffelherde, die wir auf der Ebene entdeckten, verfolgten wir eine Strecke, konnten sie aber nicht erreichen, wurden jedoch einigermaßen dadurch entschädigt, daß wir ein großes Dorf der Präriehunde auffanden, über die ich hier einige Worte sagen will.

Der Wiesenhund (Arctomys Ludoviciana Ord.) der amerikanischen Prärien ist keine Canis-, sondern eine Murmeltier-Spezies, nicht ungleich derjenigen, die die weiten Steppen Asiens bewohnt, und hat mit einem Hund weiter gar keine Ähnlichkeit als in dem Laut, den er bei der Annäherung einer Gefahr von sich gibt und der etwa dem Bellen eines sehr kleinen Hundes oder noch mehr dem des bellenden Eichhorns gleicht.

Das merkwürdige kleine Tier hat ungefähr die Größe einer sehr großen Ratte, der es auch im Äußeren nicht unähnlich ist. Sie graben sich ihre Wohnungen in einsamen Gegenden, fern von Wald und Wasser. Jedes Individuum oder jede Familie gräbt eine Höhle in der Prärie, acht bis zehn Fuß tief, und wirft die Erde zu einem kleinen kegelförmigen Haufen auf; es sind dies die einzigen Höhen, die sie ersteigen und auf die sie sich setzen, um zu bellen und mit den Zähnen zu klappern, wenn ein Feind sich ihrem Dorf nähert. Diese Dörfer erstrecken sich zuweilen mehrere englische Meilen weit und enthalten, ich möchte fast sagen, Myriaden von Höhlen und kleinen Erdhaufen; das Getöse ihres Bellens ist zu eigentümlich, um es zu beschreiben.

Wir machten mehrmals Versuche, eines dieser Tiere zu schießen, allein immer vergebens. Wenn wir uns ihnen bis auf eine gewisse Entfernung genähert hatten, so setzten sie sich auf den Erdhaufen auf die Hinterfüße und machten beim Bellen eine eigentümliche Bewegung mit dem Schwanz, als ob sie uns das Recht der Annäherung streitig machen wollten. Ich suchte mehrmals zu schießen, aber (als ob sie genau die Grenzen ihrer Sicherheit gekannt hätten) in dem Augenblick, wenn ich losdrücken wollte, sprangen sie in ihre Höhlen, wendeten schnell ihren Körper um und ließen bloß ihre Ohren und die Nasenspitze sehen, als ob sie sich nach mir umsähen. Diese Stellung behielten sie bei, bis ich mich noch mehr näherte, worauf sie plötzlich verschwanden, und als ich zwischen ihren Wohnungen herumwandelte, war alles still. Sowie ich mich wieder entfernte, kamen zuerst wieder die Ohren zum Vorschein, und endlich sprangen sie wieder auf die Erdhaufen, setzten sich auf die Hinterfüße und drohten uns wie zuvor.

Die Löcher, die zu ihrem Bau führen, sind vier bis fünf Zoll weit und fast senkrecht; sie stehen unstreitig alle mit einer Art unterirdischer Stadt in Verbindung (wie ich nach fruchtlosen Versuchen, sie auszugraben, glauben muß), so daß sie eine große Strecke ohne Gefahr, verfolgt zu werden, unter der Erde laufen können.

Ihre Nahrung ist das Gras in der Nähe ihrer Baue, das sie mit ihren Schneidezähnen dicht am Boden abbeißen. Da sie oft auf fünf deutsche Meilen vom Wasser entfernt leben, so muß man annehmen, daß, da sie hauptsächlich nur des Nachts ihrer Nahrung nachgehen, der am Gras befindliche Tau ihnen hinreichende Feuchtigkeit bietet; wenn sie nicht, wie man gewöhnlich glaubt, von ihren unterirdischen Wohnungen so tief graben, daß sie Wasser erreichen. Im Winter sind sie mehrere Monate lang unsichtbar und liegen während dieser Zeit wahrscheinlich in einem erstarrten Zustand, da sie keine Vorräte einsammeln können. Man findet diese Tierchen in den weiten Prärien Nordamerikas fast unter jeder Breite, und ihre Dörfer, deren ich mehrere auf meinen Reisen antraf, nötigten uns, oft einen Umweg von mehreren Meilen zu machen, denn die nur wenige Fuß voneinander entfernten Löcher konnten gefährlich für unsere Pferde werden.

Die unter dem Namen ›der große Dom‹ erwähnten Hügel sind wohl eine der großartigsten und schönsten Szenen dieser Art. Die wunderbaren Formen von Domen und Türmen entstehen durch das beständige Abspülen der Abhänge dieser Tonhügel, und obgleich sie an einigen Stellen sehr erhärtet sind, so erleiden sie doch fortwährend Veränderungen, bis sich endlich ihre Abhänge mit

Rasen überziehen, der sie vor weiterer Zerstörung schützt, so daß ihr grüner, mit Blumen geschmückter Teppich vielleicht noch nach Jahrhunderten von dem kühnen Reisenden mit Bewunderung betrachtet wird.

Am siebenten Tag nach unserer Abreise von der Mündung des Yellowstone-Flusses verließen wir diese Gegend, blickten aber immer wieder darauf zurück und bewunderten die sonderbaren und endlosen Veränderungen, die jede Biegung des Stromes hervorbrachte, und als wir sie endlich aus dem Gesicht verloren, nahmen wir traurig Abschied von ihnen; aber bei jeder Krümmung und Wendung des Stromes traten immer andere und wieder andere, fast ebenso sonderbare Gegenstände und Gebilde hervor. Am Fuß eines dieser Hügel landete ich, um den Gipfel zu ersteigen, wozu ich indes mehrere Stunden brauchte, da ich auf einem großen Teil des Abhanges mit dem Beil Löcher einhauen mußte, um die Füße setzen zu können. Dieser ganz isoliert stehende Hügel war zweihundertfünfzig Fuß hoch, und seine Abhänge waren auf die mannigfaltigste Art ausgewaschen, während große Blöcke von erhärtetem Ton auf Fußgestellen oder Säulen ruhten und das Ganze so verschiedene Färbung zeigte, daß es wie ein schönes Gemälde erschien und ich an zwei Stunden darauf verwendete, es auf meine Leinwand zu übertragen.

Nachmittags kamen wir bei der Hügelgruppe, ›die drei Dome‹ genannt, vorüber, die den bereits beschriebenen ähnlich sind. Kurz vor Einbruch der Nacht landete unser kleines Boot vor dem Dorf der Mandaner, und unter Hunderten und Tausenden, die an den Fluß kamen, um uns zu begrüßen, befand sich auch Herr Kipp, der die Aufsicht über die hier befindliche Niederlassung hat.

11. KAPITEL

Dorf der Mandaner – Frühere Wohnsitze – Befestigung ihres Dorfes – Bauart der Wigwams – Beschreibung des Inneren – Betten – Waffen – Familiengruppen – Indianische Schwatzhaftigkeit – Späße – Erzählungen am Feuer – Ursachen der Schweigsamkeit der Indianer in zivilisierter Gesellschaft

Die Mandaner oder Sipuske-Númangkä, das heißt Fasanenvolk, wie sie sich selbst nennen, sind vielleicht der älteste Indianerstamm in diesem Land. Ihr Ursprung ist natürlich, gleich dem aller

Stämme, in Dunkelheit gehüllt. Auf ihre Überlieferungen und Eigentümlichkeiten werde ich später zurückkommen. Sie setzen einen großen Stolz darein, ihre Sagen über ihren Ursprung zu erzählen, und behaupten, sie seien das erste Volk, das auf der Erde erschaffen wurde. Ihre Anwesenheit in dieser Gegend schreibt sich aus keiner sehr frühen Zeit her, und soviel ich aus ihren Überlieferungen ersehen habe, waren sie früher eine sehr zahlreiche und mächtige Nation, die aber durch die beständigen Kriege mit ihren Nachbarn bis auf ihre gegenwärtige Zahl – etwa zweitausend Seelen – zusammengeschmolzen ist.

Die Mandaner leben gegenwärtig am westlichen Ufer des Missouri, etwa vierhundert deutsche Meilen oberhalb St. Louis und vierzig Meilen unterhalb der Mündung des Yellowstone-Flusses. Sie haben nur zwei Dörfer, die etwa zwei englische Meilen voneinander entfernt sind und eine sehr schöne und zur Verteidigung sehr zweckmäßige Lage haben. Namentlich liegt das untere Dorf, oder der Hauptort, überaus reizend in der Mitte eines weiten Tals, das von anmutigen, im schönsten Grün prangenden Hügeln umgeben ist. Auf einer ausgedehnten Ebene, die, gleich den Hügeln und Talgründen, mit grünem Rasen bedeckt ist, aber so weit das Auge reicht, nicht einen Baum oder Strauch zeigt, erheben sich die Kuppeln (nicht von Gold, sondern von Erde) und unzählige Skalppfähle usw. des halb unterirdischen Dorfes der gastlichen und wohlgesitteten Mandaner.

Dies Volk lebte früher, wie viele der ältesten Leute sich noch erinnern können, drei bis vier Meilen weiter stromabwärts in zehn nahe beisammenliegenden Dörfern, deren Überreste noch deutlich zu sehen sind. Damals waren sie, wie sich sowohl aus der Zahl der Hütten, die ihre Dörfer enthielten, als aus ihren Sagen ergibt, weit zahlreicher als gegenwärtig. Andere und interessante Sachen und historische Tatsachen deuten auf einen noch früheren Wohnsitz und Zustand dieses Volkes hin, worauf ich später ausführlich zurückkommen werde; es geht daraus hervor, daß dieselben früher am unteren Missouri und selbst am Ohio und Muskingum wohnten und allmählich den Missouri hinauf bis zu ihrem gegenwärtigen Wohnsitz wanderten.

Unterhalb ihres Dorfes und fast bis nach St. Louis hinab finden sich viele Ruinen, die deutlich die eigentümliche Bauart der Mandanerhütten zeigen und daher ein starker Beweis für die obige Annahme sind.

Die Lage des Dorfes ist bewunderungswürdig für die Verteidigung ausgewählt. Der Fluß, dessen Ufer hier vierzig bis fünfzig Fuß hoch sind und größtenteils aus festem Gestein bestehen, wendet sich plötzlich unter einem rechten Winkel und deckt auf diese Weise zwei Seiten des Dorfes, das auf diesem vorspringenden Winkel oder Vorgebirge erbaut ist; es blieb daher nur eine Seite zu beschützen, und dies wird durch eine starke Verpalisadierung und einen im Innern befindlichen drei bis vier Fuß tiefen Graben bewirkt. Die Pfähle sind einen Fuß und darüber dick und achtzehn Fuß hoch, fest in den Boden eingegraben und weit genug voneinander entfernt, um Flinten- und andere Geschosse zwischen sie hindurch abschießen zu können. In dem Graben, der (gegen die bei zivilisierten Völkern übliche Befestigungsart) sich innerhalb der Palisaden befindet, verbergen sich die Krieger, um sich dem Anblick und den Waffen ihrer Feinde zu entziehen, während sie selbst ihre Geschosse laden und zwischen den Pfählen hindurch abschießen.

Die Mandaner sind in ihren Dörfern völlig gesichert gegen Angriffe von Indianern und haben diese nur zu fürchten, wenn sie ihnen auf der Prärie begegnen. Ihr Dorf erscheint den Fremden sehr sonderbar. Die Hütten sind dicht aneinandergebaut und lassen nur so viel Raum, daß man zwischen ihnen gehen und reiten kann. Von außen scheinen sie ganz aus Erde erbaut zu sein, tritt man aber hinein, so ist man erstaunt über die Nettigkeit, Bequemlichkeit und Geräumigkeit dieser Wohnungen. Sie haben alle eine Kreisform und vierzig bis sechzig Fuß im Durchmesser. Zuerst wird für das Fundament die Erde etwa zwei Fuß tief kreisförmig ausgegraben und der Fußboden geebnet; seine Größe richtet sich nach der Zahl oder dem Rang der Bewohner. Sodann werden Pfähle von acht bis neun Zoll Durchmesser und etwa sechs Fuß Höhe innerhalb der kreisförmigen Ausgrabungen dicht nebeneinander in den Boden befestigt und auf der Außenseite eine starke Erdwand gegen sie aufgeschüttet. Auf diese Pfähle werden andere von zwanzig bis fünfundzwanzig Fuß Länge befestigt, die sich mit ihrem oberen oder schmaleren Ende unter einem Winkel von 45 Grad gegen die in der Mitte des Daches der Hütte befindliche Öffnung neigen, die drei bis vier Fuß im Durchmesser hat und zugleich als Rauchfang und als Fenster dient. Das Dach wird durch Querbalken gestützt, die etwa in der Mitte der schrägen Pfähle rings um das Innere der Hütte herumlaufen und von vier bis fünf großen, in dem Fußboden befestigten Balken getragen werden. Auf die das Dach bildenden Pfähle werden Weidenzweige etwa einen halben Fuß hoch gelegt, um sie gegen die Feuchtigkeit der Erde zu schützen, mit der die ganze Hütte bis zur Dicke von zwei bis drei Fuß bedeckt wird; diese Erdschicht belegt man endlich noch mit hartem oder zähem Ton, der das Wasser nicht durchläßt und zuletzt so hart wird, daß das Dach der Hütte bei schönem Wetter der ganzen Familie zum Versammlungsort dient, um die frische Luft zu genießen oder sich zu unterhalten, und dorthin begibt sich der ernste Krieger, um ungestört seinen Betrachtungen nachzuhängen über all die Fröhlichkeit und das Glück, das ihn umgibt, als eine Folge der harten Kämpfe, die er mit den kühnen roten Männern seines Stammes durchgefochten hat.

Der Fußboden dieser Hütte ist von Erde, aber durch die Länge der Zeit so fest und rein geworden, daß er wie poliert erscheint und das weißeste Leinen nicht beschmutzen würde. In der Mitte und gerade unter der Öffnung im Dach befindet sich der Feuerplatz, ein kreisförmiges, etwa einen Fuß tiefes Loch von vier bis fünf Fuß Durchmesser und rundherum mit Steinen ausgelegt. Über demselben hängt an schräggestellten Stangen der Topf oder Kessel mit Büffelfleisch, und um diesen lagert sich die Familie in malerischen Stellungen und Gruppen auf Büffelhäuten oder zierlich geflochtenen Binsenmatten. Diese Hütten sind so geräumig, daß sie zwanzig bis vierzig Personen – eine Familie mit allen ihren Verwandten aufnehmen können.

Alle Mandaner schlafen in Bettstellen, die den unsrigen ähnlich, aber nicht ganz so hoch und aus runden Pfählen gemacht sind, die mit Stricken zusammengebunden werden. Über die etwa zwei Fuß über dem Boden befindlichen unteren Pfähle wird eine frisch abgezogene Büffelhaut mit der Haarseite nach oben gespannt, die, wenn sie getrocknet ist und sich zusammengezogen hat, ein vollkommenes Unterbett bildet, worauf es sich ganz bequem liegt; eine zweite Büffelhaut dient als Kopfkissen und eine dritte als Decke. Diese Betten, soviel ich deren gesehen – und ich habe fast alle Hütten besucht –, sind sämtlich mit einem Vorhang von Büffel- oder Elenhaut versehen, der vorn so viel Raum läßt, daß man in das Bett gelangen kann. Einige dieser Vorhänge waren geschmackvoll mit Fransen und Stachelschweinstacheln verziert und mit Hieroglyphen bemalt.

Wegen der großen Anzahl von Bewohnern in jeder Hütte befinden sich auch viele Betten darin. Man sieht deren oft zehn bis zwölf, die stets vier bis fünf Fuß voneinander entfernt sind; in diesem Zwischenraum steht ein sechs bis sieben Fuß hoher Pfahl mit großen hölzernen Nägeln oder Pflöcken, woran die Waffen und

Rüstungen der Krieger aufgehängt werden, nämlich der weiße, mit der Abbildung seiner schützenden ›Medizin‹ verzierte Schild, der Bogen und Köcher, die Kriegskeule oder Streitaxt, der Wurfspieß, der Tabakbeutel und die Pfeife, der Medizinbeutel und der Kopfputz von Adler- oder Rabenfedern oder von Hermelin, und über allen diesen Dingen, auf der Spitze des Pfahles, prangt ein vollständiger Büffelkopf mit den Hörnern, der bei dem Büffeltanz, wovon später die Rede sein wird, als Maske dient.

Diese ganze Zusammenstellung von Betten, Waffen, Pelzwerk und Geheimnissen, Kesseln, Töpfen, Löffeln und anderen Küchengeräten eigener Fabrik, die düsteren, vom Rauch geschwärzten Wände und Decke der Hütte, in Verbindung mit den anmutigen, schwatzenden, Geschichten erzählenden, glücklichen, wenn auch ungebildeten und ungelehrten Gruppen, die, um ihr friedliches Feuer gelagert, ihre Pfeifen rauchen, mit ihren Geliebten tändeln und ihre Kinder umarmen – dies alles bietet dem Fremden eine der malerischsten und wildesten Szenen dar, wie keine Einbildungskraft sie darzustellen vermag.

Ich sagte von diesem Volk, daß es gern schwatze, Märchen erzähle und glückselig sei; dies ist buchstäblich wahr, und es ist meine Aufgabe, dies darzutun und den in dieser Beziehung herrschenden Irrtum zu widerlegen.

Es gibt in dieser Aufklärungszeit in dem ganzen Bereich des menschlichen Wissens wohl kaum irgendeinen Gegenstand, über den die zivilisierte Welt so schlecht unterrichtet ist als über die Sitten und Gebräuche, den moralischen Zustand, die Rechte und die Mißbräuche der nordamerikanischen Indianer. Die Hauptursache hiervon ist die Schwierigkeit für uns, offen und ehrlich Bekanntschaft mit ihnen anzuknüpfen und, wie es die Gerechtigkeit gegen sie und unsere eigene Ehre erfordern, ihren Charakter unparteiisch zu beurteilen. Die gegenwärtige Zeit des Klügelns und Untersuchens hat alles andere in den Bereich des Verstandes und der Wissenschaft gezogen, während der wilde und schüchterne Indianer mit seinen interessanten Gebräuchen und Moden verschwunden ist oder seinen Charakter bei der Annäherung des zivilisierten Menschen verändert, der ihm, gleich einem Phantom, eine Zeitlang folgt und endlich, ohne seinen wahren Charakter erkannt zu haben, zu den gewöhnlichen Geschäften des sozialen Lebens zurückkehrt.

Unter den Irrtümern, in die man infolge jener Schwierigkeiten hinsichtlich der Wilden verfällt, ist wohl keiner allgemeiner verbreitet und falscher und zugleich keiner so leicht zu widerlegen als der, daß der Indianer ein mürrisches, verdrießliches, verschlossenes und schweigsames Wesen sei. Dies ist keineswegs allgemein der Fall.

Ich habe auf allen meinen Wanderungen unter den Indianern, und namentlich unter den anspruchslosen Mandanern, bemerkt, daß sie weit schwatzhafter und gesprächiger sind als die zivilisierten Völker. Man wird diese Behauptung vielleicht auffallend finden, aber sie ist dennoch wahr. Wer jemals einen Blick in die Wigwams dieses Volkes getan oder eine ihrer Gruppen beobachtet hat, der wird die Überzeugung gewinnen, daß Schwatzen, Plaudern und Erzählen ihre Hauptleidenschaften sind.

Man gehe oder reite an einem schönen Tag nur einige Stunden um dies kleine Dorf herum und betrachte ihre zahllosen Spiele und Unterhaltungen, die von unaufhörlichem Freudengeschrei begleitet sind, oder man gehe in ihre Wigwams und beobachte die um das Feuer versammelten Gruppen, wo Scherze und Anekdoten erzählt werden und fröhliches Gelächter erschallt – und man wird sich überzeugen, daß Lachen und Fröhlichkeit ihnen natürlich sind. Es wäre auch in der Tat auffallend, wenn ein Volk wie dieses, das sonst wenig vom Leben genießt, gerade in dieser Quelle des Vergnügens und der Unterhaltung beschränkt sein sollte. Wenn auch der unentwickelte Zustand ihres Geistes die Zahl ihrer Vergnügungen beschränkt, so sind sie doch auch frei von tausend Sorgen und Plagen, die aus gewinnsüchtigen Beweggründen in der zivilisierten Welt hervorgehen, und sie stehen, nach meiner Ansicht, in dem wirklichen und ununterbrochenen Genuß ihrer natürlichen Fähigkeiten weit über uns.

Sie leben in einem Land und in Gemeinden, wo es nicht gebräuchlich ist, mit Sorgen in die Zukunft zu blicken, und sie wissen nichts von dem Aufwand, den das Leben in der zivilisierten Welt nötig und unerläßlich macht; ihre Neigungen und Fähigkeiten sind daher allein darauf gerichtet, den gegenwärtigen Tag zu genießen, ohne sich düsteren Betrachtungen über die Vergangenheit oder Besorgnissen für die Zukunft zu überlassen. Da sie von den mannigfachen Leidenschaften und Begierden des zivilisierten Lebens noch unberührt geblieben sind, so ist es leicht und natürlich für sie, ihre Gedanken und Unterhaltungen auf die kleinen und unbedeutenden Begegnisse ihres Lebens zu richten. Sie lieben Scherz und Heiterkeit, und die kleinen Späße, wozu ihre eigentümliche Lebensweise ihnen unerschöpflichen Stoff darbietet, werden in ihren kleinen

Versammlungen um das Wigwamfeuer mit herzlichem Gelächter und Fröhlichkeit aufgenommen.

Man wird vielleicht meinen, ich verweile zu lange bei diesem Punkt; allein da es sich um einen Irrtum handelt, der allgemein verbreitet ist und der, wenn einmal behoben, eine wesentliche Schwierigkeit beseitigt, die bisher einer richtigen Würdigung des indianischen Charakters im Wege stand, und da ich der Welt den Indianer in seinem wahren Licht zu zeigen wünsche, so muß ich, bevor ich weitergehe, diese Punkte erledigen. Nur muß man meinen Worten Glauben schenken oder selbst in dieses Land kommen und in diesen wunderlichen Versammlungen Zeuge der unerschöpflichen Scherze und des unauslöschlichen Gelächters sein, statt in Washington den armen verlegenen Indianer anzugaffen, der von seinem ›großen Vater‹ dorthin berufen ist, um mit der Sophistik der zivilisierten Welt um sein Land zu feilschen, das die Gräber und die Jagdgebiete seiner Vorfahren enthält. Dort ist nicht der geeignete Ort, den Charakter des Indianers zu studieren und seine Geschichte zu schreiben. Weil er dort nicht spricht und den köstlichen Trank, den die Hand der weißen Menschen ihm reicht, trinkt, ist er ›ein sprachloses Tier und ein Trunkenbold‹.

Der Indianer ist ein Bettler in Washington, und der weiße Mann ist nicht viel besser im Dorf der Mandaner; der Indianer in Washington ist stumm und verlegen, und ebenso der weiße Mann in dem Dorf der Indianer, und zwar aus demselben Grund – weil er niemand hat, mit dem er sprechen könnte.

Ein wilder Indianer muß, um die zivilisierte Welt zu erreichen, mehrere hundert Meilen auf ungewohnte Art reisen, durch Gegenden, die ihm neu sind, Nahrungsmittel genießen, an die er nicht gewöhnt ist, von Tausenden sich angaffen lassen, mit denen er nicht sprechen kann, und sein Herz bricht ihm, wenn er sieht, wie in dem Land und über den Gebeinen seiner Vorfahren der weiße Mann seinen Reichtum und Luxus genießt. Und hat er endlich das Ziel seiner Reise erreicht, so wird er wie ein Tier im Käfig angestaunt, bekrittelt, bemitleidet und der Welt als stumm, vernunftlos und als Bettler geschildert.

Ein Weißer muß, um in das Dorf zu gelangen, auf Dampfbooten, auf Kanoes, zu Pferde, zu Fuß reisen, Flüsse durchschwimmen, Sümpfe durchwaten, mit den Moskitos kämpfen, seine Mokassins und Beinkleider immer wieder ausbessern, nur von Fleisch leben, den ganzen Weg auf der Erde schlafen und von seinen Freunden träumen, die er verlassen hat; und wenn er halb verhungert, halb nackt und mehr als krank hier ankommt, so muß er um einen Platz zum Schlafen und um etwas Speise betteln; er ist stumm unter Tausenden, die sich um ihn versammeln, um ihn zu betrachten, zu bekritteln, über sein elendes Aussehen zu lachen und ihn, wie alle Weißen ohne Unterschied, für einen Lügner zu erklären. Da dies Volk in seinem Land keine anderen weißen Männer als Pelzhändler sieht und von keinen anderen etwas weiß, so beurteilt es uns alle auf gleiche Weise, glaubt, daß wir alle nur kommen, um zu handeln oder zu tauschen, und nennt uns ohne Unterschied alle Lügner und Pelzhändler.

Man sieht hieraus, daß durch die unglückliche Unwissenheit, worin die Entfernung uns erhält, wechselseitig einer in des anderen Achtung leidet und daß der Geschichtsschreiber, der den Charakter und die Gebräuche eines Volkes richtig schildern will, unter ihm leben muß.

12. KAPITEL

Ansicht des Dorfes aus der Vogelperspektive – Das ›große Kanoe‹ – Medizinhütte – Beisetzung der Verstorbenen auf Gerüsten – Achtung vor den Toten; Unterhaltung mit ihnen; ihre Gebeine

Es ist bereits oben gesagt worden, daß die Hütten oder Wigwams mit Erde bedeckt sind, daß sie vierzig bis sechzig Fuß im Durchmesser haben, mit einer Tür und oben im Dach mit einer Öffnung für das Licht und den Rauch versehen sind, daß sie so nahe beisammenliegen, daß man nur eben zwischen ihnen gehen und reiten kann, daß sich die Bewohner zuweilen auf dem Dach versammeln, um sich zu unterhalten oder zu belustigen usw., und dennoch weiß der Leser nicht genau, wie sie aussehen, noch wie die sonderbare Welt, die mich umgibt, eigentlich beschaffen ist. Es ist in der Tat alles neu und wild um mich her. Die Hunderte von Wohnungen sind einzig in ihrer Art, sie sind sämtlich mit Erde bedeckt, alle Bewohner sind rot und doch verschieden von allen roten Menschen, die ich gesehen; die Pferde sind wild, jeder Hund ist ein Wolf, alles ist mir fremd, alles Lebende hat den Charakter unzähmbarer Wildheit, und die Toten werden nicht beerdigt, sondern auf Gerüsten getrocknet.

Die Hütten gleichen am meisten umgekehrten Pottaschekesseln. Auf ihnen sieht man Gruppen stehen und liegen, deren wilde und malerische Erscheinung schwer zu beschreiben ist. Ernste Krieger stehen hier, gleich Bildsäulen, die in ihre bemalte Büffelhaut gehüllt sind, das Haupt mit den Federn des Kriegsadlers geschmückt, und deuten mit der Hand nach Osten oder Westen, wo sie die ruhmvollen Kämpfe bestanden, die sie einander erzählen. Dort sieht man, wie der Geliebte das Herz seiner Taih-nah-tai-a durch die Töne seiner einfachen Laute zu rühren sucht. Auf anderen Hütten beschäftigen sich Gruppen mit dem Mokassin- oder dem Schüsselspiel; andere verfertigen Kleidungsstücke, während noch andere, der Arbeit oder des Vergnügens müde, sich im Sonnenschein dem Schlaf überlassen, und mitten unter diesem wilden und mannigfaltigen Treiben sieht man die Hunde, die dem Indianer so nahestehen, daß sie wesentlich zu seiner Existenz zu gehören scheinen.

In der Mitte des Dorfes ist ein offener kreisförmiger Raum von hundertfünfzig Fuß Durchmesser, der zu allen öffentlichen Spielen und Festen sowie zur Abhaltung ihrer jährlichen Religionsgebräuche dient, über die ich in einem der folgenden Kapitel einiges mitteilen werde. Die Hütten um diesen Platz haben sämtlich ihre Türen nach diesem hin, und in seiner Mitte steht ein Gegenstand, der wegen seiner Wichtigkeit bei den religiösen Gebräuchen in großer Verehrung steht. Es ist dies ein großes, acht bis zehn Fuß hohes Faß, das einige ihrer besten Medizinen enthält und als ein Symbol des ›großen Kanoes‹ gewissenhaft erhalten wird.

Eine der an diesem Platz liegenden Hütten ist die ›Medizinhütte‹ oder das Versammlungshaus, worin die wunderbaren Gebräuche zur Erinnerung an die Flut stattfinden; es ist eigens zu diesem Zweck erbaut und jetzt verschlossen. Pelzhändler haben mir erzählt, daß bei dieser Gelegenheit die abscheulichsten Grausamkeiten verübt würden.

Außer den lebenden Wesen sieht man auf den Dächern der Hütten noch Büffelschädel, Kanoes von Fellen, Töpfe und Küchengeräte, Wagen und Schlitten, und an schönen Tagen über der Tür der Wigwams, auf zwanzig Fuß hohen Stangen, die als Siegeszeichen aufbewahrten Skalpe der Krieger. An anderen Punkten erblickt man ebenfalls auf Stangen die reinen weißen Schilde und die Köcher der Krieger nebst den Medizinbeuteln und hier und da ein Stück rotes Zeug oder einen anderen kostbaren Stoff über der Tür eines wohltätigen Häuptlings, als ein aus Dankbarkeit dem Großen Geist dargebrachtes Opfer aufgehängt. Dies ist ein Teil des wunderlichen Gemisches von Gegenständen, das mich umgibt, und zwischen all diesen Dingen und den blauen Rauchsäulen hindurch erblickt man die grüne unabsehbare, baum- und gebüschlose Prärie und auf dieser, dicht an den das Dorf umgebenden Palisaden, an hundert Gerüste, auf denen, wie sie sagen, ›ihre Toten leben‹.

Sie begraben ihre Toten nicht, sondern legen sie auf leichte Gerüste (Maschottä), die so hoch sind, daß weder Mensch noch Wölfe oder Hunde die Körper erreichen können, und dort werden sie der Verwesung überlassen. Diese Ruhestätte liegt dicht hinter dem Dorf und ist einer der sonderbarsten und interessantesten Gegenstände bei diesem eigentümlichen Menschenschlag. Sobald in dem Dorf der Mandaner jemand stirbt und die Ehren- und Beileidsbezeugungen bei den Hinterbliebenen vorüber sind, so wird der Verstorbene mit seinem besten Anzug bekleidet, bemalt und mit Öl bestrichen, und man gibt ihm Bogen, Köcher, Schild und Pfeife, nebst Tabak, Messer, Feuerstein, und Stahl mit und soviel Lebensmittel, als er für die einige Tage dauernde Reise, die er zu machen hat, bedarf. Sodann wird die Leiche in eine frisch abgezogene Büffelhaut gehüllt, vom Kopf bis zu den Füßen mit Riemen von roher Büffelhaut fest umwickelt und dann das Ganze noch in mehrere, im Wasser erweichte Häute eingehüllt und mit Riemen sorgfältig und fest zusammengeschnürt, daß die Luft zu keinem Teil des Körpers Zutritt erhalten kann.

Es wird sodann ein eigenes Gerüst errichtet, das aus vier aufrecht stehenden Pfählen besteht, die etwas höher, als ein Mensch mit der Hand reichen kann, und durch schwächere Pfähle verbunden sind. Quer über die letzteren werden Weidenruten befestigt, die eben stark genug sind, um die Leiche zu tragen, die mit dem Rücken darauf gelegt wird, die Füße gegen Sonnenaufgang gekehrt.

Alle Leichen, deren einige Hundert sich hier befinden, sind genau auf dieselbe Weise aufgestellt, und nur bei einem Häuptling oder Medizinmann ist zuweilen ein Stück rotes oder blaues Tuch als Zeichen der öffentlichen Achtung und Verehrung über die Leiche gebreitet. Die Indianer nennen diesen Ort das Totendorf, und den Reisenden überrascht nicht nur die Neuheit des Anblicks, sondern die Verehrung, die diesem geheiligten Ort erwiesen wird, muß ihn überzeugen, daß kindliche, eheliche und Elternliebe nicht notwendige Folgen der Zivilisation sind, sondern daß der Große Geist sie auch dem Menschen in seinem Naturzustand verliehen hat.

Es vergeht kein Tag im Jahr, an dem er nicht Beweise hiervon sehen könnte, die ihn zu Tränen rühren und Achtung und vor allem

Mitgefühl für den armen Wilden in seiner Brust erwecken werden. Väter, Mütter, Frauen und Kinder sieht man unter den Gerüsten, mit dem Gesicht zur Erde gewendet, liegen, wie sie auf die rührendste Art das Unglück ihrer Verwandten beklagen; sie raufen sich das Haar, zerfleischen sich mit Messern und unterwerfen sich noch anderen Büßungen, um die Geister der Abgeschiedenen zu versöhnen, deren Tod sie durch irgendeine Sünde oder Unterlassung verschuldet zu haben glauben.

Wenn die Gerüste, auf denen die Toten liegen, verfallen und umstürzen, so werden die Gebeine durch die nächsten Verwandten beerdigt, die Schädel dagegen, nachdem sie vollkommen gereinigt, auf der Prärie in Kreisen von zwanzig bis dreißig Fuß Durchmesser zu mehreren Hunderten, acht bis neun Zoll voneinander entfernt und mit dem Gesicht nach der Mitte des Kreises gerichtet, aufgestellt. Hier werden sie als Gegenstände religiöser und inniger Verehrung auf das gewissenhafteste in ihrer Stellung erhalten und beschützt.

Es gibt mehrere dieser Schädelstätten, in deren Mitte sich eine Erhöhung von etwa drei Fuß befindet, auf der stets zwei Büffelschädel (einer vom Stier und einer von der Kuh) liegen, und in der Mitte der Erhöhung steht eine zwanzig Fuß hohe Medizinstange, an der mehrere sonderbare geheimnisvolle Gegenstände aufgehängt sind, von denen sie glauben, daß sie die Schädel beschützen. Auch diese Plätze werden von den Hinterbliebenen besucht, um ihre Liebe zu den Abgeschiedenen an den Tag zu legen, doch geschieht es nicht mehr durch Tränen und Klagen, denn die Zeit hat den Schmerz gemildert, sondern Liebe und Anhänglichkeit werden hier erneuert, und man führt Gespräche mit den Toten. Jeder dieser Schädel liegt auf einem Büschel von wilder Salbei (Artemisia columbiensis). Die Frau erkennt an irgendeinem Zeichen den Schädel ihres Gatten oder Kindes, und selten vergeht ein Tag, an dem sie ihn nicht besucht und eine Schüssel mit den besten Speisen, die ihr Wigwam bietet, am Abend vor den Schädel hinstellt; am Morgen kehrt sie dann zurück, um die Schüssel zu holen. Sobald die Salbei, auf welcher der Schädel ruht, anfängt zu verderben, wird ein frisches Bündel geschnitten und sorgfältig dem Schädel untergelegt.

Außer den genannten Pflichten, die die Frauen nach diesen Plätzen rufen, besuchen sie diese auch aus Neigung, um mit den Toten zu plaudern und ihnen Gesellschaft zu leisten. An schönen Tagen sieht man stets mehrere Frauen neben dem Schädel ihres Gatten oder Kindes sitzen und sich mit ihm, wie sie es früher gewohnt waren, auf die anmutigste und zärtlichste Weise zu unterhalten. Nicht selten kommen die Frauen mit ihrer Arbeit und verbringen den größten Teil des Tages neben dem Schädel ihres Kindes, während sie ein Paar Mokassins anfertigen; zuweilen sieht man sie vor Ermüdung einschlafen, während sie den Schädel mit ihren Armen umschlungen halten.

Es liegt etwas ungemein Interessantes und Ergreifendes in diesen Szenen, die so sehr verschieden und doch nur wenige Schritte voneinander entfernt sind; an dem einen Ort überlassen sie sich den heftigsten Ausbrüchen ihres Schmerzes – den anderen besuchen sie, um mit den Toten zu scherzen und zu plaudern. Die große Mannigfaltigkeit in der Bildung dieser Schädel würde sie zu einem interessanten Studium für den Kraniologen machen, allein es würde sehr schwierig, wenn nicht unmöglich sein, sich jetzt zum Besten der wissenschaftlichen Welt dergleichen zu verschaffen.

13. KAPITEL

Der Wolfshäuptling, Oberhaupt des Stammes – Persönliche Erscheinung der Mandaner – Eigentümlichkeiten – Gesichtsfarbe – Graues Haar – Haar der Männer und der Frauen – Baden – Art zu schwimmen – Schwitz- oder Dampfbäder

Das Oberhaupt des Stammes ist Ha-na-tah-nu-mauh, Wolfshäuptling (bekannt unter dem Namen Chef de Loup, den die französischen Pelzhändler ihm gegeben haben). Er ist ein strenger, stolzer, trotziger Mann, der von seinem Volk mehr gefürchtet als geliebt wird und seine Stellung, wie dies bei den meisten Stämmen der Fall ist, durch Erblichkeit innehat. Die Würde des Häuptlings geht bei den nordamerikanischen Indianern fast immer auf den ältesten Sohn über, wenn er sich ihrer ebenso würdig zeigt wie jeder andere seines Stammes; es hängt dies jedoch von einer eigentümlichen Bedingung ab; fehlt diese oder eine andere, so findet eine Wahl statt.

Die Kleidung dieses Häuptlings, zwar sehr auffallend, aber doch schön, war aus Fellen und sein Kopfputz aus Rabenfedern gefertigt.

Der nächste nach ihm und der zweite Häuptling des Stammes, Mah-to-toh-pa (die vier Bären), ist jedenfalls der beliebteste unter seinem Volk; er ist ungezwungen, edelmütig, fein, wohlgesittet in seinem Benehmen, schön, brav und tapfer und gewiß der außerordentlichste Mann unter allen jetzt lebenden Indianerhäuptlingen. Sein Büffelmantel war mit einer Geschichte seiner Kämpfe bemalt, die ein Buch füllen würden, wenn man sie ausführlich beschreiben wollte; ich werde später mehr von ihm sagen.

Die Mandaner sind sowohl in ihrer persönlichen Erscheinung als in ihren Sitten ein höchst interessantes und anziehendes Volk, das sich in seinem Aussehen wie in seinen Gebräuchen von allen Stämmen, die ich gesehen habe, unterscheidet. Sie sind kein kriegerisches Volk, denn selten oder nie machen sie Einfälle in ein feindliches Land; werden sie aber angegriffen, so stehen sie an Mut und Tapferkeit keinem Volk der Erde nach. Da ihr Stamm nur schwach und nicht imstande ist, mit den Sioux und anderen umherschwärmenden Stämmen, die um das Zehnfache stärker sind, auf der offenen Prärie zu kämpfen, so haben sie sehr scharfsinnig ein bleibendes Dorf erbaut, das stark befestigt ist und ihnen Sicherheit gewährt. Dadurch sind sie in den Künsten und Handwerken weiter fortgeschritten und haben ihre Hütten mehr mit den Bequemlichkeiten und selbst Luxusgegenständen des Lebens versehen als irgendein mir bekannter Indianerstamm. Eine Folge hiervon ist, daß dieser Stamm den übrigen in den Sitten der Verfeinerung (wenn sich dieses Wort auf das Leben der Indianer anwenden läßt) weit voraus sind; sie werden daher von den Pelzhändlern und anderen, die sie besucht haben, mit Recht ›die höflichen und freundlichen Mandaner‹ genannt.

So auffallend ist die eigentümliche Leichtigkeit und Eleganz dieses Volkes sowie die Verschiedenheit der Farbe des Gesichts, des Haares und der Augen, die Eigentümlichkeit ihrer Sprache und ihre sonderbaren und unerklärlichen Gebräuche, daß ich vollkommen überzeugt bin, sie sind anderen Ursprungs als die übrigen nordamerikanischen Indianer, oder sie sind eine Vermischung von Eingeborenen mit irgendeinem zivilisierten Menschenschlag. Es knüpft sich hieran eine sehr interessante und wichtige Frage, auf die ich später zurückkommen werde. Für jetzt möge es genügen, daß ihre persönliche Erscheinung, ganz abgesehen von ihren Moden und Gebräuchen, sogleich zeigt, daß sie mehr oder weniger sind als Wilde.

Einem Fremden fallen in einem Mandanerdorf sogleich die verschiedenen Schattierungen der Gesichtsfarbe sowie die verschiedene Färbung des Haares auf, die er in der ihn umgebenden Menge bemerkt, und er ist fast geneigt auszurufen: ›Das sind keine Indianer!‹

Sehr viele von diesem Volk haben eine so helle Gesichtsfarbe wie Leute von gemischter Abkunft (half-breed), und namentlich unter den Frauen sieht man mehrere, die eine fast weiße Haut, die größte Regelmäßigkeit in den Gesichtszügen, hellbraune, graue und blaue Augen mit sanftem und mildem Ausdruck haben und in ihrem Benehmen die höchste Bescheidenheit zeigen, wodurch sie ungemein anmutig und schön erscheinen.

Woher diese Verschiedenheit der Gesichtsfarbe entstanden ist, wissen sie selbst nicht. Ihre Sagen, soweit ich diese kennengelernt habe, enthalten nichts darüber, daß sie vor dem Besuch, den Lewis und Clarke vor mehr als dreißig Jahren ihrem Dorf abstatteten, jemals mit Weißen in Berührung gekommen seien. Seit jener Zeit sind nur wenige weiße Männer zu ihnen gekommen und gewiß nicht genug, um die Gesichtsfarbe und die Gebräuche einer ganzen Nation zu verändern. Auch erinnere ich mich sehr wohl, daß der Gouverneur Clarke mir vor meiner Abreise sagte, ich würde finden, daß die Mandaner ein sonderbares Volk und halb weiß seien.

Die Farbe des Haares ist ebenso verschieden wie die des Gesichts; denn in einer zahlreichen Gruppe dieses Volkes (und namentlich unter den Frauen, die sich nicht die Mühe geben, wie es die Männer oft tun, die natürliche Farbe des Haares zu verändern) kann man jede Schattierung und Färbung des Haares sehen wie unter den Weißen, nur rot und kastanienbraun kommen niemals vor.

Eine andere auffallende und unerklärliche Eigentümlichkeit, die wahrscheinlich nirgends weiter auf der Erde vorkommt und für die sich auch kein vernünftiger Grund angeben läßt, ist, daß sehr viele von jedem Geschlecht und Alter, Kinder, Erwachsene und Greise, glänzend silbergraues und zuweilen fast ganz weißes Haar haben. Man sieht diese eigentümliche Erscheinung häufiger bei den Frauen als bei den Männern, denn die letzteren scheinen sich solchen Haares zu schämen und ihm durch eine Vermischung von Leim mit schwarzer und roter Erde eine andere Farbe zu geben; die Frauen dagegen scheinen stolz darauf zu sein und lassen es oft in unglaublicher Fülle über die Schultern bis ans Knie hinabfallen. Den sorgfältigsten Erkundigungen zufolge hat unter zehn oder zwölf etwa einer graues Haar, und es ist diese auffallende und unerklärliche Erscheinung nicht etwa die Folge von Krankheit oder körperlichem Zustand, sondern sie ist offenbar erblich in gewissen Familien und deutet weder auf körperliche noch auf geistige

Schwäche. Ich habe dies Haar oft berührt und stets gefunden, daß es grob und rauh war wie Pferdehaar, während das anders gefärbte Haar der Mandaner gewöhnlich so fein und weich wie Seide ist.

Die Mandaner sind etwas unter der gewöhnlichen Mannesgröße, aber von schönem Ebenmaß in den Formen und besitzen eine wunderbare Gelenkigkeit; sie haben eine schöne gerade Haltung und einen festen Gang. Das Haar der Männer, das gewöhnlich über den Rücken herabfällt und bis an die Kniekehlen und zuweilen bis auf die Erde reicht, wird in Streifen von zwei Zoll Breite geteilt und in Zwischenräumen von ein oder zwei Zoll mit einer Mischung von Leim und roter Erde bestrichen, die sehr hart und nicht daraus entfernt wird. Diese Art, das Haar zu tragen, gibt den Mandanern ein eigentümliches Aussehen. Die Frauen tragen das Haar ebenfalls so lang wie möglich und reiben es häufig mit Öl ein, wodurch es seinen Glanz und seine natürliche Farbe behält. Sie teilen es oft in zwei breite Streifen, die zu beiden Seiten des Kopfes dicht hinter dem Ohr herabfallen; wollen sie sich dagegen in vollem Staat zeigen, so breiten sie das Haar über ihre Schultern aus. Die Frauen der Mandaner haben genau denselben Gebrauch, den ich bei den Frauen der Krähen- und Schwarzfußindianer wie überhaupt bei allen ohne Ausnahme gefunden habe, daß sie das Haar auf der Stirn scheiteln und die Teilungslinie mit roter Farbe bestreichen. Dies ist einer von den wenigen Gebräuchen der Indianer, von dem ich keinen anderen Grund anzugeben weiß, als daß es eine indianische Mode ist.

Bei der Trauer scheren die Frauen (wie bei den Krähenindianern und den meisten anderen Stämmen) das Haar ganz ab, und die Trauer hört auf, sobald es wieder seine frühere Länge erreicht hat. Wenn dagegen der Mann den Tod eines nahen Verwandten betrauert, schneidet er höchstens einen oder zwei Büschel ab, denn dies ist alles, was er von seinem Haarschmuck entbehren kann und reicht hin, um seine Achtung vor dem Verstorbenen zu beweisen.

Die Mandaner sind, wie bereits erwähnt, ein schöner Menschenschlag, nicht groß, aber lebhaft und anmutig, ungezwungen und höflich im Umgang, reinlich an ihrem Körper und schön gekleidet. Ich will damit keineswegs sagen, daß alle reinlich sind und sich schön kleiden; denn wie unter den zivilisierten Völkern, so finden sich auch hier verschiedene Abstufungen, und während einige ihr Äußeres ganz vernachlässigen, verwenden andere die größte Sorgfalt darauf. Zu den letzteren gehören die Häuptlinge und die ausgezeichneten Krieger nebst ihren Familien, und diese möchten in bezug auf Anstand, Reinlichkeit und Eleganz wohl kaum von anderen Völkern übertroffen werden.

Eine halbe englische Meile oberhalb des Dorfes ist die Badestelle der Frauen. Dorthin begeben sie sich zu Hunderten während der Sommermonate an jedem Morgen bei Sonnenaufgang und überlassen sich daselbst ihren unschuldigen Spielen und Scherzen. Sie schwimmen alle sehr gut und stürzen sich furchtlos in den brausenden und wirbelnden Strom, den sie mit Leichtigkeit durchschwimmen. Etwa eine englische Viertelmeile landeinwärts von dem Fluß erhebt sich eine Terrasse oder erhöhte Prärie, die nördlich vom Dorf einen Halbkreis um den Badeplatz bildet und zwanzig bis dreißig Fuß die am Fluß liegende Wiese überragt. Auf dieser Terrasse stehen jeden Morgen mehrere Schildwachen mit Bogen und Pfeil in der Hand, um jede unberufene Annäherung an diesen geheiligten Ort zu verhindern.

In geringer Entfernung unterhalb des Dorfes ist der Ort, wo die Männer sich baden und Knaben schwimmen lernen. Nach diesem Morgenbad kehren sie ins Dorf zurück und salben das Haar und den Körper mit Bärenfett.

Alle Indianer Nordamerikas können schwimmen, und vielleicht gibt es kein Volk auf der Erde, das diese Kunst besser zu seinem Vorteil zu benutzen versteht und durch seine Lebensweise öfter dazu gezwungen wird, hiervon Gebrauch zu machen. Denn viele Stämme leben an den großen Seen und Flüssen, die sie von Kindheit an mit ihren zerbrechlichen Rindenkanoes befahren, die fortwährend Unfällen ausgesetzt sind und den Indianer oft nötigen, zur Rettung seines Lebens sich auf seine Schwimmkunst zu verlassen. Auch sind sie auf ihren Kriegszügen oft gezwungen, die wildesten Flüsse und Ströme zu durchschwimmen. Ich habe bis jetzt noch keinen Stamm gesehen, der diese Kunst vernachlässigt hätte, die von beiden Geschlechtern schon sehr früh erlernt wird und die muskelkräftigen Frauen in den Stand setzt, mit ihrem Kind auf dem Rücken jeden Fluß, der ihnen in den Weg kommt, zu durchschwimmen.

Die Art zu schwimmen bei den Mandanern ist von der bei den zivilisierten Völkern gebräuchlichen ganz verschieden. Statt nämlich mit beiden Händen gleichzeitig vom Kinn aus in horizontaler Richtung und nach auswärts das Wasser zu teilen, wodurch die Brust sehr angestrengt wird, wirft der Indianer den Körper abwechselnd auf die linke und auf die rechte Seite, erhebt einen Arm ganz über das Wasser und greift mit diesem so weit nach vorn aus, als er reichen kann, während die ganze Last des Körpers auf dem unter Wasser befindlichen Arm ruht, der ihn wie ein Ruder vorwärtstreibt. Indem nun dieser Arm einen Halbkreis beschreibt und nach hinten zu aus dem Wasser gehoben wird, beschreibt der andere Arm in der Luft über dem Kopf einen ähnlichen Bogen und wird so weit nach vorn wie möglich mit der Hand nach unten in das Wasser getaucht.

Durch diese kühne und kräftige Art zu schwimmen wird, wie ich aus Erfahrung weiß, die Anstrengung der Brust und des Rückgrates sehr vermindert, auch werden durch diese abwechselnde und rollende Bewegung die Kräfte und der Atem länger erhalten als bei der gewöhnlichen Art zu schwimmen.

Außer den oben erwähnten Flußbädern haben die Mandaner noch eine Art zu baden, die oft von den Kranken, weit häufiger aber noch von den Gesunden als eine Art Luxus angewendet wird, vielleicht aber auch, um sich für die vielfachen Wechselfälle, die ihr Leben darbietet, abzuhärten; ich meine die Dampf- und Schwitzbäder, deren jedes Dorf mehrere besitzt, die eine Art öffentlichen Eigentums zu sein scheinen und von allen, Männern und Frauen, alt und jung, Kranken und Gesunden, benutzt werden. In jeder mandanischen Hütte sieht man einen von Weidenzweigen geflochtenen Korb, etwa wie eine Badewanne und groß genug, um einen Menschen in zusammengekauerter Stellung aufzunehmen. Will ein Mitglied der Familie ein Dampfbad nehmen, so trägt die Frau den Korb nach dem Dampfbad hin und bringt ihn wieder zurück.

Diese Schwitzbäder liegen stets in der Nähe des Dorfes am Ufer des Flusses; sie sind von dicht zusammengenähten Büffelhäuten gemacht und haben die Form wie die Zelte der Krähenindianer oder der Sioux. In der Mitte befinden sich zwei Wände von Steinen, etwa sechs Fuß lang, drei Fuß hoch und zweieinhalb Fuß voneinander entfernt; quer über diese werden runde Stäbe gelegt, und auf diese stellt man den Badekorb. In der Nähe des Zeltes befindet sich eine Art Ofen, in welchem die Frau eine Anzahl großer Steine, die zu diesem Zweck stets vorrätig gehalten werden, rotglühend macht. Ist dies geschehen, so setzt sich der Badende ganz nackt in den Korb (die sitzende Stellung wird immer vorgezogen) mit dem Rücken nach dem Eingang des Zeltes; sodann bringt die Frau mittels zweier Stäbe, die mit unseren Zangen Ähnlichkeit haben, einen großen, rotglühenden Stein, legt ihn unter den Korb und begießt ihn mit kaltem Wasser, worauf der Badende sogleich in eine Wolke von Dampf gehüllt wird. Während nun die Frau einen zweiten

Stein herbeiholt, wird das Begießen von einer anderen oder von einem Kind fortgesetzt.

Während dieser ganzen Zeit ist das Zelt dicht verschlossen, und der Badende zieht die heißen Dämpfe durch die Nase ein, bis er in den stärksten Schweiß gerät; dann gibt er ein Zeichen, das Zelt wird geöffnet, er eilt mit der Schnelligkeit des gejagten Hirsches davon, stürzt sich kopfüber in den Fluß, aus dem er sogleich wieder auftaucht, hängt seine Büffelhaut um und geht so schnell wie möglich nach Hause, wo er sich trocknet, sich fest in seine Büffelhaut hüllt und, mit den Füßen gegen das Feuer gekehrt, ein Schläfchen macht. Hiernach bestreicht er seinen Körper mit Öl und sein Haar mit Bärenfett, kleidet sich an und schmückt sich, um einen Besuch zu machen oder einem Fest, einem Aufzug oder einer Ratsversammlung beizuwohnen, oder er reibt seine geölten Glieder mit einem Stück weichen Bocksleder, bis sie wie poliert erscheinen, um an einem Tschung-ki oder Ballspiel teilzunehmen.

Diese Schwitzbäder werden als ein Mittel gegen fast alle Krankheiten betrachtet. Fieber ist sehr selten und in der Tat beinahe unbekannt unter diesem Volk; in den wenigen Fällen, die vorgekommen sind, hat man jedoch dies Mittel angewendet, und zwar ohne die nachteiligen Folgen, die wir natürlich davon erwartet haben würden. Die meisten Krankheiten sind entzündliche Rheumatismen und andere chronische Übel, und für diese ist, bei ihrer Lebensweise, die obige Heilmethode vortrefflich. Derselbe Gebrauch findet sich bei den meisten Missouri-Indianern, und bei den Pahnis, Omahas, Puncahs und anderen Stämmen wurde dieses Mittel gegen die Blattern, die furchtbaren Zerstörer der Indianer, angewendet, und Hunderte stürzten sich in der Fieberhitze in den Strom und starben, noch ehe sie ihn wieder verlassen konnten.

14. KAPITEL

Trachten der Mandaner – Zwei Pferde für einen Kopfputz aus Adlerfedern und Hermelinfellen – Kopfputz mit Hörnern – Eine jüdische Tracht

Die Mandaner kleiden sich zum größten Teil sehr zierlich und einige sogar glänzend. Da sie noch im Naturzustand leben, so verfertigen sie alle ihre Kleidungsstücke selbst, und zwar aus den Häuten der verschiedenen Tiere, die jene Gegend bewohnen. Es herrscht eine auffallende Ähnlichkeit der Tracht unter den meisten nordwestlichen Stämmen, und ich kann nicht sagen, daß die Kleidung der Mandaner von derjenigen der Krähenindianer, Schwarzfüße, Assiniboins oder Sioux bestimmt verschieden sei; allein es gibt in jedem Stamm gewisse Arten der Näherei oder Stickerei, woran der Reisende, der mit den Moden dieser Völker vertraut ist, sogleich die Tracht jedes Stammes zu erkennen vermag. Diese Unterschiede bestehen gewöhnlich in der Anfertigung des Kopfputzes oder in dem Besetzen der Kleider mit den Stacheln des Stachelschweines, die sie in großer Menge verbrauchen.

Da die Indianer Nordamerikas aus so vielen verschiedenen Nationen bestehen, die einander beständig bekämpfen und gegenseitig von ihren Sprachen nichts verstehen, und da ferner die Moden selten, wenn überhaupt jemals, wechseln, so mag es auffallend erscheinen, daß diese Völker einander in den Formen und Moden ihrer Kleidung und ihres Kopfputzes so genau nachahmen sollten. Dies ist jedoch wirklich der Fall und läßt sich auch, wie mir dünkt, erklären, ohne ein einziges Argument zugunsten der Theorie einer gemeinsamen Abstammung von einer Familie oder einem Stamm aufzustellen. Denn wenn in dem fortwährenden Kampf Häuptlinge oder Krieger fallen, so kommen ihre Kleidungsstücke und Waffen in den Besitz der Sieger, die sie nunmehr tragen, und der übrige Stamm wird diese natürlich mehr oder weniger nachahmen; auch ist es gebräuchlich, bei ihren Ratsversammlungen oder Friedensschlüssen Kleidungsstücke und andere Gegenstände auszutauschen, die dann von dem anderen Stamm angenommen werden, und so entsteht allmählich die Ähnlichkeit der Tracht usw. bei den verschiedenen Stämmen.

Die Tunika oder der Rock der Mandaner ist dem der Schwarzfüße in der Form sehr ähnlich, aus zwei Häuten vom Hirsch oder Bergschaf gemacht und mit Skalplocken, Glasperlen und Hermelin besetzt. Die Beinkleider sind gleich denen der anderen schon erwähnten Stämme aus Hirschhaut gefertigt, schließen genau an und werden mit Stachelschweinstacheln und Skalplocken verziert. Die Mokassins sind von Bocksleder und zierlich mit Stachelschweinstacheln besetzt. Über den Schultern (oder vielmehr über der einen Schulter und unter dem anderen Arm hindurch) tragen sie mit großem Anstand die Haut von dem Rücken eines jungen Büffels, die zuweilen bis zur Hüfte weggeschnitten wird, um sie bequemer für den Gebrauch zu machen. Viele dieser Mäntel sind auch auf der einen Seite mit Skalplocken besetzt und auf der Fleischseite mit gemalten Darstellungen der ehrenvollen Kämpfe und Ereignisse aus dem Leben des Besitzers geschmückt.

Der Kopfputz ist verschieden und zuweilen außerordentlich malerisch und schön; er wird aus den Federn des Kriegsadlers (Aquila chrysaëtos) oder des Raben und aus Hermelinfellen gemacht. Dies ist der kostbarste Teil der Kleidung eines Indianers in diesem ganzen Land, da die Federn und das Pelzwerk so schwierig zu erlangen sind; denn der Kriegsadler ist ein seltener Vogel und das Hermelin das seltenste Tier in diesen Gegenden. Der Schwanz eines Kriegsadlers, der sechs bis acht ausgezeichnet schöne Federn enthält, die sich zu einem Kopfputz eignen, wird hier mit einem ziemlich guten Pferd bezahlt (die Pferde sind jedoch hier wohlfeiler als in den meisten anderen Ländern). Da ich viele Kleidungs- und Putzgegenstände kaufte, so hatte ich häufig Gelegenheit zu erfahren, welchen hohen Wert die Indianer auf dergleichen Dinge legen. Die von ihnen geforderten Preise haben mich häufig überrascht, und ich will nur ein Beispiel hiervon anführen. Ein Häuptling, den ich in seiner schönen Tracht mit einem bis auf die Erde reichenden Kopfputz aus Adlerfedern und Hermelin in ganzer Figur gemalt hatte, war bereit, mir auf meinen Wunsch den ganzen Anzug zu verkaufen, nur nicht den Kopfputz, denn ›er werde niemals imstande sein, sich Adlerfedern und Hermelin von solcher Schönheit wieder zu verschaffen, um sich einen neuen Kopfputz zu machen‹. Auf mein inständiges Bitten willigte er jedoch endlich ein, mir diesen kostbaren Gegenstand für zwei Pferde zu verkaufen, die ich denn auch sofort von den Pelzhändlern für fünfundzwanzig Dollar das Stück erstand und somit den Kopfputz meiner Sammlung hinzufügen konnte.

Zuweilen hat ein Häuptling oder Krieger einen so außerordentlichen Ruf, daß es ihm gestattet ist, Hörner an seinem Kopfputz zu tragen, was ihm ein sonderbares und majestätisches Aussehen gibt. Diese Hörner werden aus dem Horn des Büffelstieres gemacht, indem man es der Länge nach spaltet, ein Drittel davon ganz dünn schabt, poliert und dann zu beiden Seiten an dem oberen Teil des Kopfputzes in derselben Stellung wie am Büffelkopf befestigt; die Hermelinfelle und -schwänze, die vom Kopf herabhängen, sind eine Nachahmung der den Büffelkopf bedeckenden Mähne.

Denselben Gebrauch fand ich bei den Sioux, den Krähenindianern, den Schwarzfüßen und Assiniboins, und er ist so auffallend, daß ich noch einige Worte darüber sagen muß. Diese und viele anderen sonderbaren und unerklärlichen Erscheinungen in den Gewohnheiten der Indianer haben eine eigentümliche Bedeutung oder Wichtigkeit, während man sie gewöhnlich als abgeschmackt und lächerlich betrachtet, weil man sie nicht begreift oder sich nicht die Zeit nimmt, ihren Nutzen oder ihre Bedeutung kennenzulernen.

Die Hauptursache, weshalb wir den Wilden geringschätzen und verachten, liegt darin, daß wir ihn nicht verstehen, und wir sind hauptsächlich deshalb so unbekannt mit ihm und seinen Moden, weil wir uns nicht die Zeit nehmen, sie zu erforschen – man ist zu sehr daran gewöhnt, ihn als ein untergeordnetes, tierisches und unvernünftiges Wesen zu betrachten, das nicht wert sei, sich genauer mit ihm zu beschäftigen. Und wenn man einmal länger bei ihm verweilt, so geschieht es nur, um aus seiner Unwissenheit und Leichtgläubigkeit Vorteil zu ziehen – ihn des Reichtums und der Hilfsquellen seines Landes zu berauben – ihn mit Branntwein betrunken zu machen und Mißbräuche bei ihm einzuführen, an die er in seiner Unwissenheit nie gedacht hat. Auf diese Weise wird die Bedeutung der vielen interessanten und charakteristischen Gebräuche von den ersten Besuchern gänzlich übersehen und niemals verstanden, und indem sie zugleich seine ursprüngliche Lebensweise verändern, werden diese für immer dem Forscher entzogen.

Aus der Beobachtung von tausend kleinen und scheinbar unbedeutenden Zügen und Gewohnheiten des indianischen Lebens muß man den Charakter des Indianers kennenlernen. Der zivilisierte Mensch betrachtet eine Indianergruppe in ihrer klassischen Tracht mit ihren wenigen und einfachen Zieraten, deren jede ihre Bedeutung hat, und lacht darüber, weil sie anders sind als bei uns; ›warum‹, fragt man, ›tragen diese einfältigen Geschöpfe so große Federbüschel auf dem Kopf, solche Massen und Streifen von Farbe und Bärenfett auf dem Körper? Abscheulich!‹ – Und unzählige andere ebenso einfältige Fragen werden aufgeworfen, ohne jemals daran zu denken, daß die Natur sie es so gelehrt hat, daß jedes dieser Dinge seine bestimmte Wichtigkeit oder Bedeutung hat, die ein Indianer uns leicht erklären könnte, wenn man ihn danach fragte und er geneigt wäre zu antworten – daß jede Feder auf seinem Kopf in den Augen seines Stammes ein Zeichen eines von seiner Hand getöteten Feindes ist – daß jeder rote Streifen eine Wunde bedeckt, die er im ehrenvollen Kampf erhielt – und daß das Bärenfett, womit er sich an jedem Morgen vom Kopf bis zu den Füßen bestreicht, den Körper reinigt, die Haut vor den Stichen der Moskitos schützt und zugleich ihn vor Erkältung und Husten bewahrt.

Ein Indianer unter zivilisierten Menschen betrachtet unsere sowohl scheinbar als wirklich lächerlichen Gebräuche und Moden gewiß mit gleichem, wenn nicht größerem Erstaunen; aber er lacht und spottet nicht darüber, auch fragt er nicht, denn sein natürlicher Verstand und seine guten Sitten verbieten ihm dies. Erst wenn er heimgekehrt und mit den Seinigen um das Feuer des Wigwams gelagert ist, läßt er seinem Spott über die zivilisierte Welt, die ihm so reichen Stoff darbietet, freien Lauf.

Ein Indianer wird den weißen Mann niemals fragen, warum er seinen Körper nicht bemalt oder mit Bärenfett bestreicht oder warum er einen Hut auf dem Kopf und Knöpfe auf der Rückseite des Kleides hat, wo sie niemals gebraucht werden können; warum er einen Backenbart trägt und einen Hemdkragen bis zu den Augen; oder warum er mit dem Kopf und nicht mit den Füßen nach dem Feuer gewendet schläft; warum er auswärts statt einwärts geht; oder warum sich die weißen Männer zu Hunderten versammeln, um einen Indianer essen zu sehen – aber daheim in seinem Wigwam macht er ›die Wolken erzittern‹ mit seinen Scherzen und Witzen über die Unwissenheit und Torheit der weißen Männer.

Ein wilder Indianer wird in der zivilisierten Welt bald einen Mann sehen, der einen aufgekrempten Hut, und einen anderen, der einen mit Tressen besetzten Hut und goldene oder silberne Epauletten auf der Schulter trägt, ohne daß er deren Bedeutung und Zweck kennt oder danach fragt. Ebenso wird der weiße Mann, der unter den unzivilisierten Indianern reist, einen von diesen außerhalb des Dorfes herumstolzieren sehen mit einem Kopfputz von Adlerfedern und Hermelin und zwei schön polierten Büffelhörnern, und er wird in bezug auf deren Bedeutung und Wichtigkeit ebenso unwissend sein, und zwar um so mehr, da der Indianer glauben wird, daß Epauletten und aufgekrempte Hüte bei den zivilisierten Völkern irgendeine wichtige Bedeutung haben – aber der weiße Mann setzt voraus, daß die Hörner auf dem Kopf eines Indianers nichts weiter sind und nach seiner Meinung sein können, als indianischer Unsinn und Dummheit.

Der Gebrauch, Hörner zu tragen, der sich bei allen nordwestlichen Stämmen findet, ist unstreitig sehr alten Ursprungs und nur demjenigen gestattet, dessen Tapferkeit und Ansehen von dem ganzen Stamm anerkannt sind und dessen Stimme im Rat ebenso großes Gewicht hat wie die eines Häuptlings ersten Ranges; diese Auszeichnung beschränkt sich daher nicht auf die Häuptlinge allein. Unter den Mandanern war Mah-to-toh-pa, der zweite

Häuptling, der einzige Mann, dem es seiner außerordentlichen Heldentaten wegen gestattet war, Hörner zu tragen, auch führte er stets die Krieger in den Kampf.

Dieser Kopfputz mit Hörnern wird nur bei gewissen seltenen Gelegenheiten getragen, zum Beispiel, wenn fremde Häuptlinge, Indianeragenten oder andere bedeutende Personen einen Stamm besuchen; oder bei Kriegsaufzügen, bei der Feier eines Sieges, bei öffentlichen Festen usw. Zuweilen, wenn ein Häuptling seine Krieger zum Kampf führt, schmückt er sich mit diesem Symbol der Macht, um seine Krieger zu ermutigen, an deren Spitze er kämpft und die Feinde herausfordert, ihre Geschosse auf ihn zu richten. Die Hörner sind an dem Hauptschmuck nur lose befestigt, so daß sie leicht vor- oder rückwärts fallen, je nachdem der Kopf vor- oder rückwärts bewegt wird, und durch eine eigentümliche, kaum bemerkbare Bewegung des Kopfes neigt sich oft das eine Horn nach hinten und das andere nach vorn, wie die Ohren eines Pferdes, was dem Träger dieses Schmuckes ein eigentümliches Ansehen gibt. Es hat dies eine auffallende Ähnlichkeit mit dem jüdischen Kostüm, nämlich mit den Hörnern, welche die abessinischen Häuptlinge und die Hebräer als ein Zeichen der Macht und der Gewalt bei großen Aufzügen und Siegesfesten trugen. ›Und Zedekia, der Sohn Knaenas, hatte sich eiserne Hörner gemacht.‹(Erstes Buch der Könige, 22. Kapitel, Vers II nach Luthers Übersetzung.) ›Hebt Eure Hörner nicht so hoch; sprecht nicht mit einem steifen Nakken.‹ (Psalm 72, Vers 5 nach der englischen Übersetzung.) Nach Luthers Übersetzung, wo es Psalm 75, Vers 6 ist, lautet diese Stelle: ›Pochet nicht so hoch auf Eure Gewalt, redet nicht halsstarrig‹, die man unmaßgeblich auch so wiedergeben könnte: ›Traget die Nase nicht so hoch, schwatzet nicht übermütig.‹

Die letzte Stelle scheint mir das oben erwähnte Bewegen der Hörner durch eine Bewegung des Kopfes so bestimmt anzudeuten, daß ich glaube, dieser Gebrauch ist jetzt unter diesen Stämmen fast genau derselbe wie früher bei den Juden, und daß er, gleich vielen anderen, von denen ich später sprechen werde, von jenem alten Volk überkommen und mit sehr geringen Änderungen beibehalten ist.

15. KAPITEL

Erstaunen der Mandaner über die Malerei – Der Verfasser wird zum Medizinmann ernannt – Neugier, ihn zu sehen und zu berühren – Abergläubische Furcht der Gemalten – Einwürfe gegen die Malerei – Ein mandanischer Doktor oder Medizinmann als Gegner; wie er gewonnen wird

Nichts hat wohl die Mandaner jemals so sehr in Erstaunen versetzt als die Arbeiten meines Pinsels. Die Porträtmalerei war etwas ganz Neues für sie, und mit meinem Erscheinen begann hier eine neue Ära in den Geheimnissen der Medizin. Bald nach meiner Ankunft begann und vollendete ich die Bildnisse von zwei angesehenen Häuptlingen. Dies geschah, ohne die Neugier der Bewohner zu erregen, da sie nichts davon erfahren hatten, und selbst die beiden Häuptlinge schienen mit meiner Absicht unbekannt zu sein, bis die Bildnisse vollendet waren. Niemand außer ihnen wurde während des Malens in mein Zelt eingelassen, und als ich meine Arbeit beendigt hatte, war es höchst belustigend zu sehen, wie sie wechselseitig einer des anderen Ähnlichkeit erkannten und sich dies gegenseitig versicherten. Beide hielten eine Zeitlang schweigend die Hand vor den Mund (wie sie immer zu tun pflegen, wenn sie etwas sehr überrascht) und blickten aufmerksam auf die Bildnisse, auf mich und auf die Palette und die Farben, mit denen diese unerklärlichen Dinge hervorgebracht worden waren.

Sodann kamen sie mit dem edelsten Anstand auf mich zu, ergriffen mich einer nach dem andern bei der Hand, und indem sie den Kopf niederbeugten und die Augen niederschlugen, sagten sie mit leiser Stimme: »Te-ho-pe-ni-wash-i!« und gingen fort.

Ich erhielt in diesem Augenblick einen neuen Namen, mit dem man mich in diesem Dorf bezeichnete und wahrscheinlich bezeichnen wird, solange die Überlieferungen in dieser wunderlichen Gemeinde währen. Es wurde mir nämlich ein Grad verliehen, nicht als Doktor der Rechte oder als Magister der freien Künste, sondern als Meister der Künste – der Mysterien – der Magie – des Hokuspokus. Ich wurde durch jene wenigen Worte als ein ›großer Medizinmann‹ anerkannt. Es ist dies die höchste Ehre, die mir hier widerfahren konnte, und ich gehörte jetzt zu den angesehensten und beneidetsten Personen, den Doktoren und Konjuraten dieser Körperschaft.

Te-ho-pe-ni-wash-i oder weißer Medizinmann ist der Name, den ich jetzt führte und der, wie nicht zu bezweifeln, von größerem Wert für mich sein mußte als Gold, denn ich ward von den Ärzten, die sämtlich Medizinmänner sind, eingeladen und festlich bewirtet, und jener Name verschaffte mir zu manchem sonderbaren und geheimnisvollen Ort Zutritt und gab mir Gelegenheit, Nachrichten einzuziehen, die ich sonst gewiß nicht erlangt hätte. Ich stieg täglich in der Achtung der Medizinmänner und der Häuptlinge, und indem ich den Ernst und die Vorsicht annahm, wie sie einem so bedeutenden Mann geziemten (und vielleicht noch beträchtlich mehr) und gelegentlich irgendein unergründliches Kunststück ausführte, hatte ich Hoffnung, meine Stellung zu behaupten, bis der große Tag des Religionsfestes herankam, bei welcher Gelegenheit mir sodann von den Doktoren wohl ein Sitz in der Medizinhütte gestattet werden mußte.

Als die Bildnisse der beiden Häuptlinge fertig waren, kehrten beide in ihre Wigwams zurück, setzten sich ans Feuer, und nachdem sie schweigend eine oder zwei Pfeifen (wie es allgemein gebräuchlich ist) geraucht hatten, fingen sie allmählich an, das Vorgefallene zu erzählen, und bald waren ihre Hütten mit aufmerksamen Zuhörern angefüllt, die ihren Erzählungen mit offenem Mund lauschten. Auch um meine Hütte drängte sich bald eine große Menge von Frauen und Mädchen, und durch jede Spalte konnte ich die glänzenden Augen erblicken, die zu ergründen suchten, was innen vorging. Dies währte einige Stunden, bis endlich die Menge zu einigen Hunderten anwuchs, die wie ein Bienenschwarm um meinen Wigwam herumstanden.

Während dieser Zeit war nicht ein einziger Mann bei meiner Hütte zu sehen; nach einer Weile sah man sie jedoch, in ihre Büffelmäntel gehüllt, langsam herankommen, und man konnte es deutlich auf ihren Gesichtern lesen, wie die Neugier mit dem Stolz kämpfte, indem jene sie unwiderstehlich vorwärtstrieb, während dieser es ihnen verbot. Bald jedoch wurde der Zudrang allgemein, und die Ärzte und Häuptlinge kamen in meine Hütte, stellten aber Soldaten (Tapfere mit Spießen in der Hand) an die Tür, die nur diejenigen einließen, denen die Häuptlinge dies gestatteten.

Herr Kipp, Agent der Pelzcompagnie, der seit acht Jahren hier lebte, setzte sich zu den Häuptlingen und erklärte ihnen, da er ihre Sprache geläufig sprach, den Zweck, weshalb ich diese Bildnisse malte, sowie die Art, wie dies geschehe, womit sie alle zufrieden zu sein schienen. Es schien jedoch nunmehr dringend nötig, auch der Menge die Bildnisse zu zeigen, weshalb diese über der Tür aufgehängt wurden, so daß das ganze Dorf sie sehen konnte. Der Eindruck auf eine so gemischte Menge, die noch nichts über diese Bildnisse gehört hatte, war in der Tat lächerlich. Die Ähnlichkeit wurde sogleich erkannt; viele schrien laut auf, einige stampften tanzend mit den Füßen, noch andere sangen, Hunderte bedeckten schweigend den Mund mit der Hand, andere schwangen unwillig ihre Spieße, und einige schossen einen roten Pfeil gegen die Sonne und gingen nach Hause.

Nachdem sie die Gemälde angestaunt, wollten sie auch den Mann sehen, der sie gemacht hatte, und ich wurde herausgerufen. Aber die Szene, die jetzt folgte, vermag ich unmöglich zu schildern. Kaum war ich herausgetreten, so wurde ich von der Menge dicht umringt. Die Frauen gafften mich an, die Krieger reichten mir die Hand, während kleine Knaben und Mädchen sich durch die Menge drängten, um mich mit den Fingerspitzen zu berühren. Die Neugier und das Erstaunen, womit alle mich anblickten, bewies, daß sie mich für ein sonderbares und unerklärliches Wesen hielten. Sie nannten mich den größten Medizinmann der Welt, denn, sagten sie, ich hätte lebende Wesen geschaffen, sie könnten ihre Häuptlinge jetzt an zwei Orten lebend sehen, die, welche ich gemacht hätte, wären etwas lebend, man könne sehen, wie sie ihre Augen bewegten, wie sie lachten, und wenn sie lachen könnten, würden sie gewiß auch sprechen können, sobald sie es nur versuchten, und es müßte daher etwas Leben in ihnen sein.

Die Frauen kamen darin überein, sie hätten so viel Leben darin entdeckt, daß meine Medizin zu groß für die Mandaner sei; so etwas könne aber nicht hervorgebracht werden, ohne dem Original etwas von seiner Existenz zu rauben und es in das Bild zu übertragen, und sie könnten sehen, daß es sich bewege.

Diese Verkürzung des natürlichen Daseins, um einem zweiten Wesen Leben einzuflößen, erklärten sie für ein unnützes und zerstörerisches Werk, das ihrer glücklichen Gemeinde großen Nachteil bringen könne. Sie erhoben ein gewaltiges Geschrei gegen mich, liefen weinend durch das Dorf und erklärten mich für einen gefährlichen Menschen, der lebende Wesen machen könne, indem er sie anblicke, und der daher auch, wenn er wolle, auf dieselbe Weise das Leben vernichten könne. Meine Medizin sei gefährlich für ihr Leben, und ich müsse daher sogleich ihr Dorf verlassen. Jener böse Blick würde diejenigen treffen, die ich malte, denn ich raubte diesen einen Teil ihres Lebens, um es mit nach Hause unter die weißen

Leute zu nehmen, und wenn sie stürben, so würden sie keine Ruhe im Grab haben.

Auf diese Weise war es den Frauen und einigen alten Quacksalbern gelungen, eine Opposition gegen mich hervorzurufen, und die Gründe, die sie vorbrachten, waren so glaubwürdig und ihrem Aberglauben so angemessen, daß sogar mehrere Häuptlinge, die sich malen lassen wollten, in Furcht gerieten, so daß meine Arbeiten für mehrere Tage unterbrochen wurden. Man beriet sich Tag für Tag über diesen Gegenstand, aber es schien ihnen sehr schwer zu werden, sich zu entscheiden, was mit mir und meiner gefährlichen Kunst anzufangen sei, die sich ganz anders gestaltet hatte, als sie ursprünglich erwarteten. Endlich gelang es mir, zu ihren Beratungen Zutritt zu erhalten; ich versicherte, daß ich nur ein Mensch sei wie sie, daß meine Kunst keine Medizin oder Geheimnis sei, daß jeder von ihnen sie lernen könnte, wenn er sie so lange übe wie ich, daß ich die freundlichsten Gesinnungen gegen sie hegte und daß in dem Land, worin ich lebte, tapfere Männer sich nicht durch Weibergeschwätz in Furcht setzen ließen. Diese Äußerung behob sogleich alle Schwierigkeiten; alle standen auf, schüttelten mir die Hand und kleideten sich an, denn alle wollten gemalt sein. Die Frauen schwiegen, und meine Hütte wurde beständig von Häuptlingen, tapferen Kriegern und Medizinmännern besucht, die mit Ungeduld warteten, bis ein Bildnis fertig war, um über die Ähnlichkeit entscheiden zu können und für die Gesundheit und das Glück desjenigen, der soeben den Händen und der Operation der ›weißen Medizin‹ glücklich entgangen war, lachen, ein neues Lied anstimmen und eine frische Pfeife rauchen zu können.

Ich bemerkte, daß jedesmal eine oder zwei Pfeifen gestopft wurden, und sobald ich zu malen begann, die Häuptlinge und Krieger, die an den Wänden der Hütte herumsaßen, anfingen zu rauchen, wie sie sagten für das Gelingen des Bildes, wahrscheinlich aber wohl mehr, um den, der zu seinem Bild saß, vor allen Gefahren zu schützen; die Pfeife wanderte auf diese Weise von einem zum anderen, bis das Bild vollendet war.

Indem ich auf diese Weise malte, hielt ich oft plötzlich ein, als ob etwas falsch sei, machte einige tüchtige Züge aus der Pfeife, wobei ich den Rauch durch die Nasenlöcher von mir blies und mir das Ansehen gab, als ob mir dies Erleichterung verschafft hätte und ich nunmehr mit größerer Leichtigkeit und besserem Erfolg arbeiten könne. Ich sagte jedem, der gemalt war, etwas Schmeichelhaftes über sein gutes Aussehen und malte sie nach ihrem Rang oder

Stand, indem ich es zu einer Ehrensache für sie machte, was ihnen außerordentlich gefiel und meiner Kunst den Stempel der Achtungswürdigkeit aufdrückte.

Die Häuptlinge nahmen mich dann beim Arm und führten mich in ihre Hütten, wo ein Gastmahl im eleganten Stil, das heißt in der besten Art, die dies Land zu bieten vermag, meiner wartete. Auch die Medizinmänner luden mich in gehöriger Form zu einem Festmahl ein und schenkten mir eine Doktorrassel (Schischikué) sowie einen Zauber- oder Doktorstab, der mit den Klauen des greulichen Bären, mit den Hufen der Antilope, mit Hermelinfellen, wilder Salbei und Fledermausflügeln geschmückt und mit dem Duft des Iltis parfümiert war; auch wurde ein Hund geschlachtet und an den Füßen über meinem Wigwam aufgehängt. Ich war hierdurch in die Geheimnisse der Medizin eingeweiht und wurde als Mitglied der Gesellschaft der Konjuraten betrachtet.

Seit diesem glücklichen Erfolg meiner Arbeiten ging alles ganz vortrefflich, und ich habe viel Unterhaltung gehabt. Nur einmal fand unter den Häuptlingen und tapferen Kriegern ein Streit über den Rang statt, worauf sie sehr eifersüchtig sind; es wurde jedoch alles gütlich beigelegt, und es hat mir seitdem nicht an Beschäftigung für meinen Pinsel gefehlt, obgleich einige ihren Entschluß, sich malen zu lassen, wieder aufgaben aus Furcht, wie man sagt, sie würden frühzeitig sterben oder nach dem Tode nicht ruhig im Grab schlafen können.

Es sind einige merkwürdige Fälle dieser Art in meinem Maleratelier vorgekommen, und ich habe mir dadurch hier einige Todfeinde gemacht, doch hat das in den Gesinnungen der Häuptlinge und Doktoren gegen mich nichts geändert. Es kamen drei- oder viermal einige stolze junge Leute in meine Hütte, die, nachdem sie die Bildnisse der Häuptlinge angestaunt, mit der Hand vor dem Gesicht an die Seite der Hütte gingen, von wo aus sie die Häuptlinge von der Seite anblickten, statt ihnen gerade ins Gesicht zu sehen (was bei den Indianern eine fast unverzeihliche Beleidigung ist), und nachdem sie das Gemälde noch eine Weile angesehen, das sie natürlich noch immer gerade anblickte, nahmen sie ihre Büffelmäntel zusammen und verließen voll Erstaunen und Unwillen die Hütte, indem sie erklärten, daß sie ›die Augen sich hätten bewegen sehen‹, daß, während sie in der Hütte umhergegangen, ›die Augen ihnen überall hin gefolgt seien‹. Pelzhändler, Häuptlinge und Doktoren, die diese Täuschung kannten, gaben sich viel Mühe, jene jungen Leute von ihrem Irrtum zu überzeugen, indem sie ihnen das

Geheimnis erklärten; aber sie wollten nichts davon hören, indem sie sagten, ›was sie mit ihren eigenen Augen gesehen, sei ihnen Beweis genug und sie würden stets ihren eigenen Augen mehr glauben als hundert Zeugen‹. Alle Versuche, sie zu bewegen, meine Hütte wieder zu betreten oder mit mir in Gesellschaft zu sein, waren gänzlich fruchtlos.

Auch von einer anderen Seite her wurden mir Unannehmlichkeiten bereitet. Ein Medizinmann, Mah-to-he-hah (der alte Bär), suchte nämlich die bei meiner Hütte versammelten Menschen zu überreden, daß alle, die sich bei mir befänden und sich malen ließen, Narren seien und bald sterben würden, wodurch er meiner Popularität sehr schadete. Ich ließ ihn jedoch am nächsten Morgen, als ich mit dem Dolmetscher allein war, auffordern, zu mir zu kommen. Ich sagte ihm, daß ich bereits seit mehreren Tagen meine Augen auf ihn geworfen und daß mir sein Aussehen so gut gefallen hätte, daß ich mir alle Mühe gegeben, seine Geschichte zu erfahren, die, wie man mir von allen Seiten gesagt, ganz außerordentlich sowie auch sein Charakter und sein Rang meiner ganzen Aufmerksamkeit würdig seien. Ich hätte seit mehreren Tagen beschlossen, daß, sobald durch das Malen der übrigen die von dem langen Rudern meines Kanoes erzeugte Steifheit meiner Hand verschwunden sein würde, ich sein Bildnis anfangen wollte, was sogleich geschehen könnte. Hierauf schüttelte er mir die Hand, winkte mir, mich zu setzen, und nachdem wir eine Pfeife miteinander geraucht, sagte er, daß er durchaus keine feindselige Gesinnung gegen mich hege und sich vor meiner Kunst nicht fürchte. »Ich weiß«, fügte er hinzu, »du bist ein guter Mann, du wirst keinem ein Leid zufügen, deine Medizin ist groß, und du bist ein großer Medizinmann. Ich möchte mich gern selbst sehen, und dasselbe wünschen alle Häuptlinge; aber alle sind viele Tage in meiner Medizinhütte gewesen und haben mich nicht aufgefordert, hierherzukommen und mit Farben lebend gemacht zu werden – mein Freund, ich freue mich, daß mein Volk dir gesagt hat, wer ich bin – mein Herz ist froh – ich will in meinen Wigwam gehen und essen, und in kurzer Zeit werde ich kommen, und dann kannst du ans Werk gehen.« Nachdem hierauf noch eine Pfeife geraucht war, ging er fort. Ich bereitete nun alles vor, mußte aber bis zwölf Uhr auf ihn warten, da er den ganzen Vormittag zu seiner Toilette gebraucht hatte.

Endlich erschien er, mit verschiedenen Farben, mit Bärenfett und Holzkohle bemalt, mit Medizinpfeifen in den Händen und Fuchsschwänzen an den Hacken, begleitet von mehreren seiner Kollegen und einigen Knaben, die er bei sich zu behalten wünschte und die, wie ich vermutete, seine Zöglinge waren, die er in der Materia medica und im Hokuspokus unterrichtete. Er setzte sich mitten in der Hütte nieder, bewegte seine Adlerpfeife hin und her und stimmte den Medizingesang an, den er über Tote zu singen pflegt, wobei er mir fest ins Gesicht blickte, bis das Gemälde fertig war. Seine Eitelkeit war vollkommen befriedigt; er kam nun täglich in meine Hütte, betrachtete sein Bildnis stundenlang, zündete meine Pfeife an, wenn ich malte, schüttelte mir ein dutzendmal täglich die Hand und rühmte überall meine Medizintugenden und meine Geschicklichkeit, so daß diese Schwierigkeit glücklich behoben und er aus meinem Gegner einer meiner eifrigsten Freunde geworden war.

16. KAPITEL

Ein indianischer Stutzer – Fruchtloser Versuch, ihn zu zeichnen – Mah-to-toh-pa (die vier Bären), der zweite Häuptling des Stammes – Der Verfasser, von ihm in seinem Wigwam bewirtet – Die Gerichte dieses Festmahles – Pemmikan und Knochenmark – Töpfergeschirr der Mandaner – Geschenk einer Büffelhaut

Außer den Häuptlingen, Kriegern und Doktoren gibt es hier noch andere Personen, über die ich noch einige Worte sagen muß, ehe ich zu anderen Gegenständen übergehe. Ich meine die im vorigen Kapitel bereits erwähnten indianischen Stutzer, die an schönen Tagen um das Dorf herumstolzieren, auf das prächtigste herausgeputzt, jedoch ohne die ehrenvollen Siegeszeichen der Skalplocken und der Klauen vom greulichen Bären, denn sie sind nicht sehr begierig, wegen der ersteren ihr Leben in ehrenvollem Kampf aufs Spiel zu setzen oder dem letzteren zu begegnen. Sie bleiben vielmehr gewöhnlich bei dem Dorf und kleiden sich in die Felle solcher Tiere, die sie leicht erlegen können, ohne die rauhen Felsen nach dem Kriegsadler zu durchstreifen oder den greulichen Bären in seinen Schlupfwinkeln aufzusuchen. Sie schmücken sich mit Schwandaunen und Entenfedern, mit Geflechten aus wohlriechendem Gras und anderen harmlosen und unbedeutenden Dingen, die, gleich ihnen selbst, kein anderes Verdienst haben, als daß sie hübsch und zierlich aussehen.

Diese zierlichen und eleganten Herren, deren es in jedem Stamm nur wenige gibt, werden von den Häuptlingen und Kriegern verachtet, da alle sehr wohl wissen, welchen gewaltigen Abscheu sie vor Waffen haben, weshalb man sie ›Feiglinge‹ oder ›alte Weiber‹ nennt. Sie scheinen sich jedoch hieraus wenig zu machen und mit der Berühmtheit, die sie wegen der Schönheit und Eleganz ihrer persönlichen Erscheinung bei den Frauen und Kindern erlangt haben, zufrieden zu sein und sich des Lebens zu freuen, obgleich sie als Müßiggänger des Stammes betrachtet werden.

An schönen Tagen sieht man sie in ihrem ganzen Staat mit einem Fächer von dem Schwanz eines Truthahns in der Rechten, einer Peitsche und einem Fliegenwedel an derselben Handwurzel auf einem kleinen scheckigen Pferd mit einem weißen, mit Büffelhaaren gepolsterten und mit Stachelschweinstacheln und Hermelin besetzten Sattel von Hirschhaut durch das Dorf und in dessen Umgebung einige Stunden herumreiten, worauf sie sich vorsichtig dem Ort nähern, wo die Krieger und jungen Leute sich mit männlichen und athletischen Spielen unterhalten. Wenn sie hier eine oder zwei Stunden zugesehen haben, begeben sie sich nach Hause, satteln ihre Pferde ab, treiben sie auf die Weide, nehmen einige Erfrischungen zu sich, rauchen eine Pfeife, fächeln sich in den Schlaf und verbringen den übrigen Teil des Tages mit Nichtstun.

Während ich malte, kamen täglich zwei oder drei dieser Gecken in ihrem Putz an meine Tür, ohne daß sie weiter etwas erfuhren, als was sie durch die Spalten meiner Tür sehen konnten. Die Häuptlinge gingen an ihnen vorüber, ohne sie zu beachten und natürlich auch, ohne sie zum Eintreten aufzufordern, während sie selbst offenbar nur deshalb täglich vor meiner Hütte erschienen, damit ich sie malen möchte. Ich beschloß auch, dies zu tun, denn ihr Anzug war schöner als irgendein anderer im ganzen Dorf. Als ich daher die Bildnisse aller angesehenen Männer, die sich malen lassen wollten, vollendet hatte und sich nur zwei oder drei Häuptlinge in meiner Hütte befanden, ging ich an die Tür, berührte einen jener jungen Leute an der Schulter, der auch sogleich den Wink verstand und mir folgte, hocherfreut über die ehrenvolle Auszeichnung, die ich endlich ihm und seinem schönen Anzug zuteil werden ließ. Es ist unmöglich, den Ausdruck der Dankbarkeit in dem Gesicht des armen Burschen zu schildern, dessen Herz vor Freude und Stolz bei dem Gedanken schlug, daß ich ihn ausgewählt habe, um ihn neben den Häuptlingen und Angesehenen, deren Bildnisse er in der Hütte sah, unsterblich zu machen, und er hielt sich durch diese Ehre gewiß hinreichend dafür belohnt, daß er drei Wochen lang täglich auf das schönste bemalt und geputzt und bald auf dem einen, bald auf dem anderen Fuß vor meiner Hütte gestanden hatte.

Ich fing nun an, ihn in ganzer Figur zu zeichnen, und er war in der Tat ein hübscher Bursche; sein Anzug war vom Kopf bis zu den Füßen aus den Fellen der Bergziege gemacht, die an Weiche und Weiße fast dem chinesischen Krepp gleichkamen und mit Hermelin und schön gefärbten Stachelschweinstacheln besetzt waren. Sein langes Haar, das über Rücken und Schultern herabhing, reichte fast bis auf die Erde und war, gleich dem der Frauen, auf der Stirn gescheitelt. Er hatte eine große und schöne Figur und eine Anmut und Leichtigkeit in den Bewegungen, die einer besseren Kaste würdig waren. In der linken Hand hielt er eine prächtige Pfeife, in der rechten den Fächer, und an derselben Hand hingen noch die Peitsche von Elenhorn und der aus einem Büffelschwanz gemachte Fliegenwedel. Es war nichts Furchtbares an ihm und nichts, was den feinsten, keuschesten Sinn hätte beleidigen können.

Soweit war ich gekommen, als die Häuptlinge, die in meiner Hütte saßen und deren Bildnisse ich früher gemalt hatte; plötzlich aufstanden, sich dicht in ihre Büffelhäute wickelten und schnell auf ungewöhnliche Art meine Hütte verließen. Ich bemerkte wohl ihre Unzufriedenheit, fuhr jedoch fort zu malen, als einige Augenblicke später der Dolmetscher in meine Hütte stürzte und ausrief: »Mein Gott, Herr, das geht nimmer gut; Ihr habt die Häuptlinge sehr beleidigt – sie haben sich gegen mich über Euer Benehmen beklagt – sie sagen, dies sei ein unwürdiger, unbedeutender Mensch, und wenn Ihr sein Bildnis malt, so müßtet Ihr augenblicklich die ihrigen vernichten – es bleibt Euch keine Wahl, lieber Herr, und je schneller Ihr diesen Burschen aus Eurer Hütte fortschickt, um so besser.« Dasselbe wurde dem jungen Mann durch den Dolmetscher gesagt, worauf er seine Büffelhaut umhängte, den Fächer vors Gesicht hielt und schweigend, aber mit erzwungenem Lächeln meine Hütte verließ, eine kurze Zeit seine frühere Stellung an der Tür wieder einnahm und dann ruhig nach Hause ging. So hoch schätzten die Tapferen und Würdigen unter den Mandanern die Ehre, gemalt zu werden, und so sehr verachteten sie jeden, wie reich auch die Natur ihn ausgestattet haben mag, der nicht den Stolz und das edle Wesen eines Kriegers hat.

Es ist bereits im 13. Kapitel des zweiten Häuptlings Mah-to-toh-pa mit wenigen Worten gedacht worden. Er ist der beliebteste

Mann unter den Mandanern und sowohl ein hochherziger, tapferer Krieger als auch ein höflicher und feiner Weltmann. Seitdem ich sein Bildnis gemalt, hat er mir mancherlei Aufmerksamkeiten erwiesen, von denen ich einige hier näher beschreiben muß, da sie zur genaueren Kenntnis des Indianerlebens beitragen.

Eines Tages kam er um zwölf Uhr mittags, prächtig gekleidet, in meine Hütte, legte seinen Arm um den meinigen und führte mich auf die höflichste Art durch das Dorf in seine Hütte, wo ein sorgfältig bereitetes Mahl meiner wartete. Seine Hütte war sehr geräumig, denn sie hatte vierzig bis fünfzig Fuß im Durchmesser und etwa zwanzig Fuß Höhe. In der Mitte befand sich ein mit Steinen ausgesetztes Loch von fünf bis sechs Fuß Durchmesser und einen Fuß tief, worin das Feuer brannte, über welchem der Kessel hing. Ich mußte mich nahe am Feuer auf eine sehr sinnreich mit Hieroglyphen bemalte Büffelhaut setzen; er selbst saß auf einer anderen in einiger Entfernung von mir, und die Schüsseln standen auf einer hübschen Binsenmatte zwischen uns.

Das einfache Mahl bestand nur aus drei Schüsseln; eine davon, eine irdene, von der eigenen Fabrik der Mandaner, etwa von der Form eines Backtroges, enthielt Pemmikan und Knochenmark; die beiden anderen waren von Holz. In der einen befanden sich köstlich geröstete Büffelrippen, in der anderen eine Art Pudding aus dem Mehl der Pomme blanche (Psoralia esculenta), eine Art Rübe der Prärie, mit Büffelbeeren gewürzt, die hier in großer Menge eingesammelt und zu verschiedenen Speisen verwendet werden.

Neben den Schüsseln lag eine hübsche Pfeife und ein aus Otternfell gemachter Tabaksbeutel mit K'nick-k'neck oder Indianertabak (Rinde der roten Weide, Cornus sericea) gefüllt. Als wir uns gesetzt hatten, nahm mein Wirt diese Pfeife, stopfte sie bedächtig, und statt sie am Feuer anzuzünden, zog er Stahl und Stein aus der Tasche hervor, und nachdem er sie in Brand gesetzt und zwei starke Züge getan hatte, reichte er mir die Spitze hin, worauf ich ebenfalls einige Züge tat, während er das Rohr in der Hand hielt. Sodann legte er die Pfeife weg, zog sein Messer aus dem Gürtel, schnitt ein kleines Stück Fleisch ab und warf es mit den Worten: »Ho-pi-ni-schih wa-pa-schih« (das heißt Medizinopfer) ins Feuer.

Nunmehr forderte er mich durch Zeichen auf zu essen, und ich leistete dieser Einladung Folge, nachdem ich mein Messer hervorgezogen hatte, denn hier führt jeder sein Messer bei sich, da bei indianischen Gastmahlen niemals dem Gast ein Messer gereicht wird. Es darf auch nicht auffallen, daß ich allein aß, denn bei allen Stämmen dieser westlichen Gegenden ist es unveränderliche Regel, daß ein Häuptling niemals mit seinen Gästen zugleich ißt; während sie es sich wohlschmecken lassen, sitzt er neben ihnen, um sie zu bedienen, und stopft die Pfeife, die nach beendigter Mahlzeit die Runde machen soll. So war es auch jetzt; während ich speiste, saß Mah-to-toh-pa mit gekreuzten Beinen neben mir und reinigte die Pfeife, um sie zum Rauchen zuzubereiten, wenn ich gesättigt sein würde. Ich bemerkte, daß er ungewöhnliche Sorgfalt darauf verwendete. Nachdem er eine hinreichende Menge K'nick-k'neck aus dem Tabaksbeutel herausgenommen, langte er ein Stück Biberfett hervor, das diese Indianer stets unter dem Tabak mit sich führen, um ihm einen angenehmen Geruch zu geben, schabte etwas davon ab und mischte es unter die Rinde, womit er die Pfeife stopfte, worauf er zuletzt noch etwas getrockneten und gepulverten Büffelmist auf den Tabak streute, um die Pfeife leichter anzünden zu können. Als ich gesättigt war, stand ich auf, und nachdem die Pfeife in Brand gesetzt worden, blieben wir noch eine Viertelstunde zusammen und unterhielten uns, in Rauchwolken gehüllt, durch Zeichen.

Über das erwähnte, aus Pemmikan und Knochenmark bestehende Gericht will ich noch einige Worte sagen. Der Pemmikan ist ein Nahrungsmittel, das in diesem Land ebenso allgemein gegessen wird wie in der zivilisierten Welt das Brot. Es wird aus hart getrocknetem Büffelfleisch gemacht, das man in hölzernen Mörsern so lange stößt, bis es so fein wie Sägespäne geworden ist, worauf man es in Blasen oder Säcke von Leder packt und in diesem Zustand durch die ganze Welt versenden kann. Das Knochenmark sammeln die Indianer aus den Büffelknochen, die sie zerschlagen und auskochen; diese Knochen geben eine ungeheure Menge Mark, das in Büffelblasen gegossen wird und, nachdem es abgekühlt ist, so fest wie Talg ist und das Aussehen und auch ungefähr den Geschmack wie die beste gelbe Butter hat. Bei der Mahlzeit werden Stücke dieses Markes in dieselbe Schüssel mit dem Pemmikan gelegt und zusammen gegessen; für uns Weiße ist dies ein gutes Ersatzmittel für Brot und Butter, und wir nennen es auch gewöhnlich so. In dieser Schüssel lag ein Löffel aus Büffelhorn, der schwarz wie Ebenholz und sehr schön poliert war. In einer der anderen Schüsseln befand sich ein noch kunstvoller gearbeiteter Löffel von dem Horn des Bergschafs (Ovis montana Desmarest.), der fast ganz durchsichtig und so groß war, daß er gewiß ein bis anderthalb Quart hielt.

Die oben erwähnten Schüsseln oder Schalen, worin sich die

Speisen befanden, sind ein gewöhnliches Küchengerät in jeder mandanischen Hütte; sie werden von den Frauen in großer Menge und in den verschiedensten Formen aus einem zähen, schwarzen Ton mit der Hand verfertigt, in eigens dazu erbauten Öfen gebrannt und sind, obgleich nicht glasiert, fast ebenso hart wie unser Töpfergeschirr und so stark, daß man sie über das Feuer hängt und Fleisch darin kocht. Ich sah früher mehrere Stücke dieser Art, die man in den südlichen und mittleren Staaten in der Dammerde und in Gräben gefunden und in den östlichen Museen aufgestellt hat; diese Gegenstände wurden als etwas sehr Wunderbares angestaunt, allein hier, wo man sie zu Hunderten im Gebrauch und im Sommer täglich anfertigen sieht, ist das Rätsel gelöst.

Während ich in dem Wigwam speiste, herrschte daselbst eine Totenstille, obgleich wir nicht allein waren, denn dieser Häuptling hat, gleich den meisten anderen, mehrere Frauen, und alle (sechs oder sieben) saßen an den Wänden der Hütte auf Büffelhäuten oder Matten, durften aber nicht sprechen; dagegen waren sie stets aufmerksam auf die Befehle ihres Gebieters, die durch Zeichen mit der Hand gegeben und von ihnen sehr gewandt und schweigend vollzogen wurden.

Als ich weggehen wollte, schenkte mir der Häuptling die Pfeife, aus der wir geraucht, und die Büffelhaut, auf der ich gesessen hatte; letztere nahm er von der Erde auf und erklärte mir durch Zeichen, daß die Malerei die Gefechte darstelle, in denen er gekämpft und vierzehn Feinde mit eigener Hand getötet habe; zwei Wochen habe er dazu gebraucht, dies für mich zu zeichnen, und mich nun eingeladen, um mir die Büffelhaut zu schenken. Ich hängte diese über die Schultern, und er führte mich am Arm zurück in meine Hütte.

17. KAPITEL

Vielweiberei – Gründe und Entschuldigungen hierfür – Heiraten, wie sie vollzogen werden – Die Frauen werden gekauft und verkauft – Eltern- und Kindesliebe – Tugend und Bescheidenheit der Frauen – Frühzeitige Heiraten – Sklavische Beschäftigung der indianischen Frauen – Pomme blanche – Getrocknetes Fleisch – Getreidegruben (Caches) – Art zu kochen und Zeit des Essens – Stellungen beim Essen – Die Indianer sind mäßige Esser – Einige Ausnahmen hiervon – Trocknen des Fleisches in der Sonne ohne Rauch und Salz – Die wilden Indianer essen kein Salz

Die Vielweiberei findet sich bei allen nordamerikanischen Indianern, soweit ich sie besucht habe, und es ist nichts Ungewöhnliches, daß ein Häuptling sechs, acht oder zehn und zuweilen sogar zwölf bis vierzehn Frauen in seiner Hütte hat. Es ist dies ein alter Brauch und nach ihrer Ansicht ebenso schicklich als notwendig. Unter den Wilden werden die Frauen stets geringer gehalten als die Männer, zu welchen sie in mancher Hinsicht mehr in dem Verhältnis von Gesinde und Sklaven stehen, und da sie ›Holzhauer und Wasserträger‹ sind, so ist es für den Häuptling (der, um seine Beliebtheit zu bewahren, offene Tafel halten muß) notwendig, in seinem Wigwam eine hinreichende Anzahl solcher Hausmädchen oder Dienstboten zu haben, welche die zahlreichen, in einem so großen und kostspieligen Haushalt vorkommenden Arbeiten verrichten.

Es gibt für diesen Brauch noch zwei andere Gründe, die von ebenso großem, wenn nicht noch größerem Gewicht sind, als der oben angegebene. Zuerst besitzt dies Volk, obgleich es den zivilisierten Nationen an Gewinnsucht nachsteht, dennoch mehr oder weniger eine Leidenschaft für die Anhäufung von Reichtümern oder, mit anderen Worten, für die Genüsse des Lebens; und ein Häuptling, der dies Verlangen und zugleich den Wunsch hegt, seine Hütte etwas mehr als gewöhnlich für die Bewirtung seines Volkes und der Fremden, die seine Gastlichkeit in Anspruch nehmen, einzurichten, hält es für angemessen, mehrere Frauen zu nehmen, die den größten Teil des Jahres hindurch schwere Arbeiten verrichten müssen, wodurch er in den Stand gesetzt wird, sich jene Genüsse zu verschaffen und seiner Hütte ein nicht gewöhnliches Aussehen zu geben. Unter den Stämmen, die mit den Pelzcompagnien Handel treiben, wird dieses System sehr weit getrieben, und die Frauen müssen die meiste Zeit darauf verwenden, Büffel- und andere Häute für den Verkauf zuzubereiten. Derjenige Krieger oder Häuptling, der die meisten Frauen hat, gilt daher als der reichste Mann und wird von dem ganzen Stamm beneidet, denn seine Tafel ist am reichlichsten besetzt, seine Hütte am meisten mit Luxusgegenständen der zivilisierten Welt versehen, und am Schluß des Jahres hat er die meisten Häute an die Pelzcompagnien zu verkaufen.

Alle Handarbeit wird bei den Wilden von den Frauen verrichtet, und da niemand für Tagelohn arbeitet, so ist derjenige, der zur Besorgung seines Haushaltes mehr als einer Frau bedarf, genötigt, seine Arbeitskräfte durch Heirat zu vermehren; denn nur auf diese Weise kann er sie zu seinen Sklaven machen und ihre Arbeit zu seinem Nutzen verwenden.

Ein anderer Grund, und wahrscheinlich der mächtigste von allen, ist, daß ein Mann, der bei seinem Volk in hohem Ansehen steht und die Macht in Händen hat, Versuchungen ausgesetzt ist, die zu unterdrücken er für unnatürlich hält, da keine Gesetze und gesellschaftlichen Verordnungen ihm im Wege stehen.

Es gibt auch noch andere und sehr vernünftige Gründe für die Zweckmäßigkeit eines solchen Brauchs; einer davon ist folgender: Da alle Indianernationen in ihrem Naturzustand teils wegen alter, nie endender Fehden, teils aus Liebe zum Ruhm, den zu erlangen für den Indianer das Schlachtfeld fast der einzige Weg ist, mit den sie umgebenden Stämmen in beständigem Kampf leben, so werden oft so viele Krieger getötet, daß in einem Stamm zuweilen zwei und sogar drei Frauen auf einen Mann kommen. In solchen Fällen ist die Vielweiberei von wesentlichem Nutzen.

Die angeführten Beispiele von Vielweiberei sind im allgemeinen auf die Häuptlinge und Medizinmänner beschränkt, obgleich keine Verordnung einem armen oder unberühmten Mann verbietet, mehrere Weiber zu nehmen und nur persönliche Schwierigkeiten, wie Unberühmtheit oder, was noch häufiger der Fall ist, Mangel an weltlichen Gütern, ihn verhindern können, auf die herkömmliche Weise mit den Vätern der Mädchen, die er in seinen Haushalt aufzunehmen wünscht, zu unterhandeln.

Ein armer oder gewöhnlicher Indianer hat daher in diesen Gegenden selten mehr als eine Frau; dagegen haben die Häuptlinge, die tapfersten Krieger und die Doktoren gewöhnlich sechs oder acht Frauen, die alle unter einem Dach leben und sich dem Anschein nach ganz gut vertragen und sich in ihr Schicksal fügen.

Man unterhandelt hier wegen der Frauen meistens mit dem Vater, da sie stets gekauft und verkauft werden. In vielen Fällen wird auf die Neigung des Mädchens gar keine Rücksicht genommen, sondern der Handel mit dem Vater allein beschlossen, der diese Angelegenheit als ein Geldgeschäft behandelt, wobei er einen möglichst hohen Preis zu erlangen sucht. Es kommen jedoch auch Fälle wechselseitiger Neigung vor, und die Versprechungen und Gelübde werden ebenso heilig und unverletzlich gehalten wie in der zivilisierten Welt. Aber auch in diesem Fall erhält der Vater des Mädchens die üblichen Geschenke.

Für die Pelzhändler dieser Gegenden ist es notwendig, sich auf diese Weise mit einer oder mehreren der einflußreichsten Familien des Stammes, unter dem sie leben, zu verbinden, weil dies gewissermaßen ihr Interesse mit dem der Nation verschmilzt und sie in den Stand setzt, durch den Einfluß ihrer neuen Verwandtschaft ihr Geschäft vorteilhafter zu betreiben. Es können indes nur die Mädchen der angesehensten Familien auf eine solche Standeserhöhung Anspruch erheben, und sie sind gewöhnlich sehr begierig danach, weil sie dadurch von den Sklavenarbeiten, die bei einer Verheiratung mit Indianern ihrer warten, befreit werden, ein bequemes und müßiges Leben führen, sich mit Mänteln von blauem und rotem Tuch bekleiden, mit Bändern und anderem Flitterkram schmücken können und von dem weiblichen Teil des ganzen Stammes beneidet werden.

Verbindungen dieser Art kann man indes wohl kaum Heiraten nennen, da sie ohne alle Förmlichkeit geschlossen und auch ebenso wieder aufgelöst werden, wenn der Weiße sich zu einem anderen Stamm zu begeben wünscht. Die verlassene Frau ist dann eine gute Partie, und der Vater gibt sie ohne weiteres dem ersten, der sich meldet, wenn er ihm nur ein Pferd, eine Flinte usw. als Geschenk bringt.

Aus diesem herabgewürdigten Zustand, in dem die Frauen unter den Indianern leben, wird man vielleicht schließen, daß in diesem Land von gegenseitiger Liebe und Anhänglichkeit nicht die Rede sein könne; allein dies wäre eine falsche Schlußfolgerung und eine Ungerechtigkeit gegen die Indianer, die in ehelicher, kindlicher und elterlicher Liebe uns in keiner Weise nachstehen. Ich werde später, wenn ich von der Ehe, der Ehescheidung, der Vielweiberei und den häuslichen Verhältnissen der Indianer spreche, mehr über diesen Gegenstand sagen.

Die Frauen der Mandaner sind schön und bescheiden, und in

den ehrenwerten Familien wird die Tugend ebenso hochgeschätzt wie irgendwo in der Welt; dennoch gibt man für das schönste und bescheidenste Mädchen des Stammes vielleicht nur zwei Pferde, eine Flinte nebst einem Vorrat an Kugeln und Pulver für ein Jahr, fünf bis sechs Pfund Glasperlen, einige Quart Branntwein und eine Anzahl Pfriemen.

Bei den Mandanern, wie bei den meisten nordwestlichen Stämmen, heiraten die Mädchen in dem Alter von zwölf bis vierzehn Jahren, zuweilen selbst schon im elften Jahr. Aus diesem Grund und wegen ihrer beschwerlichen Lebensweise verschwindet ihre Schönheit bald nach der Verheiratung. Sie sind fast immer beschäftigt und unterziehen sich allen Arbeiten ohne Murren.

Die Hauptbeschäftigungen der Frauen in diesem Dorf bestehen darin, Holz und Wasser herbeizuschaffen, Büffel- und andere Häute zu gerben, Fleisch und wilde Früchte zu kochen und Mais zu bauen. Die Mandaner treiben etwas Ackerbau und gewinnen viel Mais und Kürbisse. Das Feld wird ausschließlich von den Frauen bearbeitet, die sich statt des Pfluges der Hacken aus dem Schulterblatt des Büffels oder Elkhirsches bedienen, und es ist dies natürlich eine sehr schwere Arbeit. Der Mais, den sie bauen, hat sehr kleine Ähren, denn sie sind nicht länger als der Daumen eines Mannes; es ist die einzige Art, die hier gedeiht, denn die anderen Sorten reifen nicht in einem so kalten Klima. Die Jahreszeit des grünen Korns ist ein großes und wichtiges Fest für sie. Der größte Teil ihrer Ernte wird während dieses Festes verzehrt; den Rest trocknet man in den Ähren, ehe sie reif geworden, und bewahrt sie in Gruben in der Erde auf, die sechs bis sieben Fuß tief sind und an der Öffnung dicht verschlossen werden. In diesen Gruben wird auch selbst in der strengsten Jahreszeit getrocknetes Fleisch und Pemmikan aufbewahrt, indem man es, ebenso wie das Getreide, dicht mit Präriegras aufeinanderpackt.

Mais und getrocknetes Fleisch werden im Herbst in hinreichender Menge für den Winter eingesammelt, denn sie bilden die Hauptnahrungsmittel während dieser langen und rauhen Jahreszeit; außerdem haben sie auch oft noch große Vorräte von getrockneten Kürbissen und Pommes blanches, eine Art Rübe, die sehr häufig in der Prärie wächst. Letztere werden in großer Menge getrocknet, zu Mehl zerstoßen und mit getrocknetem Fleisch und Mais gekocht. Auch wilde Früchte, wie Büffelbeeren, Servicebeeren (Amelanchior sanguinea), Erdbeeren und wilde Pflaumen werden in Menge für den Winter getrocknet.

Das wichtigste Nahrungsmittel ist jedoch das Büffelfleisch. Es sind in diesen westlichen Gegenden, nach einer mäßigen Schätzung etwa zweihundertfünfzigtausend Indianer, die das ganze Jahr hindurch ausschließlich von dem Fleisch der Büffel leben. In den Sommer- und Herbstmonaten essen sie frisches Fleisch, das sie rösten, braten, kochen, schmoren, räuchern usw., auch kochen sie die Rippen und die Schenkelknochen mit dem Mark, das eine wohlschmeckende Suppe gibt, die allgemein und in großer Menge gegessen wird. Die Mandaner haben keine bestimmte Zeit für ihre Mahlzeiten, doch essen sie gewöhnlich zweimal in vierundzwanzig Stunden. Der Kessel hängt stets kochend über dem Feuer, und wer hungrig ist, er mag zum Hause gehören oder nicht, hat das Recht, in jede Hütte, selbst die des Häuptlings, zu treten, den Kessel abnehmen zu lassen und soviel zu essen, als ihm beliebt, sobald Unglück oder Not ihn dazu zwingt. Dieser Brauch ist allgemein bei den Indianern Nordamerikas, und selbst der ärmste und unwürdigste Müßiggänger der Nation, der zu träge ist, um auf die Jagd zu gehen und für sich selbst zu sorgen, kann in jede Hütte eintreten, und man wird redlich mit ihm teilen, solange noch etwas zu essen da ist. Wer jedoch imstande ist, auf die Jagd zu gehen und dennoch auf diese Weise bettelt, muß sein Mahl teuer bezahlen, denn er erhält den entehrenden Namen ›Memme‹ und ›Bettler‹.

Die Mandaner sitzen bei ihren Mahlzeiten, gleich allen anderen Stämmen, mit gekreuzten Beinen oder vielmehr mit gekreuzten Knöcheln, wobei sie die Füße dicht an den Leib heranziehen; häufig essen sie jedoch auch in liegender Stellung, indem die Beine ausgestreckt sind und der Körper auf dem einen Ellenbogen und Vorderarm ruht. Die Schüsseln stehen immer auf dem Fußboden der Hütte, und die Essenden lagern sich um sie herum auf Büffelhäute oder Matten.

Die Frauen nehmen beim Essen und bei anderen Gelegenheiten eine andere Stellung ein als die Männer; sie biegen nämlich die Knie zusammen, neigen den Körper zurück, Kopf und Schultern dagegen vorwärts und hocken ganz auf den Boden nieder, indem sie beide Füße nach der rechten oder linken Seite hinstrecken. In dieser ebenso anständigen wie anmutigen Stellung nehmen sie ihre Mahlzeiten ein und lassen sich auf diese Weise nieder und stehen auf, ohne sich dabei der Hände als Stütze zu bedienen.

Diese Frauen mögen indes noch so schön und noch so hungrig sein, sie dürfen niemals an der Mahlzeit der Männer teilnehmen. So weit ich in dem Indianerland herumgekommen bin, habe ich niemals gesehen, daß eine Frau mit ihrem Mann zusammen gegessen hätte. Zuerst halten die Männer ihre Mahlzeit, und dann erst kommen die Frauen, Kinder und Hunde an die Reihe, und diese essen gewöhnlich ungeheuer viel, was bei den Männern selten der Fall ist.

Es dürfte wohl Zeit sein, endlich einmal einen allgemein verbreiteten Irrtum in bezug auf diesen Gegenstand zu berichtigen. Es wird überall behauptet und auch fast überall geglaubt, daß die Indianer ›ungeheure Esser‹ sind; ich kann indes versichern, daß dies ein Irrtum ist. Nirgends wird so viel Vorsicht und Selbstverleugnung bewiesen, als von den Männern unter den wilden Indianern, die ihr Leben im Krieg, auf der Jagd oder mit körperlichen Übungen hinbringen und so hohe Begriffe von Stolz und Ehre haben, daß sie sorgfältig jede Übertreibung vermeiden. Auch wird ihnen einen großen Teil ihres Lebens die größte Enthaltsamkeit auferlegt, um ihren Körper gegen die Beschwerden abzuhärten, die ihrer warten. Mancher, der sich einige Wochen an der Grenze unter den betrunkenen, nackten, bettelnden Indianern aufgehalten hat und bei seiner Rückkehr ein Buch über die Indianer schreibt, hat sie ohne Zweifel auch unmäßig essen und so viel Branntwein trinken sehen, daß sie sich nicht rühren konnten; denn dergleichen Fälle kommen zu Tausenden vor, wo die Indianer durch die Weißen zu Bettlern gemacht worden sind. Aber unter den wilden Indianern in dieser Gegend gibt es keine Bettler, keine Trunkenbolde, und jeder Mann ist eifrig bemüht, seinen Körper wie seinen Geist in so gesundem Zustand zu erhalten, daß er sich seiner Waffen zur Verteidigung bedienen oder bei ihren mannhaften Spielen um den Preis kämpfen kann.

Es wurde bereits oben erwähnt, daß die Indianer gewöhnlich nur zweimal, zuweilen nur einmal des Tages essen und daß ihre Mahlzeiten im Vergleich mit denen der Weißen leicht und einfach sind. Wenn sie dagegen, wie es zu gewissen Zeiten geschieht, mehrere Tage hintereinander fasten oder wenn sie sich keine Lebensmittel verschaffen können, dann beginnen sie, dem Brauch gemäß, allerdings mit einer tüchtigen Mahlzeit; aber man ist doch keineswegs berechtigt, sie deshalb überhaupt für Fresser zu halten. Ich habe viele Indianer gesehen, habe lange unter ihnen gelebt und habe oft geglaubt, bei ihren geringen Mahlzeiten verhungern zu müssen, und kann es daher mit voller Überzeugung aussprechen, daß die nordamerikanischen Indianer, selbst wenn sie Lebensmittel im Überfluß haben, weniger essen als zivilisierte Völker.

Die Art, wie sie das Büffelfleisch zur Aufbewahrung zubereiten, ist merkwürdig und in der Tat fast unglaublich, denn sie trocknen es nur in der Sonne ohne Beihilfe von Salz oder Rauch. Man verfährt dabei auf folgende Weise: Nachdem die Frauen die besten Teile von dem Fleisch des Büffels ausgewählt und sie, quer gegen die Fasern, in einen halben Zoll dicke Streifen, und zwar so zerschnitten haben, daß die Lagen von magerem Fleisch und Fett abwechseln, werden diese in großer Menge an Querstangen aufgehängt, die außer dem Bereich der Wölfe und Hunde auf Gabelhölzern ruhen. Hier bleibt das Fleisch mehrere Tage der Einwirkung der Sonne ausgesetzt, wodurch es vollkommen trocken wird, daß man es ohne Nachteil überallhin versenden kann. Diese bei allen Indianerstämmen bis Mexiko gebräuchliche Art des Trocknens geschieht in den heißesten Monaten und läßt sich wohl nur durch die große Dünne und Reinheit der Atmosphäre in diesem weiten Landstrich erklären, den man sehr passend die großen Büffelebenen nennt, die aus einer Reihe hoher Steppen- oder Prärieplateaus bestehen, die sich bis an den Fuß der Felsengebirge hinziehen.

So überraschend es den meisten Menschen sein mag, daß man Fleisch ohne Rauch und Salz in der Sonne trocknen kann, ebenso auffallend dürfte wohl die Tatsache sein, daß die Indianerstämme sich niemals des Salzes bedienen, obwohl ihr Land reich an Salzquellen ist und in manchen Gegenden, die häufig von den Indianern besucht werden, die Prärie mehrere englische Meilen weit mit einem Salzanflug so bedeckt ist, daß sie wie beschneit erscheint. Auf meinen Reisen mit den Indianern lagerten wir uns oft an solchen Stellen, allein niemals konnte ich sie bewegen, beim Kochen oder Essen sich des Salzes zu bedienen. Sie kochen indes ihr Fleisch länger als die zivilisierten Völker, und ich habe mich überzeugt, daß man Fleisch, das auf diese Weise gekocht worden, sehr gut ohne Salz und anderes Gewürz genießen kann.

Dies gilt jedoch nur von den Indianern, die noch im Urzustand leben und sich ganz von Fleisch ernähren; längs der Grenze dagegen, wo das Wild schon längst ausgerottet ist und die halbzivilisierten Indianer sich, gleich uns, von verschiedenen Pflanzen nähren, bedienen sie sich ebenfalls des Salzes und zuweilen sogar im Übermaß.

18. KAPITEL

Das Tanzen der Indianer – Der Büffeltanz – Entdeckung von Büffeln – Vorbereitungen zur Jagd – Aufbruch – Eine Täuschung – Tote und Skalpierte

Die Mandaner führen, gleich allen anderen Stämmen, ein müßiges Leben und verbringen daher den größten Teil ihrer Zeit mit Belustigungen und Vergnügungen, woran sie sehr reich sind. Unter diesen Zeitvertreiben nehmen die Tänze die erste Stelle ein; es gibt sehr viele, wie der Büffeltanz (boasting dance), der Bettlertanz, der Skalptanz und ein Dutzend anderer Tänze, deren jeder seinen eigentümlichen Charakter, seine Bedeutung und seinen Zweck hat.

Diese Belustigungen haben etwas ungemein Groteskes und erscheinen dem Reisenden, der weder ihre Bedeutung noch ihre Wichtigkeit kennt, als ein rohes Gemisch von Hüpfen, Springen, Jauchzen und mißtönenden Kehllauten; aber wenn man sie aufmerksam betrachtet und wenn man so glücklich gewesen ist, in ihre geheime Bedeutung eingeweiht zu werden, so gewinnen sie ein hohes Interesse. Jeder Tanz hat seine eigentümliche Fußbewegung und diese wiederum ihre eigene Bedeutung; jeder Tanz hat auch seinen eigenen Gesang, der oft so verwickelt und geheimnisvoll ist, daß unter zehn jungen Leuten, die an dem Tanz und Gesang teilnehmen, häufig nicht einer die Bedeutung des letzteren kennt. Nur den Medizinmännern ist es gestattet, den Gesang zu verstehen; aber auch sie werden gewöhnlich nur gegen einen guten Ehrensold in diese Geheimnisse eingeweiht, die viel Fleiß und Studium erfordern. Es gibt unleugbar einen bestimmten Gesang und Ausdruck für jeden Tanz, denn die Gesänge sind vollkommen abgemessen und werden in genauem Takt mit dem Trommelschlag, und zwar immer mit einer gleichförmigen und unveränderlichen Reihe von Tönen und Ausdrücken, abgesungen, die deutlich gewisse Gefühle andeuten, die durch die Stimme ausgedrückt werden, wenn auch zuweilen in keiner bekannten Sprache.

Sie haben noch andere Tänze und Gesänge, die nicht so geheimnisvoll sind und von jedermann gesungen und verstanden werden, da man sie in der Nationalsprache singt; es ist viel Poesie in ihnen, und sie sind vollkommen metrisch, aber nicht gereimt.

Einer dieser Tänze ist der Büffeltanz, dessen Lärm mich mehrere Tage hindurch betäubt hat und den ich jetzt beschreiben will.

Die Büffel sind bekanntlich eine Art umherschweifender Tiere, die sich zuweilen in großer Menge versammeln und von Osten nach Westen oder von Norden nach Süden wandern, so daß es den Mandanern oft plötzlich an Nahrungsmitteln fehlt, und da sie ein schwacher Stamm sind und sich nicht gern weit von zu Hause entfernen, um nicht mit ihren mächtigeren Feinden zusammenzutreffen, so sind sie zuweilen oft dem Hungertod nahe. Bei einer solchen Gelegenheit bringt ein jeder seine Maske – eine Büffelhaut mit den Hörnern –, die er für solche Fälle in Bereitschaft halten muß, aus seiner Hütte hervor, und der Büffeltanz beginnt, damit, wie sie sagen, ›die Büffel kommen‹. Dieser Tanz hat nämlich den Zweck, die Büffel zu bewegen, die Richtung ihrer Wanderung zu ändern und sich nach dem Dorf der Mandaner zu wenden und auf den schönen Hügeln in der Nähe zu grasen, damit sie die Tiere schießen und zur Befriedigung ihres Hungers kochen können.

Den größten Teil des Jahres hindurch können die jungen Krieger und Jäger, wenn sie sich eine oder zwei Meilen von dem Dorf entfernen, Büffel in Menge erlegen, und man sieht zuweilen große Herden dieser Tiere angesichts des Dorfes grasen. Zu anderen Zeiten dagegen streifen die jungen Männer so weit umher, als es sich mit Sicherheit tun läßt, ohne sogleich Wild anzutreffen. Diese traurige Nachricht wird den Häuptlingen und Doktoren mitgeteilt, die dann in feierlicher Versammlung über die zweckmäßigsten Maßregeln beraten, bis sie endlich übereinkommen, das alte und einzig wirksame Mittel, das ›niemals fehlgeschlagen hat‹, anzuwenden.

Der Häuptling läßt dies sodann durch seine Boten und Ausrufer im Dorf bekanntmachen – und in wenigen Minuten beginnt der Tanz auf dem öffentlichen Platz in der Mitte des Dorfes vor der großen Medizinhütte. Etwa zehn oder fünfzehn Mandaner tanzen zu gleicher Zeit, wobei jeder die Kopfhaut eines Büffels mit den Hörnern auf dem Kopf und seinen Lieblingsbogen oder seine Lanze, womit er den Büffel zu töten pflegt, in der Hand trägt.

Ich sagte oben, daß dieser Tanz stets den gewünschten Erfolg habe; allein dies kann auch nicht anders sein, denn er wird Tag und Nacht ununterbrochen fortgesetzt, bis ›die Büffel kommen‹, und hat zuweilen schon drei Wochen gedauert. Der Lärm der Trommeln und Rasseln, der Gesang und das Jauchzen erschallen unaufhörlich, und die Zuschauer mit Masken und Waffen stehen bereit, um diejenigen zu ersetzen, die vor Ermüdung aus dem Kreis treten.

Während dieser allgemeinen Aufregung stehen Wachen auf den benachbarten Hügeln, die, sobald sie Büffel erblicken, ihre Büffelmäntel in die Luft werfen, ein Zeichen, das sogleich von dem ganzen Stamm verstanden wird. Bei dieser erfreulichen Kunde wird dem Großen Geist, ganz besonders aber dem Medizinmann und den Tänzern, die die unmittelbare Ursache dieses glücklichen Ereignisses sind, lauter Dank dargebracht. Es werden sodann schnell die Anstalten zur Jagd getroffen und nach der erfolgreichen Rückkehr die besten Stücke der erlegten Tiere dem Großen Geist geopfert, worauf ein tüchtiges Mahl gehalten wird.

Ich habe bereits erwähnt, daß jeder Mann im Dorf der Mandaner verpflichtet ist, eine Büffelmaske zu besitzen, die an dem Pfosten am Kopfende seines Bettes hängt und sogleich aufgesetzt wird, wenn der Häuptling den Büffeltanz befiehlt. Die Maske wird auf den Kopf gesetzt, und es befindet sich gewöhnlich daran ein Hautstreifen von der ganzen Länge des Tieres mit dem Schwanz, der über den Rücken des Tanzenden herabhängt und auf der Erde nachschleppt. Ist ein Tänzer ermüdet, so neigt er den Körper vorwärts gegen den Boden, ein anderer schießt mit einem stumpfen Pfeil nach ihm, worauf er zu Boden fällt wie ein Büffel, die Umstehenden springen sogleich hinzu, schleppen ihn an den Füßen aus dem Kreis, ziehen ihre Messer, und nachdem sie alle Bewegungen wie beim Abziehen und Zerschneiden des erlegten Büffels vorgenommen haben, lassen sie ihn liegen, und seine Stelle wird sofort von einem anderen eingenommen. Auf diese Weise kann der Tanz mit Leichtigkeit Tag und Nacht fortgesetzt werden, bis er den gewünschten Erfolg hat, und ›die Büffel kommen‹.

Der Tag, an dem frühmorgens der mehrtägige Tanz, dem ich beiwohnte, endlich durch das erwähnte Zeichen geschlossen wurde und daher mit Freude und Dank gegen den Großen Geist begann, endigte mit einem Unglücksfall, der das ganze Dorf in Trauer versetzte, und zwar in einer Zeit des Mangels und der Not. Nachdem nämlich der Tanz drei bis vier Tage gewährt hatte, wurde von einem benachbarten Hügel das Zeichen gegeben, daß man eine Büffelherde, jedoch in ziemlicher Entfernung, sehe; sogleich hörte der Tanz auf, und statt des unangenehmen Schlagens der Trommel und des Geschreies der Tänzer hörte man überall das Stampfen der Rosse – die jungen Männer warfen ihre Kleider ab, ergriffen eine Handvoll Pfeile aus ihrem Köcher, warfen noch einen Blick auf ihre Geliebten und schwangen sich auf ihre Pferde. In wenigen Minuten war alles voll Leben und Bewegung – die Bogensehnen schwirrten, die Lanzen wurden in die Erde gestoßen, um sie zu polieren – jedes Gesicht und jedes Auge strahlte von Freude und Heiterkeit – die Pferde stampften wiehernd vor Ungeduld den

Boden, und als der Dolmetscher der Pelzcompagnie, Louis Frénié, mit seiner Flinte in der Hand und dem Pulverhorn an der Seite, Kopf und Leib mit einem Tuch umwunden, die Hemdsärmel bis zu den Schultern aufgestreift, durch das Dorf galoppierte und das Jagdgeschrei ausstieß, das sogleich von dem ganzen Dorf wiederholt wurde, da folgte ihm die jagdlustige Jugend, und in gestrecktem Galopp ging es auf die benachbarten Hügel zu.

In dem Dorf, wo man noch soeben den Hungertod befürchtet hatte, herrschte nunmehr Freude und Heiterkeit. Die Häuptlinge und Doktoren, die seit mehreren Tagen sehr kleine Rationen aus dem öffentlichen Vorrat an die Gemeinde verteilt hatten, gaben nun ihre Privatvorräte preis, damit man sich sättige und dem Großen Geist dafür danke, daß er ihnen Büffelfleisch gespendet habe. Es begann nun ein allgemeines Schmausen, und Vorräte, die im Notfall noch für mehrere Wochen ausgereicht hätten, wurden fast ganz verzehrt, und die halbabgenagten Knochen und die halbgeleerten Schüsseln überließ man den Hunden. Bei dieser allgemeinen Fröhlichkeit hatte man auch meiner nicht vergessen – man sandte mir mehrere große Schüsseln mit Pemmikan und anderen Lebensmitteln, die ich in dieser Zeit der Not mit Dank annahm.

Nachdem die Mahlzeiten vorüber waren und die Hunde die Schüsseln ausgeleckt hatten, begannen die üblichen Spiele und Belustigungen, und überall im Dorf herrschte Fröhlichkeit und Freude, als man plötzlich Geschrei hörte – Weiber und Kinder erstiegen sogleich die Dächer der Wigwams und richteten ihre Augen und Hände nach der Prärie, während die Krieger wütend durch das Dorf rannten, ihr Rachegeschrei ausstießen und ihre tödlichen Waffen aus den Hütten holten. Zwei von den Jägern bogen um den Hügel herum nach dem Dorf zu, ein dritter kam plötzlich aus einer tiefen Schlucht hervor, ein vierter kam über die grünen Hügel herab, und alle eilten in vollem Jagen auf das Dorf zu; bald kamen noch mehrere, und die Bewohner umringten sie alle unter Geschrei und Weinen. Ihr Aussehen erklärte alles, denn der eine blutete an der nackten Brust, und sein milchweißes Pferd war ganz blutrot gefärbt, ein zweiter hielt einen vom Blut rauchenden Skalp in der einen und seine Peitsche in der anderen Hand, während ein dritter Bogen und Pfeile weggeworfen hatte und sich auf die Schnelligkeit seines Pferdes verließ. Das ganze Ereignis wurde jedoch in abgebrochenen Sätzen erzählt, die Namen der Toten nach der Reihe genannt, und Weinen, Wehklagen und Murren hörte man überall in dieser soeben noch glücklichen kleinen Gemeinde, die so plötzlich in tiefe Trauer versetzt war.

Die mutigen Jäger, die am Morgen voll Lust und Freude ausgezogen, waren von den Sioux umringt worden, die acht von ihnen töteten. Die Sioux, die wahrscheinlich in der Nacht das Dorf rekognosziert und wahrgenommen hatten, daß man mit dem Büffeltanz beschäftigt sei, benutzten diesen Umstand zu folgender Kriegslist: Am Morgen erschienen sechs oder acht von ihnen in Büffelhäute gehüllt auf den benachbarten Hügeln, wo sie die Bewegungen der grasenden Büffel genau nachahmten und von der Wache der Mandaner als die ersehnten Büffel in dem Dorf angemeldet wurden. Als nun die Jäger, wie es oben beschrieben worden, ausgezogen und den vermeintlichen Büffeln bis auf etwa eine halbe englische Meile nahe gekommen waren, verschwanden diese plötzlich hinter dem Hügel. Louis Frénié, der der vorderste war, schöpfte Verdacht und machte halt. »Sieh!« rief ein Mandaner und deutete auf eine Schlucht zur Rechten, aus welcher plötzlich vierzig bis fünfzig wütende Sioux auf schnellen Pferden hervorbrachen und auf die Jäger losstürzten, die nun schnell kehrtmachten, aber vor sich wieder einen Haufen Sioux erblickten, die von der anderen Seite des Hügels ihnen entgegenkamen! Die armen Jäger eilten nun mit der größten Anstrengung nach dem Dorf, aber die Sioux waren zu schnell, und Pfeile und Lanzen erreichten die nackten Körper und warfen sie von ihren Pferden. Frénié und mehrere Mandaner kamen endlich im Dorf an, aber acht Jäger wurden getötet und skalpiert.

So endigte dieser Tag und die Jagd, und noch lange währte die Trauer derjenigen, deren Herzen durch dieses unglückliche Ereignis gebrochen wurden. Dennoch brachte auch dieser Tag den Mandanern noch Glück; denn der Große Geist, unwillig über eine so schreiende Ungerechtigkeit, sandte ihnen Büffel in Menge, und alle Herzen vereinigten sich in dem Dank gegen ihn für seine Güte und Gerechtigkeit.

19. KAPITEL

Scheingefecht und Scheinskalptanz der mandanischen Knaben – Das Tschungki-Spiel – Schmausereien – Fasten und Opfer – Weiße Büffelhaut; ihr Wert – Regenmacher und Regenvertreiber – Das Regenmachen – Das Donnerboot – Die ›Große Doppelmedizin‹

In dem vorhergehenden Kapitel habe ich den Büffeltanz beschrieben, und ich werde in der Folge noch einige andere Tänze schildern, welche die Mandaner mit anderen Stämmen gemein haben; für jetzt will ich nur einige Gebräuche erwähnen, die den Mandanern eigentümlich sind.

Einer der interessantesten dieser Gebräuche ist das Scheingefecht und der Scheinskalptanz der mandanischen Knaben, die beide einen Teil ihrer Erziehung bilden. An einem schönen Sommermorgen bei Sonnenaufgang werden die Knaben von sieben bis fünfzehn Jahren, etwa siebenhundert an der Zahl, in zwei Parteien geteilt, deren jede unter der Leitung eines erfahrenen Kriegers steht, der sie in die Prärie hinausführt. Die Knaben sind nackt, und jeder hat einen kleinen Bogen und mehrere Pfeile von starken Grashalmen, die keinen Schaden tun. Außerdem hat jeder einen Gürtel um den Leib, worin ein hölzernes Messer steckt, das ebenso unschädlich ist, und auf dem Kopf ist ein Büschel Gras leicht befestigt, das den Skalp darstellt. So ausgerüstet folgen sie den Anweisungen ihrer erfahrenen Führer, die sie alle Evolutionen des Indianerkrieges – Scheinangriff, Rückzug, Angriff und endlich allgemeinen Kampf – durchmachen lassen. Zuletzt werden sie auf fünfzehn bis zwanzig Fuß Entfernung einander gegenübergestellt, worauf sie, während die Führer sie aufmuntern, ihre Pfeile gegeneinander abschießen und ihnen auszuweichen suchen.

Wird ein Knabe von einem Pfeil an einem Teil des Körpers getroffen, wo eine wirkliche Verwundung tödlich sein würde, so muß er zu Boden fallen, worauf sein Gegner ihm den Fuß auf den Leib setzt, sein Messer aus dem Gürtel zieht, die Gras-Skalplocken ergreift, einen Scheinschnitt um den Kopf macht, den Skalp losreißt, in seinen Gürtel steckt und wieder in den Kampf zurückkehrt.

Diese Übungen, die etwa eine Stunde währen, werden mit leerem Magen vorgenommen, und die Knaben legen bei den verschiedenen Manövern etwa fünf bis sechs englische Meilen zurück.

Nach Beendigung der Übungen kehren alle in das Dorf zurück, wo die Häuptlinge und die Tapferen ihren Erzählungen mit großer

Aufmerksamkeit zuhören und sie wegen ihrer Geschicklichkeit und Tapferkeit belobigen. Diejenigen, die einen Skalp erbeutet haben, treten dann vor, schwingen ihn in der Hand und beginnen den Skalptanz, worin sie ebenfalls von ihren Führern oder Lehrern unterrichtet werden, und erzählen ihre ›blutigen Taten‹ zum großen Erstaunen ihrer jugendlichen Geliebten, die ihnen mit Verwunderung zuhören.

Die Spiele und Belustigungen dieses Volkes sind größtenteils denen der anderen Stämme ähnlich und bestehen in Ballspiel, Mokassinspiel, Schüsselspiel, Bogenschießen, Pferderennen usw. Es findet sich jedoch bei ihnen ein Spiel, das ihre Lieblingsunterhaltung ist und den umwohnenden Stämmen unbekannt zu sein scheint. Es ist dies das Spiel Tschung-ki, mit dem sie sich gewöhnlich beschäftigen, wenn schönes Wetter ist und sonst nichts ihre Aufmerksamkeit in Anspruch nimmt. Der Platz zu diesem Spiel liegt in der Nähe des Dorfes und besteht aus Tonboden, der durch den häufigen Gebrauch ganz glatt und hart geworden ist. Zwei Kämpfer wählen sich abwechselnd die berühmtesten Spieler, bis die erforderliche Zahl voll ist. Dann werden die Einsätze gemacht und von den anwesenden Häuptlingen oder anderen Personen entgegengenommen. Das Spiel beginnt damit, daß zwei Männer (einer von jeder Partei) nebeneinander im Trab laufen, während der eine von ihnen einen steinernen Ring von zwei bis drei Zoll im Durchmesser vor sich hinrollt, worauf jeder seinen Tschung-ki (einen Stab von sechs Fuß Länge, der an den Seiten mit abstehenden, etwa einen Zoll oder darüber langen Lederstückchen besetzt ist) so nach dem Ring hinwirft, daß er auf dem Boden hingleitet, wobei man nun den Wurf so einzurichten sucht, daß, wenn der Stock stillsteht, der Ring auf eines der Lederstückchen fällt. Dies zählt dann, je nach der Stellung des Lederstückchens, ein, zwei, drei oder vier. Der letzte Gewinner läßt stets den Ring rollen, aber beide Spieler laufen und werfen ihre Stäbe gleichzeitig. Wenn einer der Spielenden den Stab so wirft, daß der Ring nicht an den Lederstückchen haftenbleibt, oder wenn er nicht in einer gewissen Richtung liegt, so verwirkt der Spieler den Betrag der Nummer, welche die nächste war, verliert seinen Wurf, und es tritt ein anderer an seine Stelle. Es ist schwer, durch die Beschreibung einen richtigen Begriff von diesem Spiel zu geben, das die Mandaner so leidenschaftlich lieben, daß sie oft alles verspielen, was sie haben, und zuletzt ihre Freiheit einsetzen.

Schmausereien und Fasten sind wichtige Gebräuche, die von den

Mandanern, wie von den meisten anderen Stämmen, zu gewissen Zeiten und besonderen Zwecken streng und gewissenhaft beobachtet werden. Einige dieser Gebräuche sind sehr interessant und zugleich von Wichtigkeit für die richtige Würdigung des Charakters der Indianer; ich werde daher später auf einige von ihnen zurückkommen.

Das Opfern ist ebenfalls ein religiöser Gebrauch der Mandaner, das auf verschiedene Art und bei vielen Gelegenheiten stattfindet. Da ich später ausführlicher hierüber zu sprechen gedenke, so will ich für jetzt nur einige von den hundert verschiedenen Arten, wie die Opfer dem Guten und dem Bösen Geist dargebracht werden, anführen. Menschenopfer sind niemals bei den Mandanern und, soviel ich erfahren konnte, auch bei keinem anderen der nordwestlichen Stämme gebräuchlich gewesen; nur die Pahnis (Pawnees) am Plattefluß haben früher dergleichen Opfer gebracht, diesem Brauch jedoch in neuerer Zeit entsagt. Die Mandaner opfern dem Großen Geist ihre Finger und das Beste und Kostbarste von ihren irdischen Gütern. Besteht das Opfer in einem Pferd oder Hund, so muß es das Lieblingstier sein; opfern sie einen Pfeil, so nehmen sie den vollkommensten; opfern sie Fleisch, so wählen sie das wohlschmeckendste Stück, und wollen sie etwas von den aus den Vorräten der Pelzhändler eingetauschten Waren zum Opfer bringen, so ist es ein Stück blaues oder rotes Tuch, das sie übermäßig teuer bezahlen müssen und das sie hauptsächlich dazu gebrauchen, es über ihren Wigwams aufzuhängen oder die Totengerüste ihrer Verwandten damit zu bedecken.

Von diesen Opfern waren besonders drei interessant, die über der großen Medizinhütte in der Mitte des Dorfes aufgerichtet waren; sie bestanden aus zehn bis fünfzehn Ellen blauen und schwarzen Tuches (das die Pelzcompagnie ihnen die Elle zu fünfzehn bis zwanzig Dollars verkauft hatte), die so zusammengelegt waren, daß sie menschlichen Gestalten ähnlich sahen, mit Federn auf dem Kopf und Masken vor dem Gesicht. Diese wunderlich aussehenden Figuren waren gleich Vogelscheuchen auf dreißig Fuß hohen Stangen über der Medizinhütte aufgerichtet, wo sie bleiben werden, bis sie ganz zerfallen. Während meiner Anwesenheit fügte man noch eine vierte Figur von der Haut eines weißen Büffels hinzu.

Die Geschichte dieser schönen und kostbaren Haut gibt einen deutlichen Beweis von der Wichtigkeit, die die Mandaner diesen Sühneopfern beilegen. Wenige Wochen vor meiner Ankunft kehrten mehrere Mandaner von der Mündung des Yellowstone-Flusses mit der Nachricht zurück, daß die wegen des Handels mit der amerikanischen Pelzcompagnie dort anwesenden Schwarzfußindianer eine weiße Büffelhaut zu verkaufen hätten. Dies schien den Häuptlingen sehr wichtig und der öffentlichen Berücksichtigung wert. Denn eine weiße Büffelhaut ist selbst in dem Land der Büffel eine große Merkwürdigkeit, die ihrer großen Seltenheit wegen sehr teuer bezahlt und deshalb, als der kostbarste Gegenstand des Handels in diesen Gegenden, gewöhnlich dem Großen Geist als Opfer dargebracht wird. Unter den zahllosen Büffelherden, welche auf den weiten Prärien grasen, ist vielleicht unter hunderttausend nicht ein einziges weißes Tier, und findet sich ein solches, so wird es als große Medizin betrachtet.

Als die Häuptlinge die oben erwähnte Nachricht erhielten, versammelten sie sich sogleich, um darüber zu beraten, ob es angemessen sei, die weiße Büffelhaut von den Schwarzfußindianern zu kaufen. Nach Beendigung ihrer Beratungen wurden acht Mann mit acht der besten Pferde und verschiedenen Waren, die an Wert die Pferde noch überstiegen und auf Kredit der Häuptlinge aus dem Magazin der Pelzcompagnie entnommen wurden, nach der Mündung des Yellowstone-Flusses abgesandt, wo sie noch zur rechten Zeit ankamen, die Haut gegen die acht Pferde und die Waren eintauschten und zu Fuß nach ihrem Dorf zurückkehrten. Die Haut, die nach der Ansicht der Mandaner etwas vom Großen Geist in sich enthält, lag in der Hütte des Häuptlings mehrere Tage zur Ansicht für jedermann, und nachdem die allgemeine Neugier befriedigt war, wurde sie durch die Doktoren oder Hohenpriester mit vielen Förmlichkeiten geweiht und an einer langen Stange über der Medizinhütte aufgerichtet, wo sie mit den übrigen als ein dem Großen Geist dargebrachtes Opfer hängen bleibt, bis sie zerfällt.

Da dies Kapitel von den Gebräuchen handelt, die den Mandanern eigentümlich sind, so will ich hier noch eines solchen erwähnen, dem ich beiwohnte, als ich auf meiner Reise stromaufwärts einige Tage in diesem Dorf verweilte; ich meine die Manipulationen der Regenmacher und Regenvertreiber.

Es ist bereits gesagt worden, daß die Mandaner viel Mais bauen, dessen Ernte jedoch zuweilen durch große Dürre vereitelt wird. Dies war der Fall, als ich an Bord des Dampfbootes ›Yellow Stone‹ bei ihnen ankam, denn es hatte seit vielen Tagen nicht geregnet, und die kleinen Mädchen und die alten Frauen weinten und baten ihre Gebieter, sie möchten sich doch verwenden, daß es regne, damit ihre kleinen Felder, die schon gelb würden, nicht verdorrten und sie nicht der Festlichkeiten der ›gerösteten Ähren‹ und des ›Grünkorntanzes‹ beraubt würden.

Die Häuptlinge und Doktoren teilten die Besorgnisse der Frauen und empfahlen Geduld; sie sagten, es sei in solchen Fällen große Überlegung nötig, und obgleich sie beschlossen, den Versuch zu machen, dem Getreide Regen zu verschaffen, so waren sie doch klug genug, einzusehen, daß, wenn sie zu schnell darauf eingingen, das Ganze leicht mißlingen könnte, während sie um so sicherer auf Erfolg rechnen könnten, je länger sie zögerten. Als indes nach einigen Tagen das Ungestüm der Frauen fast unerträglich wurde, versammelten sich die Medizinmänner in der Beratungshütte mit ihrem ganzen geheimnisvollen Apparat, mit einer Menge wilder Salbei und anderen wohlriechenden Kräutern und einem Feuer, um diese zu verbrennen, damit ihr Wohlgeruch zu dem Großen Geist aufsteige. Die Hütte war allen Dorfbewohnern verschlossen, und nur zehn oder fünfzehn junge Männer, die sich zu dem gefährlichen Unternehmen entschlossen hatten, entweder Regen zu verschaffen oder sich der ewigen Schmach auszusetzen, einen vergeblichen Versuch gemacht zu haben, durften dem Hokuspokus der Doktoren in der Hütte beiwohnen. Es wurde sodann durch das Los bestimmt, wer zuerst einen Tag auf dem Dach der Hütte zubringen sollte, um die Kraft seiner Medizin zu beweisen oder, mit anderen Worten, zu sehen, ob seine Stimme in den Wolken des Himmels gehört werde und Beachtung finde, während die Doktoren in der Hütte unter ihm Weihrauch verbrannten und Gesänge und Gebete zu dem Großen Geist emporsandten, der ›in der Sonne lebt und den Wolken des Himmels gebietet‹.

Wah-kih (der Schild) bestieg zuerst die Hütte bei Sonnenaufgang. Alle Dorfbewohner waren um ihn versammelt und beteten für den glücklichen Erfolg. So stand er den ganzen Tag; aber nicht eine Wolke erschien, der Tag war ruhig und heiß, und bei Sonnenuntergang stieg er herab und ging nach Hause; ›seine Medizin war nicht gut‹, und er kann niemals ein Medizinmann werden.

Ihm folgte am nächsten Morgen bei Sonnenaufgang Om-pah (das Elen); sein Körper war ganz nackt und mit gelbem Ton bedeckt, am linken Arm trug er einen schönen Schild, in der rechten Hand eine Lanze und auf dem Kopf die Haut eines Raben. Er schwang seinen Schild und seine Lanze und erhob seine Stimme, aber vergebens, denn beim Untergang der Sonne war der Boden trocken und der Himmel heiter.

Ebenso erfolglos waren die Bemühungen War-rah-pas (der Biber), dem Wak-a-dah-ha-hih (Des weißen Büffels Haar) folgte, ein kleiner, aber schön gewachsener junger Mann. Er trug einen Rock und Beinkleider von dem Fell des Bergschafs, beides reich verziert mit Stachelschweinstacheln und Skalplocken, welch letztere er selbst seinen Feinden geraubt hatte. Am Arm trug er einen Schild von Büffelhaut, dessen Buckel der Kopf des Kriegsadlers bildete und dessen Vorderseite mit ›roten Ketten des Blitzes‹ geschmückt war; in der linken Hand hielt er seinen Bogen und einen Pfeil. Er warf eine Feder in die Höhe, um die Richtung des Windes zu erfahren, und sprach dann zu den um ihn versammelten Dorfbewohnern:

»Meine Freunde! Volk der Fasanen! Ihr seht mich hier ein Opfer bringen. Ich werde Euch heute von Eurer Not befreien und Freude unter Euch bringen oder bei Sonnenuntergang von dieser Hütte herabsteigen und alle meine Tage unter Hunden und alten Weibern verbringen. Meine Freunde! Ihr saht, wohin die Feder flog, und ich halte meinen Schild an diesem Tag in die Richtung, woher der Wind kommt – der Blitz auf meinem Schild wird eine große Wolke herbeiziehen, und dieser Pfeil, den ich aus meinem Köcher ausgewählt und mit den Federn des weißen Schwans besetzt habe, wird ein Loch in diese machen. Meine Freunde! Die Öffnung in der Hütte zu meinen Füßen zeigt mir die Medizinmänner, die in der Hütte unter mir sitzen und den Großen Geist anrufen, der auf den Wolken thront und den Winden gebietet! Drei Tage haben sie hier gesessen, meine Freunde, und es ist nichts geschehen, um Eurer Not abzuhelfen. Am ersten Tag kam Wah-kih, er konnte nichts tun; er zählte seine Perlen und stieg herab – seine Medizin war nicht gut – sein Name war schlecht und hielt den Regen zurück. Ihm folgte Om-pah; auf seinem Kopf sah man den Raben, der über dem Sturm fliegt, und er bewirkte nichts. Sodann, meine Freunde, kam War-rah-pa; der Biber liegt unter dem Wasser und bedarf nicht des Regens. Meine Freunde! Ich sehe, Ihr seid in großer Not, und noch ist nichts geschehen; dieser Schild gehörte meinem Vater, dem weißen Büffel, und der Blitz auf ihm ist rot, wie Ihr seht; er wurde aus einer schwarzen Wolke entnommen, und diese Wolke wird heute über uns kommen. Ich bin ›Des weißen Büffels Haar‹ – und bin der Sohn meines Vaters.«

Auf diese Weise fuhr Wak-a-dah-ha-hih fort, abwechselnd seine Zuhörer und den Himmel anzureden – sich mit den Winden und deren Dschi-bi (Geistern) zu unterhalten und mit den Füßen über den Köpfen der Zauberer zu stampfen, die unter ihm mit ihren Mysterien beschäftigt waren und die Geister der Finsternis und des Lichts anriefen, sie möchten Regen senden und die Herzen der Mandaner erfreuen.

An diesem merkwürdigen Tag landete das Dampfboot ›Yellow Stone‹ auf seiner ersten Fahrt den Missouri hinauf bei dem Dorf der Mandaner, wie bereits in einem früheren Kapitel gesagt worden ist. Ich war als Reisender auf dem Boot, als es in der Entfernung von drei bis vier englischen Meilen vor dem Dorf zwanzig Schüsse aus einer zwölfpfündigen Kanone abfeuerte. Die Mandaner hielten diese Kanonenschüsse für Donner, und der junge Mann auf der Hütte empfing anfangs von allen Seiten Beifallsrufe, die sich durch das ganze Dorf fortsetzten – die Häuptlinge beneideten ihn – die Herzen der Mütter klopften höher, als sie ihre schönen Töchter schmückten, um sie ihm zum Heiraten anzubieten. Der Medizinmann kam aus der Hütte hervor, um ihm den wohlverdienten Titel als Medizinmann oder Doktor zu verleihen – es wurden Kränze gewunden, um seine Stirn zu schmücken, und Adlerfedern und Pfeifen für ihn bereitgehalten – seine Freunde waren fröhlich – seine Feinde standen schweigend, und auf ihren Gesichtern drückte sich Mißmut und Haß aus, und seine ehemaligen Geliebten, die ihn früher abgewiesen, blickten ihn jetzt zärtlich an und schienen ihr Benehmen tief zu bereuen.

Während dieser allgemeinen Aufregung blieb Wah-a-dah-ha-hih auf der Hütte, wo er die drohendsten Stellungen annahm und seinen Schild in der Richtung des Donners schwang, obgleich nicht eine Wolke zu sehen war, bis er endlich, da er höher stand als die übrigen, zu seinem unaussprechlichen Erstaunen das Dampfboot entdeckte, das die Windungen des Flusses hinauffuhr, während der Dampf stoßweise ausströmte und von dem Verdeck der Kanonendonner erschallte! ›Des weißen Büffels Haar‹ stand regungslos und bleich, er starrte eine Weile hin, wendete sich dann zu den Häuptlingen und den Umstehenden und sagte mit bebenden Lippen: »Meine Freunde, wir werden keinen Regen erhalten! Ihr seht, es sind keine Wolken da; aber meine Medizin ist groß – ich habe ein Donnerboot gebracht! Seht, dort ist es! Der Donner, den Ihr hört, kommt aus seinem Mund, und der Blitz, den Ihr seht, ist auf den Wassern!«

Auf diese Nachricht eilten alle auf die Dächer ihrer Wigwams oder an das Ufer, von wo aus sie das Dampfboot zu ihrem großen Schrecken hinauffahren sahen. Unter dies verwirrte Gedränge von Häuptlingen, Doktoren, Frauen, Kindern und Hunden mischte sich auch Wak-a-dah-ha-hih, der von seinem hohen Standpunkt herabgestiegen war.

Erschreckt durch die Ankunft eines so auffallenden und unerklärlichen Gegenstandes, hielten die Mandaner nur wenige Augenblicke stand, denn auf Befehl der Häuptlinge mußten sich alle innerhalb der Verschanzung des Dorfes begeben und die Krieger sich zur Verteidigung rüsten. In wenigen Augenblicken war das Dampfboot bei dem Dorf angekommen, wo alles wie ausgestorben war; nicht ein einziger Mandaner ließ sich am Ufer sehen. Als das Boot vor Anker gegangen war, kamen bald darauf drei oder vier Häuptlinge mit der Lanze in der einen und der Friedenspfeife in der anderen Hand auf das Verdeck, wo sie zu ihrer großen Freude und Überraschung ihren alten Freund und Agenten, den Major Sandford, erkannten, wodurch ihrer Furcht auf einmal ein Ende gemacht wurde. Die Bewohner des Dorfes, die sogleich hiervon in Kenntnis gesetzt wurden, kamen nun sämtlich ans Ufer, wo das Dampfboot vor Anker lag.

Der ›Regenmacher‹, der durch seine außerordentliche Medizin ein großes Unglück über die Nation heraufbeschworen zu haben fürchtete und sich deshalb verborgen hatte, um der Rache zu entgehen, war der letzte, der ans Ufer kam, wo er sich überzeugte, daß dieser Besuch der weißen Männer ein friedlicher sei und seine Medizin nichts dazu beigetragen habe. Dies beruhigte ihn zwar in bezug auf die Gefahr und die Rache, die er wenige Augenblicke zuvor noch gefürchtet hatte, allein es blieb ihm noch der Kummer und die Schmach, daß seine geheimnisvollen Operationen erfolglos gewesen waren. Er behauptete jedoch überall und gegen jedermann, daß er die Ankunft der weißen Männer vorhergewußt und ihr Erscheinen durch seine Medizin bewirkt habe; er fand indes wenig Gehör, denn alle waren zu sehr mit den Geheimnissen des Donnerbootes beschäftigt. So verging der Tag, bis kurz vor Sonnenuntergang ›Des weißen Büffels Haar‹ (der natürlich mehr als die übrigen auf dergleichen Dinge achtete) eine schwarze Wolke bemerkte, die am Horizont heraufgezogen war und fast gerade über dem Dorf stand. Augenblicklich ergriff er Schild und Bogen, stieg wieder auf die Hütte, richtete das Gesicht und den Schild gegen die Wolke, spannte den Bogen und befahl der Wolke, näher zu kommen, damit er ihren Inhalt auf die Köpfe und die Maisfelder der Mandaner herabziehen könne. So stand er, bewegte den Schild über seinem Kopf, stampfte mit dem Fuß, und indem er den Pfeil gegen die Wolke schoß, rief er aus: »Meine Freunde, es ist geschehen! Wak-a-dah-ha-hihs Pfeil ist in diese schwarze Wolke eingedrungen, und die Mandaner werden mit dem Wasser des Himmels befeuchtet werden!« Seine Vorhersage traf ein; in wenigen Minuten war die Wolke über dem Dorf, und der Regen fiel in Strömen. Er stand noch einige Zeit, bewegte seine Waffen und seinen Schild gegen den Himmel und rühmte seine Macht und die Wirksamkeit seiner Medizin gegen die Umstehenden, die indes bald in den Wigwams Schutz suchten, worauf er seine Prahlerei beendigte und ganz durchnäßt von der Hütte herabstieg, bereit, die Ehren und Huldigungen, die einem in den Geheimnissen so mächtigen Mann gebührten, sowie den Titel eines Medizinmannes entgegenzunehmen. Dies ist eine von den vielfachen Arten, wie jemand unter den Indianern diesen ehrenvollen Titel erlangen kann.

Dieser Mann hatte ›Regen gemacht‹ und mußte daher ungewöhnliche Ehrenbezeigungen erfahren, da er mehr getan, als ein gewöhnlicher Mensch vermochte. Aller Augen waren auf ihn gerichtet, und alle kamen darin überein, daß er in der Zauberei erfahren, mit dem Großen oder Bösen Geist in naher Verbindung stehen und daher großen und mächtigen Einfluß besitzen müsse, weshalb er auf den Titel eines Doktors oder Medizinmannes begründete Ansprüche habe.

Es ist hierbei zweierlei zu bemerken; erstlich, daß die Mandaner, wenn sie es unternehmen, Regen zu machen, stets ihren Zweck erreichen, weil sie ihre Zeremonien so lange fortsetzen, bis es regnet; zweitens, daß derjenige, welcher einmal ›Regen gemacht hat‹, dies niemals zum zweiten Mal versucht; seine Medizin ist unzweifelhaft, denn er hat sein Meisterstück in Gegenwart des ganzen Dorfes abgelegt, und bei ähnlichen Gelegenheiten überläßt er das Feld anderen jungen Leuten, die sich auf dieselbe Weise auszuzeichnen wünschen.

Während in dieser merkwürdigen Nacht der Regen bis Mitternacht in Strömen herabfiel, der Donner rollte und die Blitze so schnell aufeinanderfolgten, daß der ganze Himmel im Feuer zu stehen schien, schlug ein Blitzstrahl in eine Hütte der Mandaner und tötete ein hübsches Mädchen. Dies gab dem Aberglauben reichliche Nahrung, und es entstand große Aufregung. Die Träume des neuen Medizinmannes wurden gestört, und er sah mit Besorgnis dem kommenden Tag entgegen, denn er wußte, daß er sich dem unwiderruflichen Ausspruch der Häuptlinge und Doktoren unterwerfen müsse, die jedes auffallende und unerklärliche Ereignis mit strenger und abergläubischer Genauigkeit untersuchen und ihre

Rache ohne Gnade auf denjenigen fallenlassen, der die unmittelbare Veranlassung desselben ist.

Er betrachtete seinen wohlerworbenen Ruhm als verloren und fürchtete, daß man vielleicht gar sein Leben als Sühne für das vom Blitz erschlagene Mädchen fordern werde, indem man wahrscheinlich deren Tod ihm zur Last legen würde. Er hielt sich selbst für schuldig und glaubte, das Unglück dadurch veranlaßt zu haben, daß er bei der Ankunft des Dampfbootes seinen Posten verließ. Der Morgen kam, und er erfuhr bald durch seine Freunde die Meinung der weisen Männer; er ließ daher seine drei Pferde aus der Prärie holen, bestieg die Medizinhütte und redete die sich versammelnden Bewohner folgendermaßen an: »Meine Freunde! Ich sehe Euch alle um mich, und ich stehe vor Euch; meine Medizin ist groß, wie Ihr seht – sie ist zu groß – ich bin jung, und ich war zu eifrig – ich wußte nicht, wann ich aufhören sollte. Der Wigwam von Mahsisch ist zerstört, und viele Augen weinen um Ko-ka (die Antilope). Wak-a-dah-ha-hih gibt drei Pferde, um die Herzen derjenigen zu erfreuen, die um Ko-ka weinen; seine Medizin war groß – sein Pfeil durchbohrte die schwarze Wolke, und der Blitz kam und das Donnerboot auch! Wer sagt, daß die Medizin von Wak-a-dah-hahih nicht stark ist?«

Am Schluß dieser Rede erscholl ein allgemeiner Beifall und ›Des weißen Büffels Haar‹ stieg herab unter die Menge, wo man ihn mit Handschlag begrüßte. Er führt nunmehr den ehrenvollen Namen ›Große Doppelmedizin‹.

20. KAPITEL

Das Bogenschießen der Mandaner – Das Pfeilspiel – Wilde Pferde – Pferderennen – Eine beratende Kriegspartei zu Fuß

Eine Lieblingsunterhaltung der Mandaner ist das Pfeilspiel. Die jungen Leute, die die geschicktesten in dieser Übung sind, versammeln sich auf der Prärie in geringer Entfernung von dem Dorf, und nachdem jeder seine Eintrittsgebühr mit einem Schild, einer Büffelhaut, einer Pfeife und dergleichen erlegt hat, schießen sie nach der Reihe ihre Pfeile in die Luft, wobei es darauf ankommt, diese so schnell hintereinander abzuschießen, daß die möglichst größte Anzahl von Pfeilen in der Luft schwebt, und zwar gleichzeitig. Zu diesem Zweck nimmt jeder acht bis zehn Pfeile mit dem Bogen in die linke

Hand und schießt den ersten Pfeil so hoch, daß er möglichst lange in der Luft bleibt, während die anderen so schnell als möglich abgeschossen werden; wer die meisten Pfeile auf diese Weise gleichzeitig in der Luft schwebend hat, ist der ›Beste‹ und gewinnt den Einsatz.

Die Schnelligkeit, mit der die einzelnen Pfeile nacheinander auf den Bogen gelegt und abgeschossen werden, ist in der Tat erstaunlich und erfordert große Übung. Die Geschicktesten sind imstande, acht Pfeile abzuschießen, bevor der zuerst abgeschossene Pfeil den Boden wieder erreicht.

Da das Wild in diesem Land zu Pferde und im stärksten Galopp erlegt und der Feind auf dieselbe Art angegriffen wird, die Pferde aber die schnellsten Tiere der Prärie sind und den Reiter stets bis auf wenige Schritte an die Seite seines Opfers bringen, so kommt es natürlich nur darauf an, den Bogen plötzlich und mit augenblicklicher Wirkung zu benutzen und das Abschießen so schnell wie möglich zu wiederholen. Der Indianer hat daher seinen Pfeil immer nur auf eine Entfernung von wenigen Schritten abzuschießen, aber dies geschieht mit einer solchen Kraft, daß Büffel oder andere Tiere oft augenblicklich tot niederstürzen. Die Bogen, deren man sich in diesen Gegenden gewöhnlich zu bedienen pflegt, sind bereits im 5. Kapitel beschrieben worden; sie haben selten über drei Fuß, zuweilen nur zweieinhalb Fuß Länge. Im Schießen auf weite Entfernungen möchten die Indianer wohl von anderen Völkern übertroffen werden, aber wenn es darauf ankommt, auf einem wilden Pferd im vollen Jagen und ohne sich der Zügel zu bedienen, den Bogen plötzlich zu gebrauchen und augenblicklich durch den Pfeil zu töten, so finden sie sicherlich nicht ihresgleichen.

Die Pferde, deren sich die Indianer dieser Gegenden hauptsächlich bedienen, sind wilde Pferde, die sich in großer Anzahl in den Prärien finden. Sie stammen ohne Zweifel von denjenigen ab, die die spanischen Eroberer in Mexiko einführten und die sich jetzt über die weiten Prärien von der mexikanischen Grenze bis zum Winnipegsee im Norden, eine Strecke von etwa sechshundert Meilen, verbreitet haben. Diese Pferde sind sämtlich klein, von der Art der Ponys, aber stark und kräftig und ganz für die Lebensweise der Indianer geeignet. Man fängt sie mit dem Lasso, einem aus roher Büffelhaut gemachten Riemen von fünfzehn bis zwanzig Ellen Länge, der an dem einen Ende mit einer Schlinge versehen ist, die der Indianer dem in vollem Lauf befindlichen Tier, das er zu fangen wünscht, mit großer Geschicklichkeit über den Kopf wirft, sodann vom Pferd springt, das gefangene Tier mit dem Lasso niederzieht und es später zähmt und zu seinem Dienst verwendet.

Es gibt in diesem Land kaum einen Indianer, der nicht eines oder mehrere dieser Pferde besitzt; manche haben deren acht, zehn und selbst zwanzig Stück.

Die Indianer lieben auch die Pferderennen sehr, die zu ihren ausschweifendsten Spielen gehören. Ich war Zeuge eines solchen Rennens, das sich von den in der zivilisierten Welt dabei üblichen Gebräuchen, namentlich beim Abreiten, etwas unterscheidet.

Außer dem Pfeilspiel und dem Pferderennen fanden an demselben Tag noch andere Belustigungen statt. Die Ursache dieser ungewöhnlichen Fröhlichkeit war die glückliche Rückkehr einer kleinen Kriegspartei, die schon verlorengegeben wurde, da man so lange nichts mehr von ihr gehört hatte. Diese aus den angesehensten und kühnsten jungen Männern des Stammes bestehende Partei war gegen die Rikkarihs ausgezogen und hatte sich durch einen feierlichen Eid verpflichtet, nicht eher zurückzukehren, als bis sie einen Sieg erfochten haben würden. Sie waren, ihrem Eid getreu, lange im Land umhergezogen, indem sie der Spur ihrer Feinde folgten, als sie von einer zahlreichen Partei angegriffen wurden, wobei sie mehrere Menschen und alle Pferde verloren. Um in diesem Zustand ihren Feinden nicht zu begegnen, die den geraden Weg nach dem Dorf besetzt hielten, machten sie einen großen Umweg.

So traf ich sie, als ich den Missouri von der Mündung des Yellowstone-Flusses hinabfuhr; sie saßen rauchend um ein Feuer und schienen zu beraten, was zu tun sei. Da ich damals noch nichts von ihrer Sprache verstand, so konnten sie mir nichts über ihre Lage mitteilen, und es ist wahrscheinlich, daß sie dies auch überhaupt nicht getan haben würden, aus Furcht, ich könnte ihren Feinden Nachricht geben. Ich blieb mit meinen Gefährten etwa eine Stunde bei ihnen, während welcher Zeit sie uns höflich, aber mit großer Zurückhaltung behandelten. Sie bildeten eine der hübschesten Gruppen, die ich jemals gesehen habe, und besonders war der Häuptling mit seinem Hauptschmuck von Adlerfedern und Hermelinfellen, wie er nachdenkend auf der Büffelhaut saß, das schöne Bild eines Naturhelden. Diese tapferen Männer erreichten, wie gesagt, glücklich ihr Dorf wieder, und die erwähnten Belustigungen wurden zur Feier ihrer glücklichen Rückkehr veranstaltet.

21. KAPITEL

Mah-to-toh-pa – Sein Anzug – Seine Büffelhaut mit den Abbildungen seiner Kämpfe

Es ist bereits früher (im 13. und 16. Kapitel) von Mah-to-toh-pa, dem zweiten Häuptling der Mandaner, die Rede gewesen. Ich sagte (im 13. Kapitel), daß er, obgleich nur der zweite dem Rang nach, doch jedenfalls der beliebteste unter seinem Volk und der ausgezeichnetste unter allen lebenden Indianerhäuptlingen sei.

Im 16. Kapitel erzählte ich, daß er mich in seinem gastfreien Wigwam bewirtet und mir eine schön verzierte Büffelhaut zum Geschenk gemacht hat; ich sagte dort, daß ich später mehr über ihn mitteilen würde, und will nun mein Versprechen einlösen, indem ich zuerst seinen Anzug, in dem ich ihn gemalt habe, beschreibe und dann die wichtigsten Vorfälle aus seinem Leben kurz erzähle, wie mir diese teils von den Pelzhändlern und Indianeragenten, teils von ihm selbst mitgeteilt wurden.

Den Anzug, in welchem Mah-to-toh-pa sich malen ließ, habe ich gekauft, und er befindet sich in meiner indianischen Galerie neben dem Bildnis dieses Häuptlings.

Nachdem Mah-to-toh-pa den Tag bestimmt hatte, an dem er sich von mir malen lassen wollte, bereitete ich alles dazu vor, mußte aber den ganzen Vormittag vergebens warten, denn erst um Mittag hatte er seine Toilette vollendet. Endlich wurde mir angezeigt, Mah-to-toh-pa komme in vollem Staat. Ich trat an die Tür und sah, wie er mit festem Schritt und begleitet von einer großen Anzahl Frauen und Kinder, die ihn mit Bewunderung anstaunten, sich meiner Hütte näherte. Mit Anstand und Würde trat er in meinen Wigwam, wo er unbeweglich wie eine Bildsäule stand, bis die Dunkelheit hereinbrach. Sein Anzug war in allen Teilen vollkommen und bestand aus einem Rock oder einer Tunika, Beinkleidern, Mokassins, dem Kopfputz, Halsband, Schild, Bogen und Köcher, Lanze, Tabaksbeutel und Pfeife, Büffelhaut, Gürtel und Messer, Medizinbeutel, Tomahawk und Kriegskeule oder Po-ko-mo-kon.

Der Rock war aus zwei Fellen des Bergschafs gemacht, schön gegerbt und so zusammengenäht, daß die eine Haut vorn, die andere hinten hing und die Säume auf den Armen ruhten. Auf jeder Schulter befand sich ein schönes Band wie eine Art Epaulette, und auf jedem Arm, vom Hals bis zur Hand, lief ein ähnliches, zwei Zoll breites Band, das die Schulterbänder rechtwinklig kreuzte, reich mit Stachelschweinstacheln verziert war und die Nähte bedeckte. Am unteren Rand dieser Bänder waren, der ganzen Länge nach, in Zwischenräumen von einem halben Zoll, Büschel von schwarzem Haar befestigt, das er selbst den Köpfen der von ihm im Kampf erlegten Feinde entrissen hatte und jetzt als Siegeszeichen und als Verzierung seines Anzugs trug. Die Vorder- und Rückseite des Rocks waren an mehreren Stellen zierlich mit Stachelschweinstacheln und Darstellungen der Kämpfe, welche er ausgefochten, sowie mit der Zahl der von ihm getöteten Feinde geschmückt. Der untere Rand des Rockes war mit Hermelinfell und Quasten von Hermelinschwänzen besetzt.

Die Beinkleider (Wapánpi-Hunschi; an und n französisch auszusprechen), aus Hirschhaut gemacht, schlossen eng an und reichten von den Füßen bis an die Hüften, wo sie an einem um den Leib gehenden Gürtel (Ichparakähn) befestigt waren. An der äußeren Seite der Beinkleider befand sich ein ähnliches Band wie an den Ärmeln des Rockes, das ebenfalls mit schön gefärbten Stachelschweinstacheln und Skalplocken besetzt war.

Die Mokassins waren von Bockleder gemacht und fast ganz mit schöner Stickerei von Stachelschweinstacheln bedeckt.

Der Kopfputz (Máhchsi-Akub-Háschka) war wirklich prachtvoll; er bestand aus einem Kamm der Federn des Kriegsadlers, der vom Kopf an bis auf die Füße hinabreichte und der ganzen Länge nach in Hermelin befestigt war; oben auf dem Kopf befanden sich zwei dünn geschabte und schön polierte Büffelhörner.

Das Halsband (Mató-Unknáppinindä) bestand aus fünfzig großen Krallen des greulichen Bären, die sinnreich auf Otterfell befestigt waren und gleich den Skalplocken als ein Siegeszeichen, als unwiderleglicher Beweis, daß er dies furchtbare Tier im offenen Kampf besiegt habe, getragen wurden.

Der Schild war aus der Nackenhaut des Büffels verfertigt und mit dem aus den Hufen gewonnenen Leim gehärtet; der Buckel bestand aus einer Iltishaut, und die Ränder waren mit Reihen von Adlerfedern und Antilopenhufen besetzt.

Der Bogen (Woraërúhpa) war von Knochen und so weiß und schön wie Elfenbein; auf der Rückseite des Bogens war eine Schicht von Hirschsehnen befestigt, die dem Bogen Elastizität gaben. Die Bogensehne war dreisträhnig aus Sehnen geflochten und hatte schon so manchem Menschen und Tier den Tod gebracht.

Der Köcher (Schunthäschk-Ichtikä) aus Pantherfell hing auf seinem Rücken und war mit vergifteten Pfeilen, aber auch mit unvergifteten gefüllt, die mit Habicht- und Adlerfedern besetzt und zum Teil mit Menschen- und Tierblut befleckt waren. Die Spitzen waren meist von Feuerstein, einige von Stahl.

Die Lanze, die er in der linken Hand trug, hatte eine zweischneidige Spitze von blankem Stahl, woran Menschenblut klebte. Der Schaft war von zähem Eschenholz gemacht und in Zwischenräumen mit Büscheln von den Federn des Kriegsadlers geschmückt.

Der Tabaksbeutel war von Otterfell und geschmackvoll mit Stachelschweinstacheln besetzt. In ihm befand sich der K'nick-k'neck (die Rinde der roten Weide, die sie als Tabak rauchen), Stahl, Stein und Zunder.

Die Pfeife bestand aus einem zierlich aus rotem Speckstein oder Pfeifenton geschnittenen Kopf und einem drei Fuß langen und zwei Zoll dicken Rohr aus dem Stamm einer jungen Esche. Die obere Hälfte des letzteren war mit feinen Schnüren von Stachelschweinstacheln umwickelt, die so sinnreich geordnet waren, daß sie Figuren von Menschen und Tieren darstellten; auch war es mit dem Federbalg und dem Kopf des Buntspechts und dem Haar aus dem Schwanz des weißen Büffels geschmückt. Die untere Hälfte des Rohres war rot angestrichen und an den Kanten mit so viel Einschnitten versehen, als er Schnee (das heißt Jahre) gesehen hatte.

Der Büffelmantel war die Haut eines jungen Stieres, die auf der einen Seite noch das Haar hatte, auf der anderen schön gegerbt und mit den Darstellungen seiner Taten von seiner eigenen Hand bemalt war.

Der Gürtel, aus einem dicken Stück Bockleder, war fest um den Leib gegürtet und trug den Tomahawk und das Skalpiermesser.

Den Medizinbeutel von Biberfell, zierlich mit Habichtschnäbeln und Hermelin besetzt, hielt er in der linken Hand, und seine Kriegskeule, die aus einem runden Stein bestand, der mit rohem Fell überzogen und an einem Stiel befestigt war, lag mit anderen Waffen zu seinen Füßen.

So war der Anzug Mah-to-toh-pas, als er in meinen Wigwam trat, um sich malen zu lassen. Er war schön und reich gekleidet, aber nicht dies, was er mit hundert anderen gemein hat, sondern seine Taten sind es, worin er unter dem ganzen Stamm nicht seinesgleichen hat. Auch ist niemand so allgemein beliebt, und keiner unter dem ganzen Mandanervolk hat eine mit Recht so berühmte und für ihn ehrenvolle Büffelhaut wie er.

Ich sagte bereits früher, daß er mir eine solche Büffelhaut zum Geschenk machte, auf der seine Kriegstaten verzeichnet waren. Einige Tage später ließ er mich und Herrn Kipp, den Dolmetscher für die Mandaner, auffordern, zu ihm zu kommen, und gab mir die Erklärung der auf der Büffelhaut dargestellten Taten, die ich niederschrieb, so wie Herr Kipp sie mir übersetzte. Der letztere, ein achtbarer und wahrheitsliebender Mann, der zehn Jahre unter den Mandanern lebte, gab mir die Versicherung, daß die meisten von Mah-to-toh-pa erzählten Vorfälle sich während seines Aufenthalts unter den Mandanern ereignet hätten und daß jedes Wort wahr sei. Auch würde in einem Land, wo man so höchst eifersüchtig auf Rang und Stand ist und wo die Taten eines jeden allen bekannt sind, derjenige Krieger seinen Ruf und selbst sein Leben aufs Spiel setzen, der seine Büffelhaut mit Darstellungen von Taten schmükken wollte, die er niemals verrichtete. Ich nehme daher die Berichte über seine Kämpfe als historische Tatsachen an und gebe sie hier so, wie ich sie aus seinem Mund erfuhr. Es sind zwölf Kampfszenen dargestellt, worin er vierzehn Skalpe gewann. Die Gruppen sind nach seinen eigenen rohen Kunstbegriffen zusammengestellt, und ich gebe sie in der Reihenfolge, wie er sie erklärte.

Mah-to-toh-pas Büffelhaut

1. Mah-to-toh-pa tötet einen Siouxhäuptling – die drei vor dem letzteren befindlichen Köpfe stellen die drei Rikkarihs vor, die der Siouxhäuptling vorher getötet hatte. In den Gesichtszügen des letzteren bemerkt man die schwarze Kriegsmalerei. Mah-to-toh-pa hat den Skalp in der einen und das Messer in der anderen Hand; Bogen und Köcher liegen hinter ihm.

2. Ein Schaiennehäuptling fordert Mah-to-toh-pa zum Kampf auf und wurde von diesem in Gegenwart einer großen Anzahl Mandaner und Schaiennes mit der Lanze getötet. Mah-to-toh-pa ist an der mit Adlerfedern verzierten Lanze zu erkennen.

3. Mah-to-toh-pa, schwer verwundet, blutend und von seiner Partei verlassen, tötet einen Schaienne-Indianer. Die fünfundzwanzig bis dreißig Fußtapfen stellen die Schaiennes vor, welche bei dem Kampf zugegen waren; die anderen Zeichen stellen die von ihnen auf Mah-to-toh-pa abgeschossenen Kugeln vor.

4. Ein Schaiennehäuptling, mit dem Kopfputz von den Federn des Kriegsadlers und einem schönen mit denselben geschmückten Schild, wird von Mah-to-toh-pa getötet. Die Frau des Schaiennehäuptlings, die ihrem Mann zu Hilfe eilte, wurde ebenfalls getötet, und Mah-to-toh-pa erbeutete in diesem Kampf zwei Skalpe.

5. Mah-to-toh-pa mit einer Partei Rikkarihs wird von den Sioux

angegriffen; die Rikkarihs flohen, Mah-to-toh-pa stieg vom Pferd, trieb es zurück, trat den Feinden allein entgegen und tötete einen von ihnen. Mah-to-toh-pa ist hier mit einem schönen Kopfputz von Federn des Kriegsadlers abgebildet, und sein Pferd trug einen ähnlichen auf dem Kopf; den Schild trägt er am Arm, und die Sioux sind durch eine Anzahl Fußtapfen von Pferden dargestellt.

6. Der Bruder Mah-to-toh-pas wurde von einem Rikkarih getötet, der ihn zuerst mit einem Pfeil verwundete und dann mit der Lanze durchstach, die er in dem Körper zurückließ. Mah-to-toh-pa fand zuerst den Körper seines Bruders mit der Lanze, die er aus der Wunde herauszog, vier Jahre mit dem daran klebenden Blut aufbewahrte und dann, seinem Eid gemäß, denselben Rikkarih mit derselben Lanze tötete. Man sieht auf der Büffelhaut den Leichnam seines Bruders mit dem Pfeil und der Lanze und die Hufspuren von den Pferden der Rikkarihs.

Dies ist eine der außerordentlichen Taten in dem Leben dieses merkwürdigen Mannes, und Herr Kipp sowie mehrere andere weiße Männer, die zu der Zeit, als er diese Tat vollbrachte, unter den Mandanern lebten, haben es bestätigt. Nach einem Gefecht mit den Rikkarihs in der Nähe des Mandanerdorfes vermißte Mah-to-toh-pa mehrere Tage lang seinen Bruder, bis er ihn endlich schrecklich verstümmelt und das Herz mit einer schönen Lanze durchbohrt fand. Er nahm die Lanze mit in das Dorf, wo sie bald von mehreren als das Eigentum eines tapferen Rikkarih namens Won-ga-tap erkannt wurde. Mah-to-toh-pa nahm dann diese Lanze, an welcher noch das Blut seines Bruders klebte, und schwur, daß er eines Tages den Tod seines Bruders mit derselben Waffe rächen werde.

Er bewahrte diese Lanze vier Jahre auf, indem er vergebens auf eine Gelegenheit wartete, um sie seinem Feind in die Brust zu stoßen. Endlich aber war er des langen Wartens müde, es ergriff ihn eine unwiderstehliche Wut, und er lief mit der Lanze durch das Dorf, indem er ausrief: »Das Herzblut meines Bruders, das an dieser Lanze klebt, ist noch frisch und schreit laut um Rache. Jeder Mandaner möge schweigen, keiner den Namen Mah-to-toh-pa aussprechen noch fragen, wohin er gegangen, bis Ihr sein Kriegsgeschrei vor dem Dorf hört und er kommt und Euch das Blut von Won-ga-tap zeigt. Die Spitze dieser Lanze soll das Herzblut von Won-ga-tap trinken, oder Mah-to-toh-pa wird seinen Schatten mit dem seines Bruders vereinigen.«

Bei diesen Worten verließ er das Dorf mit der Lanze in der Hand;

er nahm die Richtung nach dem Dorf der Rikkarihs, und niemand wagte zu sprechen, bis er hinter den fernen grasbewachsenen Hügeln verschwunden war. Er legte ganz allein und mit etwas gedörrtem Mais in der Tasche eine Strecke von vierzig Meilen zurück, indem er nur bei Nacht wanderte, am Tag aber sich verborgen hielt. Als er endlich das Dorf erreichte, gelang es ihm, unbemerkt den Wigwam seines Todfeindes zu erreichen, wo er durch die Spalten die letzten Bewegungen seines Feindes beobachtete; er sah, wie dieser nebst seiner Frau zu Bett ging, wie er seine letzte Pfeife anzündete und ausrauchte und wie das Feuer in der Mitte des Wigwams allmählich erlosch. Nun ging er leise in den Wigwam hinein, setzte sich an das Feuer, über welchem ein großer Topf mit gekochtem Fleisch hing; neben dem Feuer lag die eben gebrauchte Pfeife mit dem Tabaksbeutel, und da es in der Hütte nicht so hell war, daß sein Feind seine Gesichtszüge hätte erkennen können, so stillte er zuvörderst seinen Hunger, der sehr bedeutend war, da er auf seiner Reise in sechs bis sieben Tagen fast gar nichts gegessen hatte. Nachdem dies geschehen, zündete er die Pfeife an und richtete Gebete an den Großen Geist. Während er aß und rauchte, fragte die Frau seines Opfers mehrmals ihren Mann, wer derjenige sei, der in der Hütte esse, worauf er stets erwiderte: »Laß ihn nur essen, er wird wohl hungrig sein.«

Mah-to-toh-pa wußte sehr wohl, daß sein Erscheinen keine andere Antwort von seiten des Würdenträgers der Nation zur Folge haben werde, denn es ist bei allen nördlichen Indianern Brauch, daß ein jeder, der hungrig ist, in die erste beste Hütte tritt, um sich satt zu essen. Als er den letzten Zug aus der Pfeife tat, lehnte er sich zurück, wandte sich auf die Seite und stieß mit den Zehen die Kohlen auseinander, um besser sehen zu können, ergriff dann die Lanze, sprang auf, stieß sie seinem Feind durchs Herz, schnitt ihm die Kopfhaut ab, stürzte aus der Hütte und eilte, die Lanze in der einen, den Skalp in der anderen Hand, schnell wie der Blitz über die Prärie hin. Das ganze Dorf geriet in Aufruhr, aber er war fort, und niemand kannte den Feind, der diese Tat verübte. Mah-to-toh-pa wanderte wieder bei Nacht und ruhte am Tag; er dankte dem Großen Geist, daß er seinem Herzen und seiner Hand Kraft verliehen habe, diese edle Rache zu vollenden, und bat, ihm auch ferner beizustehen, damit er glücklich sein Dorf erreiche. Seine Gebete wurden erhört; am sechsten Morgen bei Sonnenaufgang stieg er den Hügel herab und betrat das Dorf unter betäubendem Beifallsgeschrei, während er dem Volk die Spitze der Lanze zeigte, an welcher das Blut seines Opfers auf dem seines Bruders angetrocknet und der Skalp Won-ga-taps befestigt war.

Als er in meinen Wigwam kam, um sich malen zu lassen, hielt er eine Feder in der linken Hand, die er sorgfältig auf dem Heft der Lanze balancierte, und bat mich, ja recht genau zu sein, damit man sehe, daß sie nicht zu der Lanze gehöre. Auf meine Frage, welche Bewandtnis es mit dieser Feder habe, erwiderte er: »Diese Feder ist große Medizin! Sie gehört dem Großen Geist und nicht mir – als ich die Hütte Won-ga-taps verließ, blickte ich zurück und sah diese Feder auf der Wunde in seiner Seite liegen; ich lief zurück, hob sie auf und brachte sie in meiner linken Hand nach Hause und habe sie bis heute für den Großen Geist aufbewahrt!« – »Warum befestigst du sie denn nicht wieder an der Lanze, von der sie losgegangen ist?« – »Still! Hätte der Große Geist gewollt, daß sie an ihrer Stelle bleibe, so würde sie niemals abgefallen sein; er ist so gütig gegen mich gewesen, und ich will ihn nicht beleidigen.«

7. Ein von Mah-to-toh-pa getöteter Rikkarih, als Rache für einen weißen Mann, der kurz zuvor in dem Pelzhändler-Fort von einem Rikkarih getötet worden war.

8. Mah-to-toh-pa tötet einen Schaiennehäuptling, der ihn in Gegenwart der beiden Kriegsparteien zum Zweikampf aufforderte. Sie kämpften zu Pferde mit Flinten, bis Mah-to-toh-pas Pulverhorn zerschossen wurde, worauf sie zu Bogen und Pfeil griffen, bis ihre Köcher leer waren. Nun stiegen sie vom Pferd; der Schaienne zog sein Messer, Mah-to-toh-pa entriß es ihm und stieß ihn nieder, verwundete sich aber dabei die Hand, und man sieht auf dem Bild das herabfließende Blut.

Auch diese Tat ist so außerordentlich, daß sie wohl noch eine ausführlichere Erläuterung verdient, die ich hier so gebe, wie sie mir nach seinen eigenen Worten übersetzt wurde, während er auf der Büffelhaut saß und das Messer, mit dem er den Todesstoß gegeben, aus dem Gürtel zog und zugleich die Wunden zeigte, die ihm das Messer verursachte, indem sein Gegner es ihm mehrmals aus der Hand riß, bevor er sich dessen bemächtigen konnte.

Ein Trupp von etwa hundertfünfzig Schaienne-Indianern hatte am frühen Morgen das Dorf der Mandaner angegriffen, eine beträchtliche Anzahl Pferde hinweggetrieben und einen Skalp erbeutet. Mah-to-toh-pa, damals ein junger Mann, aber berühmt als einer der tapfersten Mandaner, stellte sich an die Spitze von fünfzig Kriegern, um den Feind zu verfolgen. Am zweiten Tag um Mittag entdeckten sie ihre Feinde, und da sie diese weit stärker fanden, als sie geglaubt hatten, so waren sie geneigt, zurückzukehren, ohne einen Angriff zu wagen. Als Mah-to-toh-pa dies sah, galoppierte er voraus in die Prärie und stieß seine Lanze bis an den Schaft in die Erde, band seine rote Feldbinde ab und hängte sie als Fahne an den Schaft der Lanze, worauf er den Mandanern zurief: »Wie! Sind wir deshalb hierhergekommen? Wir sind unseren Feinden zwei Tage nachgezogen, und nun, da wir sie gefunden, wollen wir gleich feigen Memmen umkehren? Mah-to-toh-pas Lanze, die rot ist vom Blut tapferer Männer, hat Euch ins Angesicht Eurer Feinde geführt, und Ihr seid ihr gefolgt; sie steht fest in dem Boden, wo die Erde Mah-to-toh-pas Blut trinken wird! Ihr könnt alle nach Hause gehen, und Mah-to-toh-pa wird sie allein bekämpfen!«

Während dieses Vorgangs hatten die Schaiennes die hinter ihnen befindlichen Mandaner bemerkt, worauf sie umkehrten und ihnen entgegengingen, um mit ihnen zu kämpfen. Der Schaiennehäuptling, der sehr wohl begriff, was bei den Mandanern vorging, und das tapfere Benehmen Mah-to-toh-pas bewunderte, sprengte so nahe an die Mandaner heran, daß man seine Worte verstehen konnte, und rief: »Wer ist es, der seine Lanze in die Erde gestoßen hat und die Feinde ganz allein herausfordert?« – »Ich bin es, Mah-to-toh-pa, der zweite Anführer der tapferen und kriegerischen Mandaner.« – »Ich habe oft von Mah-to-toh-pa gehört, er ist ein großer Krieger – wagt es Mah-to-toh-pa, den Kampf mit mir allein zu kämpfen, während unsere Krieger zusehen?« – »Ist es ein Häuptling, der mit Mah-to-toh-pa spricht?« – »Du siehst meine Skalpe an dem Gebiß meines Pferdes hängen, und hier ist meine Lanze mit den Hermelinfellen und dem Schwanz des Kriegsadlers!« – »Du hast genug gesprochen.«

Der Schaiennehäuptling ritt nun auf einem schönen weißen Pferd einigemal im Kreis herum und stieß dann seine Lanze neben der von Mah-to-toh-pa in die Erde.

Beide Parteien näherten sich nun einander auf einer schönen Prärie, und beide Häuptlinge in ihrem schönsten Schmuck jagten in vollem Galopp aufeinander los, während beide in demselben Augenblick ihre Flinten abfeuerten. Nachdem sie ihre Pferde gewendet hatten, zeigte Mah-to-toh-pa, daß sein Pulverhorn zerschossen und sein Schießbedarf zerstört sei, worauf er es wegwarf, Bogen und Pfeil ergriff und den Schild am Arm befestigte; sein Gegner tat dasselbe, und während sie sich gleich zwei Adlern umkreisten, hörte man das Schwirren der Bogensehnen und das Kriegsgeschrei, wenn sie die Pfeile mit den Schilden auffingen. Beide erhielten indes Pfeile in Schenkel und Arme, doch gelang es ihnen, den Körper mit dem Schild von Büffelhaut zu schützen. Endlich stürzte Mah-to-toh-pas Pferd, von einem Pfeil ins Herz getroffen, zu Boden; er stand jedoch sogleich wieder auf den Füßen, bereit, den Kampf fortzusetzen. Als der Schaiennehäuptling das sah, sprang er vom Pferd, jagte es zurück, stellte sich seinem Feind entgegen und forderte ihn auf, den Kampf zu beginnen. Es wurden noch einige Pfeile abgeschossen, als der Schaienne-Indianer, nachdem er alle Pfeile verschossen hatte, seinen leeren Köcher nebst Schild und Bogen wütend zur Erde warf und sein Messer aus dem Gürtel zog. »Ja!« rief Mah-to-toh-pa, warf ebenfalls Schild und Köcher auf den Boden und griff nach seinem Messer – er hatte es zu Hause vergessen! Er parierte mit dem Bogen, den er in der Hand hielt, das Messer seines Gegners, den er zu Boden warf, und es begann nun ein verzweifelter Kampf um das Messer – Mah-to-toh-pa erhielt mehrere Wunden am Körper und an der rechten Hand, indem ihm das Messer mehrmals durch die Hand gezogen wurde. Endlich aber gelang es ihm, seinem Feind das Messer zu entreißen und es ihm ins Herz zu stoßen.

Unterdessen hatten sich beide Parteien immer mehr genähert, und als der Kampf beendigt war, hob Mah-to-toh-pa das Messer und den Skalp des edlen Schaiennehäuptlings schweigend in die Höhe.

9. Einige hundert Mönnitarrier und Mandaner werden von einem Trupp Assiniboins angegriffen – alle flohen, bis auf Mah-to-toh-pa, der auf die Feinde schoß, einen von ihnen tötete, die übrigen in die Flucht jagte und fünfzig Pferde erbeutete! Er ist auf der Büffelhaut mit Lanze und Schild abgebildet – vor ihm die Fußstapfen seiner Feinde, hinter ihm die seiner eigenen Leute und ein Regen von Kugeln um seinen Kopf. Hier erhielt er den Namen ›die vier Bären‹, weil die Assiniboins sagten, er stürze vorwärts wie vier Bären.

10 .Mah-to-toh-pa springt vom Pferd, tötet zwei Odschibbewäfrauen und erbeutet ihre Skalpe; dies geschah neben dem Dorf der Odschibbewäs, als die Frauen Wasser holen wollten. Man sieht ihn mit der Lanze in der einen und dem Messer in der anderen Hand; sein Pferd, an dessen Seite der Schild hängt, ist mit dem Federkopfputz geschmückt. Ich erregte einen Augenblick seinen Unwillen, als ich ihn fragte, ob es nicht unmännlich sei, sich der Skalpe von Frauen zu rühmen. Sein Stolz erlaubte es ihm nicht, mir irgendeine Erläuterung zu geben oder sich zu entschuldigen. Der Dolmetscher

sagte mir jedoch, daß Mah-to-toh-pa, um einen Mord zu rächen, sich sechs Tage lang bei dem Odschibbewädorf verborgen gehalten hätte und endlich im Angesicht des ganzen Stammes die beiden Frauen getötet habe, worauf er entflohen sei; daher werde diese Tat als ein Sieg betrachtet, obgleich die Getöteten Frauen waren.

11. Ein starker Trupp Assiniboins, der sich in der Nähe des Mandanerdorfes verschanzt hatte und von den Mönnitarriern und Mandanern angegriffen wurde, schlug diese zurück; Mah-to-toh-pa sprang allein in die Verschanzung, ein Indianer schoß nach ihm und verbrannte ihm das Gesicht mit der Mündung seiner Flinte, die zersprang – der Indianer floh, Mah-to-toh-pa verwundete ihn in der Schulter und tötete ihn mit dem Tomahawk. Auf der Büffelhaut sieht man die Flinte des Indianers zu Boden fallen und vor ihm die Köpfe der Assiniboins in der Verschanzung; hinter Mah-to-toh-pa steht sein Pferd.

12. Mah-to-toh-pa zwischen seinem Feind, einem Sioux, und seinem Volk; er wurde durch einen Pfeil verwundet, nachdem er lange dem Feuer der Feinde ausgesetzt gewesen war. Obgleich er in diesem Kampf keinen Skalp erbeutete, so wurde ihm wegen seiner außerordentlichen Tapferkeit dennoch von den Häuptlingen und den Kriegern die Ehre des Sieges zuerkannt.

Diese Tat ist in der Mitte der Büffelhaut abgebildet; er trägt den Kopfputz von Adlerfedern und ebenso sein Pferd; vor ihm sieht man die Hufspuren der Pferde seiner Feinde, und eine Menge Kugeln fliegen um ihn herum. In der Hand hält er die Peitsche, womit er sein Pferd vorwärtstreibt, und ein blutiger Pfeil, der ihn verwundet, befindet sich hinter ihm. Von dieser und den anderen oben erwähnten Wunden hat er die ehrenvollen Narben an seinem Körper, die er gewöhnlich mit roter Farbe bemalt.

Dies sind die auf der Büffelhaut dargestellten Kämpfe und Siege Mah-to-toh-pas, wie sie Herr Kipp mir nach den Worten des Helden erklärte.

22. KAPITEL

Religiöse Gebräuche der Mandaner – Ihr Glaubensbekenntnis – Drei Gegenstände der Zeremonien – Das ›große Kanoe‹ – Eröffnung der Medizinhütte – Opfer für das Wasser – Fasten während vier Tage und Nächte – Bel-lohk-na-pic (Stiertanz) – Pohk-hong (die Schneide- oder Marterszene) – Eh-ke-nah-ka-na-pic (das letzte Rennen) – Außerordentliche Beispiele von grausamer Selbstmarter – Opfer für das Wasser – Folgerungen aus diesen Grausamkeiten – Überlieferungen – Ochkih-Häddäh (der Böse Geist) – Die Mandaner können zivilisiert werden

Die schon mehrmals erwähnte jährliche religiöse Zeremonie, die vier Tage währte, fand endlich statt, und ich war glücklicherweise imstande, ihr beizuwohnen und ihre Bedeutung größtenteils zu verstehen; dies war mehr, als ich erwarten durfte, denn es ist wohl bis jetzt niemals einem weißen Mann gestattet worden, sich während dieser höchst merkwürdigen und schrecklichen Szenen in der Medizinhütte aufzuhalten.

Ich hatte den Medizinmann, der bei dieser Gelegenheit Hoherpriester oder Leiter der Zeremonien war und der mich zum Doktor oder weißen Medizinmaler (Te-ho-pe-ni-wash-i-waska-puska) weihte, gemalt. An dem Morgen, als die großen Vorbereitungen zu den Mysterien begannen, führte er mich am Arm in die Medizinhütte, wohin mich Herr Kipp mit seinen beiden Schreibern begleitete. Während dieser vier Tage kehrten wir bei Sonnenuntergang in unseren Wigwam zurück und begaben uns am nächsten Morgen bei Sonnenaufgang wieder in die Medizinhütte.

Während dieser Zeit habe ich viele getreue Zeichnungen in mein Skizzenbuch eingetragen und zahlreiche Bemerkungen nach der Erklärung des Dolmetschers niedergeschrieben. Nach Beendigung dieser furchtbaren Szenen habe ich alles, was ich gesehen, auf Leinwand übertragen und auf diese Weise vier Gemälde angefertigt, deren jedes die Vorgänge eines Tages darstellt; die Genauigkeit derselben haben meine Begleiter auf der Rückseite der Gemälde bescheinigt.

Ich schaudere bei der bloßen Erinnerung an diese gräßlichen Szenen, und ich möchte es lieber unterlassen, sie hier zu beschreiben. Ich trat in die Medizinhütte wie in eine Kirche und erwartete zwar, etwas Außerordentliches und Auffallendes zu sehen, jedoch immer in der Form eines Gottesdienstes; allein ich erwartete keineswegs, das Innere ihres Gotteshauses in ein Schlachthaus verwandelt und dessen Boden mit dem Blut der fanatischen Gläubigen bedeckt zu sehen und dort Szenen zu erleben, die, wenn möglich, die Greuel der Inquisition noch übertreffen.

Die religiöse Zeremonie der Mandaner, wie man dies Fest mit Recht nennen muß, wird einmal jährlich in der Medizinhütte zu verschiedenen Zwecken gefeiert, wie wir sogleich sehen werden.

Die Mandaner glauben an einen Großen (Guten) Geist und an einen Bösen Geist; der letztere soll lange vor dem ersteren gelebt haben und viel mächtiger sein. Sie glauben auch an eine Fortdauer nach dem Tode, an einen künftigen Zustand der Belohnung der Tugend und der Bestrafung des Lasters und (wie alle anderen Stämme, die ich besuchte), daß die Strafen nicht ewig dauern, sondern nach Maßgabe ihrer Sünden eingerichtet seien. Da diese Völker in einem Klima leben, in dem sie unter der Strenge des Winters leiden, so haben sie natürlich unsere Idee von Himmel und Hölle umgekehrt. Die letztere beschreiben sie als ein Land, sehr weit gegen Norden gelegen, von ödem und schrecklichem Ansehen und mit ewigem Eis und Schnee bedeckt; dessen Qualen schildern sie als höchst martervoll, während sie den Himmel in ein wärmeres und schöneres Klima versetzen, wo man beständig die ausgesuchtesten Freuden genießt und Überfluß an Büffeln und anderen Annehmlichkeiten des Lebens findet. Sie glauben, der Große oder Gute Geist wohne in der Hölle, um die Qualen derjenigen, die ihn beleidigten, durch seine Gegenwart noch zu vermehren und zugleich darüber zu wachen, daß ihnen die gebührenden Strafen auferlegt werden. Den Bösen Geist dagegen versetzen sie in das Paradies, wo er fortfährt, die Seligen in Versuchung zu führen. Die, welche in das Land der Strafe versetzt worden sind, werden dort eine der Größe ihrer Sünden angemessene Zeit gequält, dann aber in das Land der Seligen versetzt, wo sie wiederum den Versuchungen des Bösen Geistes ausgesetzt und für ihre neuen Sünden verantwortlich bleiben.

Dies ist das religiöse Glaubensbekenntnis der Mandaner, und um den Guten und den Bösen Geist zu versöhnen und sich den Eintritt in die himmlischen Gefilde oder die schönen Jagdgebiete zu sichern, unterwerfen sich die jungen Leute den fürchterlichen Martern, die weiter unten beschrieben werden sollen.

Es sind indes noch drei andere Zwecke, weshalb diese religiösen Zeremonien gefeiert werden, nämlich:

1. zur Erinnerung an die Befreiung von der großen Wasserflut, die sie Mih-nih-ro-ka-ha-scha (das Sinken der Gewässer) nennen;

2. um den Stiertanz (Bel-lohk-na-pic) zu tanzen, von dessen strenger Beobachtung, wie sie glauben, die Ankunft der Büffel abhängt, die ihnen Nahrung liefern;

3. um die jungen Leute des Stammes, die das Alter der Mannbarkeit erreicht haben, durch Fasten und Martern einer strengen Prüfung zu unterwerfen, damit sie ihre Muskeln stärken und sich zu den härtesten Entbehrungen vorbereiten; die Häuptlinge wohnen diesen Prüfungen bei, um zu entscheiden, wer von den jungen Leuten die größte körperliche Stärke besitzt und die größten Entbehrungen und Leiden, die so oft das Los des indianischen Kriegers sind, zu ertragen vermag und daher am meisten geeignet ist, eine Kriegspartei anzuführen.

Dieser letzte Teil ist so gräßlich und empörend, daß ich dessen Beschreibung ganz unterlassen würde, wenn er nicht so wesentlich und der zivilisierten Welt ganz unbekannt wäre.

Der Stiertanz und mehrere andere Teile dieser Zeremonien sind äußerst grotesk und belustigend, und derjenige Teil, der sich auf die große Flut bezieht, ist harmlos und sehr interessant.

Im Mittelpunkt des Dorfes der Mandaner befindet sich ein freier runder Platz von hundertfünfzig Fuß im Durchmesser, der für alle öffentlichen Feste, Aufzüge usw. stets rein gehalten wird. Um diesen Platz stehen die Wigwams so nahe aneinander wie möglich und sämtlich mit den Türen nach diesem Platz gerichtet. In der Mitte dieses Platzes, der so fest wie gepflastert ist, steht ein hölzerner Zylinder, ähnlich einem aufrecht stehenden Oxhoft, acht bis neun Fuß hoch, den sie von Jahr zu Jahr sorgfältig erhalten und das ›große Kanoe‹ nennen. Es ist dies unstreitig eine symbolische Darstellung eines Teils ihrer traditionellen Geschichte der großen Flut, die sie auf irgendeine Weise erhalten haben und nun in der Erinnerung der ganzen Nation zu bewahren suchen. Dies Kanoe ist, als der Mittelpunkt des Dorfes, der Versammlungsort des ganzen Stammes, und sie beweisen ihm ihre Verehrung bei den verschiedenen Festen und religiösen Gebräuchen; auch bei dem Fest, das ich hier beschreiben werde, bildete es öfters den Mittelpunkt der Mysterien und Grausamkeiten, weshalb es nötig ist, seine Bedeutung zu kennen.

Die religiöse Zeremonie der Mandaner beginnt nicht an einem bestimmten Tag im Jahr (denn sie kennen nicht die Einteilung in Tage oder Wochen), sondern dann, wenn die Weiden am Ufer des Flusses in vollem Laub stehen; denn nach ihren Überlieferungen ›war der Zweig, den der Vogel mit nach Hause brachte, ein Weidenzweig mit vollständigen Blättern‹. Der hier erwähnte Vogel ist die trauernde oder Turteltaube (Uára-wit-tschukä), die sie mir oft zeigten, wenn sie sich bei den Hütten ihr Futter suchte; sie ist ein großer Medizinvogel und darf daher weder getötet noch überhaupt belästigt werden, und selbst die Hunde sind abgerichtet, sie nicht zu stören.

An dem Morgen, als diese sonderbaren Zeremonien begannen und ich mit Herrn Kipp beim Frühstück saß, hörten wir bei Sonnenaufgang plötzlich das Geschrei der Frauen und das Bellen und Heulen der Hunde, als ob der Feind das Dorf stürmte. »Nun geht es los!« meinte mein Wirt, indem er aufsprang, »die große Zeremonie hat begonnen. Legen Sie Messer und Gabel weg, nehmen Sie schnell Ihr Skizzenbuch, damit nichts verlorengeht, denn der Anfang der Zeremonie ist ebenso eigentümlich wie das Ganze.« Ich nahm sogleich mein Skizzenbuch, und wir eilten nach der Medizinhütte. Gruppen von Frauen und Kindern standen auf den Dächern der Wigwams, und alle schrien und schauten westwärts nach den Prärien, wo man in der Entfernung einer englischen Meile einen Menschen erblickte, der einen Hügel herabkam und gerade auf das Dorf zuging.

Die ganze Gemeinde nahm jetzt an dem Lärmen teil; die Bogen wurden gespannt und ihre Elastizität geprüft – die Pferde auf der Prärie eingefangen und in das Dorf getrieben – die Krieger schwärzten das Gesicht, legten den Hunden Maulkörbe an und bereiteten alles wie zu einem Kampf vor.

Während dieses betäubenden Lärms und dieser allgemeinen Verwirrung nähert sich jener Mensch mit langsamen Schritten und in gerader Linie dem Dorf. Aller Augen sind auf ihn gerichtet, bis er endlich das Dorf erreicht und sich nach dessen Mittelpunkt begibt, wo alle Häuptlinge und Tapferen zu seinem Empfang bereitstehen, ihm herzlich wie einem alten Bekannten die Hände reichen und seinen Namen ›Numánk-Máchana‹ (der erste oder einzige Mensch) aussprechen. Dieser Mensch, dessen Körper mit weißem Ton bemalt ist, so daß er in der Entfernung einem weißen Mann gleicht, trägt einen Mantel von vier weißen Wolfsfellen, der ihm über die Schultern und den Rücken herabhängt, sowie einen prächtigen Kopfputz von zwei Rabenfellen und in der linken Hand mit großer Sorgfalt eine Pfeife von ungeheurer Größe. Nach der erwähnten Begrüßung der Häuptlinge und Krieger nähert er sich der Medizinhütte, die das ganze Jahr hindurch gewissenhaft verschlossen gehalten wird.

Nachdem er sie geöffnet und eingetreten ist, ruft er vier Männer und befiehlt ihnen, sie zu reinigen und die Feierlichkeiten vorzubereiten. Man bedeckt nun den Boden und die Seitenwände mit grünen Weidenzweigen und mit wilder Salbei und anderen wohlriechenden Kräutern und bringt an mehreren Stellen Gruppen von Menschen- und Büffelschädeln an.

Während dieser Vorbereitungen wandert Numánk-Máchana durch das Dorf, bleibt vor jeder Hütte stehen und ruft, bis ihr Besitzer herauskommt und fragt, wer er sei und was es gebe. Worauf jener das traurige Ereignis erzählt, das die Oberfläche der Erde durch das Überströmen der Gewässer betroffen habe; er sei der einzige Mensch, der aus dem allgemeinen Unglück gerettet worden, er sei mit seinem Kanoe auf einem hohen Berg im Westen gelandet, wo er jetzt wohne; er sei gekommen, die Medizinhütte zu öffnen, wozu er eines schneidenden Werkzeuges von jedem Hüttenbesitzer bedürfe, damit er es dem Wasser opfere; geschehe dies nicht, so werde eine neue Flut kommen und niemand werde gerettet werden, denn mit solchen Werkzeugen sei das große Kanoe gebaut worden.

Nachdem er den ganzen Tag jeden Wigwam des Dorfes besucht und überall ein Beil, ein Messer usw. erhalten hat, kehrt er in die Medizinhütte zurück und legt die Geschenke dort nieder, wo sie bleiben, bis sie am vierten Tag nachmittags in Gegenwart der ganzen Bevölkerung von einem dreißig Fuß hohen Ufer an einer sehr tiefen Stelle (unstreitig als ein dem Wassergeist gebrachtes Opfer) in den Fluß geworfen werden, wo sie niemals wieder herausgeholt werden können.

Niemand weiß, wo der erste Mensch in dieser Nacht schläft, und jedermann, alt und jung, Hunde und überhaupt alle lebenden Wesen, bleiben in den Hütten, und im ganzen Dorf herrscht Totenstille. Am nächsten Morgen erscheint er indes wieder und begibt sich in die Medizinhütte; ihm folgen nach indianischer Weise einer hinter dem anderen, etwa fünfzig junge Leute, die sich den Martern unterwerfen wollen. Sie waren fast gänzlich nackt und ihre Körper mit verschieden gefärbtem Ton angestrichen: einige rot, andere gelb und noch andere weiß. Jeder trug in der rechten Hand den Medizinbeutel, am linken Arm den Schild von Büffelhaut, in der linken Hand Bogen und Pfeile und auf dem Rücken den Köcher.

Sobald alle in die Hütte eingetreten sind, hängen sie ihre Waffen und Medizinbeutel an der Wand auf und setzen sich dann, ein jeder unter den seinigen, auf den Boden.

Nachdem nun Numánk-Máchana in ihrer Mitte für den glücklichen Erfolg seine Pfeife geraucht und sie in einer kurzen Anrede ermahnt hatte, dem Großen Geist zu vertrauen, der sie während der ihnen bevorstehenden harten Prüfung beschützen werde, rief er einen alten Medizinmann in die Hütte, dessen Körper gelb bemalt war und den er zum Leiter der Zeremonie – Kauih-Sächka – ernannte, indem er ihm die große Medizinpfeife überreichte, von der die Macht abhängt, alle diese Gebräuche zu verrichten. Sobald Numánk-Máchana dem Medizinmann die Pfeife übergeben hatte, reichte er ihm die Hand, sagte Lebewohl und fügte hinzu, daß er nun wieder in die Gebirge im Westen zurückkehre, von wo er nach einem Jahr wiederkommen werde, um die Medizinhütte zu öffnen. Er ging sodann aus der Hütte und durch das Dorf, nahm auf dieselbe Weise Abschied und verschwand bald hinter den Hügeln, von denen er herabgekommen war.

Der von Numánk-Máchana ernannte Leiter der Zeremonien hat nun die Verpflichtung, mit der Medizinpfeife in der Hand bei einem kleinen Feuer zu liegen, von Zeit zu Zeit den Großen Geist anzurufen und die jungen Leute zu bewachen, damit sie nicht die Hütte verlassen, mit dem außerhalb derselben befindlichen Volk keinen Verkehr haben und während vier Tagen und Nächten weder essen noch trinken noch schlafen, um sich auf die Martern vorzubereiten, welche sie am vierten Tag erdulden mußten.

Ich stand früh am Morgen mit meinen Begleitern vor der Medizinhütte und suchte womöglich einen Blick in das Innere zu werfen, als der Zeremonienmeister heraustrat, mich beim Arm nahm und durch ein acht bis zehn Fuß langes Vorzimmer, das eine doppelte Tür hatte, vor der zwei Wachen mit Lanzen oder Kriegskeulen in der Hand standen, in das Allerheiligste einführte. Ich gab meinen beiden Gefährten einen Wink, und meine Medizin war so mächtig, daß man sie ruhig mit eintreten ließ und uns sämtlich auf erhöhte Sitze führte, die der Medizinmann für uns errichtete. Von hier aus konnten wir bequem alles sehen, was in der Hütte vorging, und hier blieben wir an jedem der vier Tage vom Aufgang bis zum Untergang der Sonne.

Außer den bisher angegebenen Gegenständen befanden sich in der Hütte noch Menschen- und Büffelschädel in sonderbarer, aber regelmäßiger Weise in zwei Gruppen aufgestellt, und zwischen diesen stand ein zierliches, kleines, etwa fünf Fuß hohes Gerüst von vier gabelförmigen Weidenruten von der Stärke eines Ladestocks, die vier bis fünf Fuß voneinander in dem Boden steckten und vier gleich starke Ruten trugen, auf denen noch dünnere Ruten quer gelegt waren. Oben in der Mitte des Gerüstes lag ein kleiner Gegenstand, den ich von meinem etwa dreißig Schritt entfernten Sitz nicht genau erkennen konnte. Ich versuchte, mich demselben zu nähern, wurde aber sogleich durch ein allgemeines »St!« zurückgewiesen. Ich bezähmte daher meine Neugier und erfuhr später, daß dieser geheimnisvolle Gegenstand so heilig und seine Mysterien so wichtig seien, daß außer dem Medizinmann niemand, selbst nicht einmal die jungen Männer, die die Prüfung bestehen wollen, sich ihm nähern oder erfahren durften, was es sei.

Dieser kleine, geheimnisvolle Gegenstand hatte, von meinem Sitz aus betrachtet, das Aussehen einer kleinen Schildkröte oder eines Frosches, der auf dem Rücken lag, Kopf und Beine von sich streckte, mit sehr feinen roten, blauen und gelben Bändern umwickelt und noch auf andere Weise verziert war. Aus der Ehrfurcht, welche alle diesem sonderbaren Ding bezeigten, geht so viel hervor, daß es der eigentliche Mittelpunkt der Mysterien, das Allerheiligste war, das dem ganzen Fest die Weihe verlieh. Aber so viele Mühe ich mir später auch gab, um zu erfahren, was es eigentlich sei, so erhielt ich doch stets nur die Antwort, es sei ›große Medizin‹ und ›es könne nicht gesagt werden‹. Ich suchte daher meine Neugier zu bezähmen, denn ich sah ein, daß ich erst noch einige höhere Grade würde erlangen müssen, bevor ich in alle indianischen Mysterien eingeweiht werden könne. Vielleicht ist dies so wunderbar erscheinende Ding nichts weiter als ein Bündel von Bändern und anderen Kleinigkeiten, das irgendeinen Geist oder ein Wesen vorstellt, dem sie große Verehrung bezeugen, und sie weisen vielleicht nur deshalb jede nähere Auskunft darüber mit den Worten: »Es ist große Medizin« zurück, weil sie nichts zu sagen haben.

Unter dem oben beschriebenen Gerüst lagen auf dem Fußboden der Hütte ein Messer und mehrere hölzerne Stäbchen, die bei den weiteren zu beschreibenden Martern benutzt werden. Von der Decke hingen eine Anzahl Stricke von rohem Leder herab, woran die jungen Männer, die sich den Martern unterziehen, in die Höhe gezogen werden.

Außerdem lagen auf dem Boden noch vier hochverehrte und sehr wichtige Gegenstände, nämlich Säcke (Ih-tih-ka), deren jeder zwölf bis fünfzehn Liter Wasser enthält. Sie sind von der Halshaut eines Büffels gemacht und haben die Gestalt einer großen Schildkröte, deren Schwanz durch Adlerfedern dargestellt wird. Auf jedem lag eine Art Trommelstock, womit während eines späteren Teils der Zeremonien die Medizinmänner auf die Ledersäcke schlagen. Über diesen lagen noch zwei andere Gegenstände von gleicher Wichtigkeit, nämlich Rasseln (Ináhdás) in der Form einer Kürbisschale, ebenfalls von Leder und gleich den vorigen zur Begleitung der Tänze usw. gebraucht.

Die oben erwähnten Säcke haben ein sehr altes Aussehen, und nachdem alles vorüber war, sagte mir mein Gönner, der Medizinmann, auf meine Frage, daß ›diese vier Schildkröten Wasser aus den vier Weltgegenden enthielten und daß dies Wasser seit dem Sinken der großen Flut sich darin befinde!‹ Ich hielt es für angemessen, keinen Zweifel dagegen zu äußern, und konnte daher auch nicht erfahren, wie oft und bei welchen Gelegenheiten das Wasser erneuert worden sei.

Ich ließ durch meinen Freund Kipp mehrmals einen bedeutenden Preis für einen dieser sonderbaren Gegenstände bieten, erhielt aber zur Antwort, daß diese und alle anderen bei den Zeremonien gebrauchten Gegenstände Gemeingut und Medizin, daher unter keiner Bedingung zu verkaufen seien. Ich war folglich auf meinen Pinsel beschränkt, und selbst dies betrachteten sie mit Mißtrauen und als eine Entweihung.

So war das Innere der Medizinhütte an den ersten drei Tagen und während eines Teils des vierten.

Während der ersten drei Tage dieses feierlichen Konklaves finden auf dem freien Platz in der Mitte des Dorfes vor der Medizinhütte noch andere merkwürdige Gebräuche statt, von denen der Stiertanz (Bel-lohk-na-pic), wie oben bemerkt, einen Hauptteil dieses jährlichen Festes bildet und von dessen strenger Beobachtung die Ankunft der Büffel abhängt. Dieser Tanz wird am ersten Tag viermal, am zweiten achtmal, am dritten zwölfmal und am vierten sechzehnmal um das große Kanoe getanzt.

Die Hauptpersonen bei diesem Tanz waren acht ganz nackte Männer, die eine ganze Büffelhaut, mit Hörnern, Hufen und Schwanz, über den Rücken gehängt hatten und mit vornübergebeugtem Körper alle Bewegungen der Büffel nachzuahmen suchten. Sie waren auf die wunderlichste und alle auf ähnliche Weise bemalt; Beine, Körper und Gesicht waren ganz mit roter, schwarzer oder weißer Farbe bedeckt, um die Knöchel trug jeder einen Kranz von Büffelhaaren, in der rechten Hand eine Rassel, in der linken einen dünnen weißen Stab von sechs Fuß Länge und auf dem Rükken ein Bündel grüner Weidenzweige von der Größe eines Bundes Stroh. Diese acht Männer stellten sich in vier Paaren um das große Kanoe, indem sie die vier Weltgegenden (Nord, Ost, Süd, West) darstellten, und zwischen jeder Gruppe stand mit dem Rücken gegen das Kanoe ein anderer Mann, der an demselben Tanz teilnahm, in der einen Hand einen ähnlichen weißen Stab und in der anderen eine Rassel trug. Die Körper dieser vier jungen Männer waren ganz nackt bis auf einen hübschen Gürtel (Kwarz-Kwad) und Kopfputz von Adlerfedern und Hermelin. Zwei von diesen Personen waren mit einer Mischung von pulverisierter Holzkohle und Fett ganz schwarz bemalt; sie wurden ›das Firmament‹ oder ›die Nacht‹ und die zahlreichen Flecken von weißer Farbe an ihrem Körper ›die Sterne‹ genannt. Zwei andere, die sich ganz rot angestrichen hatten, stellten den Tag vor, und die roten Streifen, die vom Kopf bis zu den Füßen über den ganzen Körper hinliefen, waren ›die Geister, die die Morgenstrahlen vertreiben‹.

Diese zwölf Personen nehmen allein an dem Tanz wirklich teil, der stets genau auf dieselbe Weise ohne die mindeste Veränderung wiederholt wird. Außerdem treten jedoch bei diesem sonderbaren und lächerlichen Schauspiel noch eine Anzahl Gestalten auf, deren Verrichtungen ich zu erklären versuchen will, so gut ich es vermag.

Dies merkwürdige Schauspiel findet in Gegenwart sämtlicher Bewohner statt, die teils auf den Dächern der Wigwams, teils auf der Erde zuschauen, während die jungen Leute, wie oben beschrieben, in der Medizinhütte fasten. Am ersten Tag wird der Stiertanz einmal für jede Weltgegend getanzt, und der Medizinmann raucht seine Pfeife nach diesen Richtungen hin; am zweiten Tag geschieht dies zweimal, am dritten dreimal und am vierten viermal für jeden der genannten Punkte. Die Tänzer und die übrigen Teilnehmer versammeln sich, wenn der Zeremonienmeister mit der Medizinpfeife in der Hand aus der Hütte hervortanzt, wobei er höchst kläglich singt oder vielmehr schreit, bis er das große Kanoe erreicht hat, an das er sich lehnt, und zu schreien fortfährt. In diesem Augenblick gehen vier sehr alt und patriarchalisch aussehende Männer, die rot bemalt sind und die vier Seiten der Hütte bewachen, in diese hinein, holen die vier Wassersäcke und legen sie neben das große Kanoe, setzen sich auf die Erde und fangen an, die Säcke mit den Trommelstöcken zu schlagen; andere schwingen und schütteln die Ináhdäs oder Rasseln, während alle ihre Stimmen so laut wie möglich erheben, was die Musik zu dem Stiertanz bildet, der nun beginnt und fünfzehn Minuten oder auch länger ohne Unterbrechung fortwährt. Wenn die Musik und der Tanz aufhören, was stets gleichzeitig geschieht, so erheben sämtliche Zuschauer ein betäubendes Beifallsgeschrei, der Zeremonienmeister tanzt in die Medizinhütte zurück, die alten Männer nehmen ihre frühere Stellung wieder ein, die Wassersäcke werden an ihren Ort zurückgebracht, und alles bleibt wie vor dem Tanz, bis dieser von neuem beginnt.

Die Nebenfiguren, die an diesem großartigen Schauspiel teilnehmen, sind zahlreich und verdienen eine nähere Beschreibung. Neben dem großen Kanoe sieht man zwei Männer, die die Haut eines greulichen Bären (Mato) als Maske übergeworfen haben, beständig brummen, alles vor sich zu verschlingen und die religiöse Handlung zu stören drohen. Um sie zu besänftigen, stellen die Frauen Schüsseln mit Fleisch vor sie hin, die aber sogleich von zwei anderen, die den Körper schwarz, den Kopf weiß bemalt haben und weißköpfige Adler (Pattáckä) vorstellen, ergriffen und in die Prärie getragen werden. Dort werden diese beiden Männer von mehr als hundert nackten Knaben verfolgt, die den Körper gelb und den Kopf weiß angestrichen haben und Cabris oder Antilopen vorstellen; sie entreißen zuletzt den Adlern die Speisen und verzehren sie, wodurch man vielleicht die schöne Moral ausdrücken will, daß die Gaben der Vorsehung zuletzt in die Hände der Unschuld kommen.

In der Zeit zwischen diesen Tänzen begeben sich alle Teilnehmer, mit Ausnahme derjenigen aus der Medizinhütte, in einen daneben befindlichen Wigwam, der bei dieser Gelegenheit auch als ein heiliger Ort betrachtet wird und nur für die genannten Personen bestimmt ist, um dort auszuruhen und sich zu schmücken. Die alten Männer, die die Wassersäcke schlagen, fahren auch in der Zeit zwischen den Tänzen fort, den Großen Geist anzuflehen, daß er ihnen Büffel sende, damit sie während des Jahres zu leben hätten. Auch suchen sie den jungen Leuten in der Medizinhütte Mut einzuflößen, indem sie ihnen erzählen, daß ›der Große Geist sie erhört habe – daß ihre Frauen und Kinder den Mund des greulichen Bären halten können – daß sie täglich Oehkih-Häddäh (den Bösen Geist, Teufel) angerufen – daß sie ihn noch jetzt aufforderten zu kommen, daß er aber noch nicht gewagt habe zu erscheinen‹!

Aber am vierten Tag um Mittag bei dem letzten Tanz, als die Fröhlichkeit den höchsten Grad erreicht hatte, erscholl plötzlich von den Dächern der Hütten ein Schrei; Männer und Frauen schrien, von Angst und Schrecken ergriffen, und richteten ihre Blicke westwärts nach dem eine englische Meile entfernten Präriehügel, von dem ein Mann herabstieg und mit schnellen Schritten, jedoch nicht in gerader Linie, sondern hin und her laufend wie ein Knabe, der einen Schmetterling verfolgt, auf das Dorf zueilte. Als er die Palisaden erreicht hatte, konnte man erkennen, daß er ganz nackt und mit gestoßener Kohle und Bärenfett schwarz wie ein Neger angestrichen war; an verschiedenen Teilen des Körpers hatte er weiße Ringe von etwa einem Zoll Durchmeser und am Mund ein furchtbares Gebiß wie Hundezähne. Als er durch das Dorf eilte und in die meist aus Frauen bestehende erschrockene Gruppe eindrang, stieß er ein furchtbares Geschrei aus.

In seinen beiden Händen trug er einen acht bis neun Fuß langen Stab, an dessen Ende sich eine rote Kugel befand, die er vor sich hin auf die Erde schleifte. Alle, mit Ausnahme der Tanzenden, blickten auf ihn; er stürzte auf die Frauen los, die laut um Hilfe riefen und, indem sie zu entfliehen suchten, übereinander stürzten. In diesem Augenblick des allgemeinen Schreckens trat plötzlich Totenstille ein. Der alte Zeremonienmeister verließ nämlich seine Stellung an dem großen Kanoe, hielt seine Medizinpfeife dem Bösen Geist entgegen und zwang ihn dadurch, unbeweglich stehenzubleiben. Dies gab den Frauen Gelegenheit, aus seinem Bereich zu kommen, und als sie sich außer Gefahr sahen, verschwand ihre Furcht sehr bald, und sie brachen in ein ungeheueres Gelächter und Beifallsgeschrei aus über die plötzliche Besiegung des Teufels und die lächerliche Stellung, die er einnahm. Der alte Mann stand dicht neben ihm und schaute ihm fest ins Gesicht, während die Medizinpfeife Seine Satanische Majestät festgebannt hielt und alle Kräfte des Zauberstabes vernichtete.

Als die überlegenen Kräfte der Medizinpfeife, von der alle diese jährlichen Mysterien abhingen, hinreichend dargetan und anerkannt waren und die Frauen Zeit gehabt hatten, sich außerhalb des Bereiches dieses teuflischen Ungeheuers zu entfernen, wurde die Pfeife allmählich von dem Bösen Geist zurückgezogen, der froh zu sein schien, daß er den Gebrauch seiner Füße wieder erhielt und seine unbequeme und wirklich lächerliche Stellung verlassen konnte.

Nachdem er nun noch etwa eine halbe Stunde zur großen Belustigung der Zuschauer von Menschen und Tieren hin- und hergestoßen war, schien er äußerst erschöpft zu sein und sich ängstlich umzusehen, wie er wohl auf die beste Weise entwischen könnte. In dieser unangenehmen Lage diente er den Frauen, die herbeieilten, um ihn zu quälen, zur Zielscheibe des Spottes. Eine dieser Frauen schlich sich hinter ihn und warf ihm mit beiden Händen gelbe Erde ins Gesicht und auf den Körper, wodurch er, da sein Körper mit Fett bedeckt war, plötzlich ein ganz anderes Aussehen erhielt. Diese Schmach schien ihm so zu Herzen zu gehen, denn er fing heftig an zu schreien, worauf die Frauen ihm seinen Stab entrissen, in kleine Stücke zerbrachen und diese nach ihm warfen. Nun war seine Macht dahin – seine Kraft erschöpft; er drängte sich durch die Menge und schlüpfte zwischen den Pfählen, die das Dorf auf der Hinterseite umgeben, hindurch, wo ihn mehr als hundert Frauen und Kinder erwarteten, die ihn über eine halbe englische Meile weit mit Stößen und Schlägen verfolgten, bis es ihm endlich gelang, seinen Peinigern zu entfliehen, worauf er hinter den Präriehügeln verschwand, von denen er herabgekommen war.

In diesem Augenblick erhob das ganze Dorf ein Freudengeschrei, der Stiertanz hörte auf, und man traf Vorkehrungen zu den Martern, die in der Medizinhütte stattfinden sollten. Der Sinn des Vorhergehenden ist offenbar, daß der Böse Geist bei ihren religiösen Gebräuchen erscheint, um diese zu stören, daß er durch die höhere Macht der Medizinpfeife daran gehindert und zuletzt von denen, welchen er Schaden zufügen wollte, mit Schande aus dem Dorf vertrieben wird.

Der Zeremonienmeister und die Musiker kehrten nunmehr in die Medizinhütte zurück, in die auch mehrere Männer eingelassen wurden, die bei den daselbst stattfindenden Martern tätig sein sollten; auch die Häuptlinge und die Doktoren begaben sich in die Hütte, um Zeuge der Martern zu sein und zu entscheiden, wer von den jungen Leuten diese mit dem größten Mut ertrage. Die Häuptlinge nahmen auf der einen, die Musiker auf der anderen Seite der Hütte Platz, und der alte Zeremonienmeister setzte sich zu dem kleinen Feuer in der Mitte der Hütte, wo er so stark rauchte, als er nur immer konnte, damit der Große Geist den jungen Leuten gnädig sei. Nachdem nunmehr das kleine Gerüst – das Allerheiligste – von dem oben die Rede war, hinweggeschafft, die neben ihm auf dem Boden liegenden Menschen- und Büffelschädel an den Pfosten der Hütte aufgehängt waren und zwei Männer, von denen der eine das Skalpiermesser, der andere die hölzernen Stäbchen in der Hand hielt, sich nahe dem Mittelpunkt der Hütte aufgestellt hatten, trat einer von den jungen Leuten, die durch anhaltendes Fasten und Wachen während beinahe vier Tagen und Nächten schon ganz erschöpft waren, hervor, um sich den Martern zu unterziehen, die in folgender Weise stattfanden: Der Mann, der das Messer hatte, zog auf jeder Schulter oder auf jeder Seite der Brust ein Stück Fleisch zwischen Daumen und Zeigefinger in die Höhe, nahm das Messer (das zuerst auf beiden Seiten geschärft und dann mit einem anderen schartig gemacht worden war, damit es um so mehr Schmerzen verursache) und stieß es unter seinen Fingern durch das heraufgezogene Fleisch hindurch, worauf der zweite mit den kleinen Holzstäbchen herzutrat und einen derselben durch jede Wunde steckte. Es wurden nun von Leuten, die sich auf der Außenseite der Hütte befanden, zwei Stricke in diese hinabgelassen, an den Stäbchen befestigt und der Gemarterte daran so weit in die Höhe gezogen, daß er über dem Boden schwebte, worauf noch an den Armen unterhalb der Schultern und dem Ellenbogen, an den Schenkeln und unter dem Knie ähnliche Einschnitte gemacht und Stäbchen hindurchgesteckt wurden, an die man Schild, Bogen, Köcher und zuweilen noch Büffelschädel mit den Hörnern hängte. Oft blieben sie jedoch am Boden liegen, bis die ganze Operation, welche etwa fünf bis sechs Minuten währte, vorüber war.

Nun wurden sie, während das Blut von ihrem Körper herabströmte, so weit hinaufgezogen, daß die angehängten Gegenstände den Boden nicht mehr berührten, so daß sie oft sechs Fuß über dem Boden schwebten. In diesem Zustand boten sie einen furchtbaren Anblick; die Stäbchen, woran die Stricke befestigt waren, wurden sechs bis acht Zoll herabgezogen, und der Kopf des Gemarterten sank entweder auf die Brust herab oder hintenüber, je nachdem sie an Brust oder Rücken aufgehängt waren.

Die Standhaftigkeit, womit alle diese Martern ertrugen, grenzt ans Unglaubliche. Keiner von ihnen verzog auch nur eine Miene, als das Messer durch das Fleisch gestoßen wurde, und mehrere, die bemerkten, daß ich zeichnete, gaben mir zu verstehen, ich möchte ihr Gesicht betrachten; ich tat dies auch während der ganzen Operation, ohne daß ich etwas anderes wahrgenommen hätte als ein freundliches Lächeln, wenn sie mich anblickten, während ich hörte, wie das Messer das Fleisch zerriß und mir unwillkürlich die Tränen in die Augen traten.

Wenn der Gemarterte auf die oben beschriebene Weise an den Stricken schwebt, tritt ein anderer hinzu und bringt ihn mittelst einer langen Stange in eine drehende Bewegung, die allmählich schneller wird, wodurch die Schmerzen so vermehrt werden, daß der Unglückliche sie nicht mehr überwinden kann und in den rührendsten Klagetönen den Großen Geist anfleht, ihm in dieser Prüfung Kraft zu verleihen, während er zugleich wiederholt, daß das

Vertrauen in seinen Schutz unerschütterlich sei. Das Drehen wird nun so lange fortgesetzt, bis seine Klagen verstummen und er still und anscheinend leblos dahängt, was gewöhnlich in zehn oder fünfzehn Minuten geschieht. Nun wird er von seinen Quälern genau beobachtet, die einander zurückhalten, solange sich noch ein Zucken bemerkbar macht, damit er nicht eher herabgenommen werde, als bis er, wie sie sagen, ›ganz tot‹ ist. Wenn er sich endlich in diesem Zustand befindet, die Zunge aus dem Mund heraustritt und sein Medizinbeutel, den er in der linken Hand hält, ihm entfallen ist, so wird den auf dem Dach befindlichen Personen durch Anschlagen des Stabes gegen den Strick das Zeichen gegeben, worauf sie ihn langsam und vorsichtig auf den Boden herablassen, wo er nun gleich einer Leiche liegt, jedoch nach ihrem Ausdruck, unter dem Schutz des Großen Geistes, der, wie man hofft, ihn beschützen und in den Stand setzen wird, aufzustehen und davonzugehen. Sobald er auf den Boden herabgelassen ist, zieht ihm einer von den Umstehenden die beiden Holzstäbchen aus den Schultern oder der Brust und macht ihn dadurch von den Stricken los, an denen er gehangen hatte; die übrigen Stäbchen mit allem, was daran hängt, bleiben jedoch im Fleisch stecken.

In diesem Zustand liegt er sechs oder acht Minuten, bis er sich stark genug fühlt, allein aufzustehen und hinwegzugehen, denn niemand darf ihm Hilfe leisten, da er hier das Vorrecht genießt, worauf die Mandaner den höchsten Wert legen, nämlich in dieser Zeit der größten Gefahr ›sein Leben dem Schutz des Großen Geistes anzuvertrauen‹.

Sobald er so viel Kraft wiedererlangt hat, daß er sich auf Händen und Füßen zu erheben vermag, kriecht er mit der ganzen, an seinem Körper hängenden Last nach einem anderen Teil der Hütte, wo ein anderer Indianer sitzt, der ein Beil in der Hand und einen getrockneten Büffelschädel vor sich liegen hat. Hier erklärt er mit wenigen Worten, daß er den kleinen Finger der linken Hand dem Großen Geist zum Opfer bringen wolle, worauf er ihn auf den Büffelschädel legt und der erwähnte Indianer ihn mit einem Hieb des Beiles von der Hand trennt.

Fast alle jungen Leute, die ich diesen Martern sich unterziehen sah, brachten auf diese Weise den kleinen Finger der linken Hand zum Opfer; ja einige ließen sich unmittelbar darauf, ohne besonders merkliche Bewegung, und nachdem sie wieder einige Worte an den Großen Geist gerichtet, auch noch den Zeigefinger derselben Hand abhauen, so daß sie an der linken Hand nur noch zwei

Finger und den Daumen behielten, die hinreichend sind, um den Bogen, die einzige Waffe der linken Hand, führen zu können.

Man sollte meinen, hiermit sei die Verstümmelung weit genug getrieben; allein ich habe mehrere Häuptlinge und bedeutende Männer des Stammes gesehen, die sich bei solchen Gelegenheiten auch den kleinen Finger der rechten Hand hatten abhauen lassen, was sie für ein weit größeres Opfer halten als das Abhauen der beiden Finger an der linken Hand. Ich sah auch mehrere ihrer berühmtesten Männer, die durch fünf bis sechs korrespondierende Narben an der Brust, den Armen und den Beinen unwiderleglich bewiesen, daß sie sich ebensooft den beschriebenen Martern unterworfen hatten. Es scheint dies von ihrem freien Willen abzuhängen, und je öfter sie sich dieser Prüfung unterziehen, um so höher werden sie von ihrem Stamm geachtet.

An der verstümmelten Hand wird kein Verband angelegt noch werden die Adern unterbunden; auch wird den übrigen Wunden nicht die mindeste Sorgfalt gewidmet, sondern man überläßt es ›dem Großen Geist, sie zu heilen, der sicherlich Sorge dafür trägt‹. Es ist ein merkwürdiger Umstand, daß diese Wunden, die ich täglich genau untersuchte, nur kurze Zeit und sehr wenig bluten. Vielleicht ist dies eine Folge der durch langes Fasten und Wachen erzeugten Schwäche und Erschöpfung, wodurch die Zirkulation des Blutes gehemmt und der Körper weniger empfindlich wird gegen die Martern, die unter anderen Umständen Entzündung und Tod herbeiführen würden.

Während der ganzen Dauer dieser Martern geben die Häuptlinge und Würdenträger genau acht, wer der Stärkste und Standhafteste ist – wer am längsten hängen kann, bevor er ohnmächtig wird, und wer, nachdem er herabgelassen worden, sich am schnellsten wieder erholt, um danach zu entscheiden, wer sich am meisten dazu eignet, eine Kriegspartei anzuführen oder auf einen gefährlichen Posten gestellt zu werden. Die vier alten Männer schlagen während der ganzen Dauer der Zeremonie auf die ledernen Wassersäcke und besingen mit lauter Stimme, um die jungen Leute zu ermutigen, die Macht und Wirksamkeit der Medizinpfeife, die den Bösen Geist aus dem Dorf vertrieben habe und sie während der harten Prüfung, die sie zu bestehen haben, gewiß beschützen werde.

Sobald sechs oder acht junge Leute die oben beschriebenen Martern überstanden haben, werden sie mit allem, was an ihrem Körper hängt und zum Teil auf dem Boden nachschleppt, aus der

Hütte geführt, um sich in der Mitte des Dorfes und in Gegenwart der ganzen Bevölkerung noch folgender Prüfung zu unterziehen.

Der alte Zeremonienmeister verläßt abermals, wie bei dem Stiertanz, mit der Medizinpfeife in der Hand die Hütte, lehnt sich an das große Kanoe und beginnt, den Großen Geist anzuflehen. Um das Kanoe herum standen etwa zwanzig junge Männer von gleicher Größe und gleichem Alter, die fast ganz nackt waren, auf dem Kopf einen Schmuck von Adlerfedern trugen und einen Kranz von Weidenzweigen in der Hand hielten, den je zwei so anfaßten, daß sie einen Kreis um das Kanoe bildeten, das sie mit der größten Schnelligkeit umtanzten, wobei sie beständig schrien, so laut sie es nur vermochten.

Ein jeder von den jungen Leuten, die die Martern in der Medizinhütte überstanden haben, wird nun von zwei kräftigen jungen Männern in Empfang genommen, die ihn zwischen sich nehmen, einen breiten Lederriemen um seine Handgelenke schlingen, jedoch ohne ihn festzubinden, und nun bereit sind, das letzte Rennen (Eh-ke-nah-ka-na-pic) zu beginnen; und wahrlich, der Zuschauer sollte meinen, es sei dies für die Gequälten wirklich das letzte Rennen.

Sobald das Zeichen gegeben ist, fangen die beiden jungen Männer mit der größten Schnelligkeit an zu laufen, und der von ihnen Festgehaltene muß mit der ganzen an seinem Körper hängenden Last ihnen folgen, bis er vor Schwäche niederstürzt; aber auch dann wird er noch nicht losgelassen, sondern an den um seine Handgelenke geschlungenen Riemen so lange, oft mit dem Gesicht im Schmutz, im Kreis herumgeschleift, bis alle an seinem Körper hängenden Gegenstände ausgerissen sind, was aber oft nur dadurch geschehen kann, daß die Umstehenden mit dem ganzen Gewicht des Körpers darauf treten; denn es würde den Großen Geist beleidigen, wenn man die Stäbchen, woran die Gegenstände hängen, herausziehen wollte, sie müssen vielmehr mit dem Fleisch herausgerissen werden. Nur die beiden Stäbchen auf der Brust oder den Schultern, welche, um die Last des Körpers tragen zu können, unter den Muskeln hindurchgehen, dürfen, wie oben gesagt, herausgezogen werden. Sind endlich alle angehängten Gegenstände auf diese Weise vom Körper getrennt, so lassen ihn die beiden Männer, die ihn herumschleiften, augenblicklich los und laufen mit der größten Geschwindigkeit nach der Prärie, als ob sie ein großes Verbrechen begangen hätten und sich der allgemeinen Rache entziehen wollten.

Der Unglückliche, welcher alle Entbehrungen und Martern mit männlicher Standhaftigkeit ertragen hat, liegt nun zum zweiten Mal als eine Leiche da, aber, wie sie sagen, ›unter dem Schutz des Großen Geistes‹, der ihn, wie er zuverlässig hofft, beschützen und am Leben erhalten wird. Hierauf legen sie einen so hohen Wert, daß niemand, weder ein Verwandter noch ein Häuptling, es wagen wird, den Gemarterten Beistand zu leisten und wenn es gälte, das Leben desselben zu retten; denn nicht nur, daß die Gebräuche selbst dies verbieten und der Stolz desjenigen, der sein Leben dem Großen Geist anvertraut hat, jede Hilfe zurückweisen würde; auch der Aberglaube, das stärkste Argument bei den Indianern, würde sie abhalten, sich eines Menschen anzunehmen, dessen Leben der Große Geist in seine besondere Obhut genommen hat.

Haben die Gemarterten sich so weit erholt, daß sie aufstehen können, was in der Regel in wenigen Minuten der Fall ist, so erheben sie sich und gehen, schwankend gleich Betrunkenen, durch die ihnen Platz machende Menge hindurch in ihre Wigwams, wo sie von ihren Freunden und Verwandten empfangen und sorgfältig gepflegt werden.

Unter den jungen Leuten, die sich den Martern unterzogen, befand sich einer, an dessen einem Schenkel ein Elenschädel hing, der, obgleich mehrere der Umstehenden bereits darauf gesprungen waren, nicht von dem Körper zu trennen war, da das Holzstäbchen, woran er hing, unter der Sehne hindurch ging, die sich nicht zerreißen ließ. Das Herumschleifen im Kreis geschah nun immer schneller, und die Besorgnisse für das Leben des armen Burschen gaben sich deutlich durch ein klägliches Geheul der Umstehenden zu erkennen. Endlich sprang der Medizinmann mit seiner Pfeife hinzu und gebot Halt, worauf man den jungen Mann liegen ließ, der sich indes bald wieder erholte, seinen zerrissenen und blutenden Schenkel betrachtete und dann, seinem Mißgeschick Trotz bietend, mit einem freundlichen Lächeln durch die Zuschauer und über die Prärie nach einem einsamen, etwa eine halbe englische Meile entfernten Ort kroch (gehen dürfen sie nicht eher, als bis alle Stäbchen mit den daran hängenden Gegenständen ausgerissen sind). Hier lag er noch drei Tage und drei Nächte ohne Nahrung, bis endlich die Wunde in Eiterung überging und das Stäbchen, das er nicht herauszuziehen gewagt hatte, mit dem Fleisch und dem anhängenden Schädel abfiel. Nun kroch er auf Händen und Füßen, da er zu matt war, um gehen zu können, in das Dorf zurück und bat, ihm etwas zu essen zu geben, was auch sofort geschah. Er war bald gänzlich wiederhergestellt.

Fälle dieser Art kommen oft vor, und es hängt dann von dem jungen Mann ab, auf welche Weise er sich von den angehängten Gegenständen befreien will. Einige Pelzhändler, welche mehrere Jahre den letzten Teil der Zeremonien mit angesehen hatten, erzählten mir, daß vor zwei Jahren ein junger Mann, dessen Fleisch so stark war, daß es nicht zerreißen wollte, bis ans Flußufer kroch, dort einen Pfahl in die Erde stieß, an diesem und an seinem Arm einen Strick befestigte und nun sich an dem steilen, zwanzig bis dreißig Fuß hohen Ufer hinabließ, so daß das ganze Gewicht seines Körpers von dem Fleisch seines Armes getragen wurde. Hier hing er einige Tage gleich weit von dem hohen Uferrand und dem tiefen Wasser entfernt, bis endlich das Fleisch zerriß, er in den Fluß stürzte und sich durch Schwimmen rettete.

Aus dem bisher Gesagten ergibt sich wohl zur Genüge, daß im standhaften Ertragen von Schmerzen und Entbehrungen dem Indianer der Vorrang vor allen anderen Völkern gebührt, obgleich einige neuere Schriftsteller aus Neid, Unwissenheit oder aus irgendeinem anderen Grund bemüht gewesen sind, ihm auch diesen Vorzug streitig zu machen. Und obgleich mir bei dem Anblick dieser grausamen Gebräuche das Herz weh tat, so bin ich doch gern bereit, sie zu entschuldigen, daß sie so streng an einer Feier festhalten, deren Ursprung sie nicht kennen und die einen Teil der religiösen Gebräuche bildet.

Als die jungen Leute sämtliche Martern überstanden hatten, ging der alte Medizinmann und Zeremonienmeister in die Medizinhütte und holte die ›schneidenden Werkzeuge‹, die, wie oben erwähnt, an der Tür jedes Wigwams gesammelt worden waren. Nachdem er die Hütte fest verschlossen hatte, begab er sich in Begleitung aller Medizinmänner und aller Bewohner ans Ufer und warf sämtliche Messer usw. als ein dem Wasser dargebrachtes Opfer an einer sehr tiefen Stelle in den Fluß, von wo sie niemals wieder hervorgeholt werden können. Dies fand bei Sonnenuntergang statt und bildete den Schluß der religiösen Zeremonie der Mandaner.

Das sonderbare Land, in dem ich mich befand, und die eigentümlichen Vorfälle und Ereignisse, die mir dort fast jeden Augenblick vor Augen traten, machten es mir damals unmöglich, eine genaue Untersuchung über das Erlebte anzustellen; aber selbst wenn ich Zeit dazu gehabt hätte und mit allen Nachrichten, die ich mir später noch verschafft habe, müßte ich doch befürchten, bei der Erklärung dieser rätselhaften Mysterien auf dieselbe Schwierigkeit zu stoßen, die mit der Erklärung der meisten Gebräuche und Überlieferungen dieses einfachen Volkes verbunden ist, das keine Geschichte besitzt, um Tatsachen und Systeme aufzubewahren und vor der Ausartung in abgeschmackte und unzusammenhängende Fabeln und Erdichtungen zu sichern.

Die wenigen wahrscheinlichen Folgerungen, die ich aus den oben erzählten wunderlichen Gebräuchen habe ableiten können, will ich, wenn auch mit einigem Mißtrauen, hier mitteilen.

Daß dies Volk eine Überlieferung von der großen Flut besitzt, ist keineswegs auffallend, da jeder Stamm, den ich besuchte, in seiner Nähe einen großen Berg als denjenigen bezeichnet, auf dem das große Kanoe landete; aber daß dies Volk dieses Ereignis jährlich feiert, daß diese Feier immer dann stattfindet, wenn die Weiden ihr volles Laub haben, daß die Medizinhütte durch eine Person wie Numánk-Máchana (der ein weißer Mann zu sein scheint) eröffnet wird und daß dieser Mann ›von den hohen Bergen im Westen kommt‹ sowie einige andere Umstände, dies alles ist gewiß sehr merkwürdig und verdient besondere Aufmerksamkeit.

Der erwähnte Numánk-Máchana (der erste und einzige Mensch) ist unstreitig ein Medizinmann des Stammes, der am Abend zuvor in die Prärie hinausgegangen ist und, nachdem er sich für das Fest angekleidet und bemalt hat, am Morgen in das Dorf zurückkehrt, wo er den Anschein der Wirklichkeit zu erhalten sucht; denn ihre Überlieferung sagt, daß in sehr alter Zeit ein solcher Mann wirklich von Westen her kam – daß sein Körper von weißer Farbe war, wie jener seinen Körper bemalt –, daß er einen Anzug von vier weißen Wolfsfellen, einen Kopfputz von zwei Rabenbälgen und in der linken Hand eine große Pfeife trug. Er sagte, ›daß er einstmals der einzige Mensch gewesen – er erzählte ihnen, daß alles auf der Oberfläche der Erde vom Wasser zerstört worden sei –, daß er mit seinem großen Kanoe an einen hohen Berg im Westen gekommen sei, wo er gelandet und sich gerettet habe – daß die Mandaner und alle anderen Menschen jährlich dem Wasser einige schneidende Werkzeuge opfern müßten, denn mit solchen Dingen sei das große Kanoe gemacht worden. Er unterrichtete die Mandaner, wie sie die Medizinhütte erbauen und die jährlichen Zeremonien feiern sollten. Auch sagte er ihnen, daß, solange sie diese Opfer brächten und jene Gebräuche streng beobachteten, sie stets das Lieblingsvolk des Allmächtigen bleiben und immer vollauf zu essen und zu trinken haben würden; sobald sie dagegen die vorgeschriebenen Formen auch nur in einer Beziehung vernachlässigten, so könnten sie versichert sein, daß ihr Stamm sich vermindern und endlich ganz verschwinden würde.‹

Diese sonderbaren und unerklärlichen Gebräuche sind ohne Zweifel den Mandanern eigentümlich, obgleich die Mönnitarrier und einige andere benachbarte Stämme ebenfalls zu bestimmten Zeiten fasten und sich gewissen Martern unterziehen, die indes nur eine schwache Nachahmung der Zeremonien der Mandaner sind. Aus ihrer Sage von dem Weidenzweig und der Taube scheint hervorzugehen, daß sie mit irgendeinem Teil der zivilisierten Welt in Verbindung gewesen sind oder daß Missionare oder andere Personen früher unter ihnen gelebt haben, die sie mit der christlichen Religion und der mosaischen Lehre von der großen Flut bekanntmachten, die von den Ansichten über dieses Ereignis, wie sie sich bei den meisten Naturvölkern finden, ganz verschieden ist.

Noch andere und fast entscheidende Beweise für die obige Behauptung einer Verbindung mit der zivilisierten Welt lassen sich aus der verschiedenen Färbung des Haares und der Haut sowie aus der Sage von dem ›ersten und einzigen Menschen‹ ableiten, dessen Körper weiß war, der von Westen herkam, ihnen von der Zerstörung der Erde durch Wasser erzählte und sie in den Mysterien unterrichtete. Zu dem obigen will ich noch zwei Erzählungen hinzufügen, die mir von mehreren alten und würdigen Häuptlingen mitgeteilt wurden.

Die Mandaner waren das erste Volk, das in der Welt erschaffen wurde, und lebten ursprünglich im Innern der Erde. Sie pflanzten viele Weinreben, von denen eine durch ein Loch in der Erde nach oben gewachsen war; an dieser kletterten einige ihrer jungen Leute hinauf, bis sie oben anlangten an dem Ufer des Flusses, wo jetzt das Dorf der Mandaner steht. Sie blickten um sich und bewunderten das schöne Land und die Prärien – sahen viele Büffel, töteten einen mit dem Bogen und Pfeilen und fanden dessen Fleisch wohlschmeckend. Einer kehrte zurück und erzählte, was er gesehen hatte, worauf mehrere mit ihm an der Rebe hinaufkletterten und auch dieselben Dinge sahen. Unter denen, die hinaufkletterten, befanden sich auch zwei sehr schöne junge Frauenzimmer, welche Jungfrauen und daher Lieblinge der Häuptlinge waren. Als eine sehr große und beleibte Frau auch hinaufklettern wollte, wurde ihr dies von den Häuptlingen untersagt, weil sie zu schwer sei. Als sie sich jedoch einst allein sah, konnte sie ihre Neugier nicht länger bezwingen, sie fing an zu klettern, allein die Rebe brach unter dem Gewicht ihres Körpers, und sie fiel herab, wodurch sie sich sehr verletzte, obgleich sie nicht starb. Die Mandaner waren hierüber sehr betrübt, und sie wurde von allen verachtet, weil sie die Veranlassung eines großen Unglücks war, das sich nicht wiedergutmachen ließ; denn es konnte nun niemand mehr hinauf- und von den oben befindlichen keiner mehr herabsteigen. Letztere bauten das Mandanerdorf auf, wo es früher stand, eine große Strecke den Fluß weiter abwärts; der übrige Teil des Volkes lebt noch jetzt in der Erde.

Diese Sage wird von den Häuptlingen und Doktoren oder Medizinmännern mit dem größten Ernst erzählt, und die letzteren behaupten, daß sie zu gewissen Zeiten und an bestimmten Orten ihre Freunde durch die Erde hindurch könnten sprechen hören und daß sie diese in wichtigen Fällen um ihre Meinung und ihren Rat fragten.

Eine zweite Sage lautet folgendermaßen:

Vor sehr langer Zeit kam Ochkih-Häddäh (der Böse Geist, von dem oben bei der Beschreibung des Festes Okippe die Rede war) in Begleitung des Numánk-Máchana von Westen her in das Dorf der Mandaner und setzte sich neben eine Frau, die nur ein Auge hatte und Getreide behäufelte. Ihre Tochter, die sehr schön war, kam zu ihr, und der Böse Geist bat sie, ihm Wasser zu bringen, doch wünschte er, daß sie vorher noch zu ihm komme und etwas Büffelfleisch esse; sie möge, sagte er, nur ein Stück aus seiner Seite nehmen. Sie tat dies, aß und fand, daß es wie Büffelfett schmeckte. Dann holte sie Wasser, von dem beide, die unterdes nach dem Dorf gegangen waren, tranken – und weiter geschah nichts.

Die Freunde des Mädchens suchten sie bald darauf in Unehre zu bringen, indem sie erzählten, daß sie schwanger sei, was sie zwar nicht leugnete, zugleich aber ihre Unschuld beteuerte und kühn jeden Mann im Dorf aufforderte, sie anzuklagen. Dies verursachte eine große Aufregung im Dorf, und da niemand auftrat, um sie zu beschuldigen, so wurde sie als ›große Medizin‹ betrachtet. Bald nachdem dies geschehen, ging sie heimlich nach dem oberen Mandanerdorf, wo das Kind geboren wurde.

Es wurden große Nachforschungen angestellt, ehe man sie fand, denn man erwartete, daß das Kind ebenfalls große Medizin und für das Bestehen und die Wohlfahrt des Stammes von großer Wichtigkeit sein werde. Zu diesem Glauben bewog sie die sonderbare

Weise der Empfängnis und der Geburt des Kindes, auch bestätigten die Wunder, die es verrichtete, diesen Glauben. Außer anderen Wundern gab es den Mandanern, als sie nahe daran waren, vor Hunger zu sterben, vier Büffel und sagte, daß diese sie für immer mit Nahrung versorgen würden, auch war, nachdem sie sich gesättigt hatten, noch ebensoviel Fleisch vorhanden wie vorher, ehe sie gegessen hatten. Der erste Mensch war jedoch entschlossen, das Kind zu töten, und nachdem er es lange vergebens gesucht, fand er es einst an einem dunklen Ort, worauf er es ergriff und in den Fluß warf.

Als Ochkih-Häddäh den Tod dieses Kindes erfuhr, suchte er Numánk-Máchana auf, um ihn zu töten. Er verfehlte lange seine Spur und fand ihn endlich am Heart(Herz)-Fluß, etwa fünfzehn Meilen unterhalb des Dorfes, mit der großen Medizinpfeife in der Hand, deren Zauber ihn gegen jeden Feind schützt. Sie versöhnten sich bald wieder, rauchten beide aus der großen Pfeife und kehrten in das Dorf der Mandaner zurück. Der Böse Geist war zufriedengestellt, und Numánk-Máchana sagte den Mandanern, sie möchten niemals über den Heartfluß gehen, denn er sei die Mitte der Welt, und wenn sie jenseits derselben lebten, so würden sie untergehen. Er gab dem Fluß den Namen Nátka pássaháh (Herz oder Mitte der Welt).

Ich habe hier einige der hauptsächlichsten Sagen dieses Volkes ganz so mitgeteilt, wie sie mir von den Indianern erzählt wurden, und überlasse es jedem zu entscheiden, inwiefern sich daraus der Beweis herleiten läßt, daß dieses Volk seit langer Zeit eine unvollkommene Kenntnis von der Sündflut, von dem Erscheinen und dem Tod des Erlösers und dem Sündenfall Evas besitzt.

Ob sie eine bestimmte Ansicht über die Schöpfung haben, konnte ich nicht erfahren, indes scheinen sie über ihre eigene Existenz als Volk nicht hinauszudatieren. Sie halten sich, wie bereits erwähnt, für das zuerst erschaffene Volk. Ein mandanischer Doktor erzählte mir, daß die Erde eine große Schildkröte sei, die das Land auf ihrem Rücken trage, daß ein weißer Volksstamm, der jetzt ausgestorben sei, sehr tief in diesem Boden zu graben pflegte, um Dachse zu fangen. Eines Tages stießen sie ein Messer durch die Schale der Schildkröte, worauf diese sank, das Wasser das Land überschwemmte und alle Menschen bis auf einen ertranken. Als ich später das Bildnis dieses Doktors malte, sagte er mir, daß vier Schildkröten, eine im Norden, eine im Osten, eine im Süden, eine im Westen, vorhanden seien, von denen jede zehn Tage lang Regen gemacht habe und darauf endlich die Erde mit Wasser bedeckt worden sei.

Diese sich widersprechenden Erzählungen von einem und demselben Mann geben wohl den besten Beweis von der mangelhaften Beschaffenheit der indianischen Überlieferungen. Vielleicht waren es aber in diesem Fall Sagen verschiedener Sekten oder verschiedener Priester, die häufig ganz entgegengesetzte Theorien und Überlieferungen in bezug auf Geschichte und Mythologie aufstellen.

Wie roh und lächerlich indes alle diese Sagen auch erscheinen mögen, so sind doch einige Umstände darin, die mit den eben mitgeteilten unerklärlichen religiösen Zeremonien in Verbindung stehen und wohl eine nähere Berücksichtigung verdienen.

Bei allen Festlichkeiten, wobei die Pfeife angezündet und im Kreis herumgereicht wird, suchen die mandanischen Häuptlinge und Doktoren die Gunst des Großen Geistes dadurch zu gewinnen, daß sie, bevor sie selbst rauchen, die Pfeife mit der Spitze aufwärts nach den vier Weltgegenden richten. Die jährliche religiöse Zeremonie währt stets vier Tage, und mehrere andere Umstände bei dieser Feierlichkeit scheinen mit den vier Weltgegenden oder den ›vier Schildkröten‹ in Verbindung zu stehen. Vier Männer werden stets von Numánk-Máchana ausgewählt, um die Medizinhütte zu dem Fest vorzubereiten und zu reinigen, und zwar beruft er dazu aus jeder der vier Weltgegenden einen. Die vier Wassersäcke in Form von Schildkröten, die nebst den vier Büffel- und Menschenschädeln auf dem Fußboden der Hütte liegen, sowie die vier Paar Tänzer und die vier sich einmischenden Tänzer beziehen sich offenbar auf denselben Gegenstand.

Der Stiertanz, den man an den vier Tagen des Festes tanzt, wird am ersten Tag viermal, am zweiten achtmal, am dritten zwölfmal und am vierten sechzehnmal,im ganzen also vierzigmal wiederholt, was genau die Dauer der Sündflut nach der mosaischen Urkunde ist. Vier Opfer von schwarzem und blauem Tuch sind vor der Tür der Medizinhütte errichtet; der Böse Geist stattet den vier Büffeln im Stiertanz Besuche ab, und die jungen Leute, die sich den oben beschriebenen Martern unterzogen, hatten vier Stäbchen in den Beinen, vier in den Armen und vier am Körper.

Hiermit will ich meine Nachrichten über die Mandaner und ihre sonderbaren Gebräuche schließen. Ich könnte mit ihren Erzählungen und Überlieferungen leicht noch einen ganzen Band füllen; allein dies wäre nur ein Band von Fabeln, die nicht der Erwähnung wert sind; denn ein Indianerstamm im Urzustand, der keine Geschichtsschreiber besitzt, hat nur eine temporäre historische Existenz, und was man über seine Geschichte mit Sicherheit erfahren kann, läßt sich auf wenigen Seiten zusammenfassen.

Wenn ich bei den Mandanern länger verweile, als es bei irgendeinem anderen Stamm der Fall sein wird, so geschah dies, weil ich aus ihrer Persönlichkeit, ihren Gebräuchen, ihren Überlieferungen und ihrer Sprache die Überzeugung gewonnen habe, daß sie einen von den übrigen Stämmen dieser Gegenden ganz verschiedenen Ursprung haben und als ein wenig zahlreicher und schwacher Stamm in dem beständigen Kampf mit den mächtigen Sioux bald unterliegen müssen.

Aus den oben geschilderten barbarischen Gebräuchen wird man natürlich schließen, daß dies Volk zu den grausamsten und unmenschlichsten in der Welt gehöre. Dies ist jedoch nicht der Fall, und ich halte es für meine Pflicht zu erklären, daß es im ganzen genommen kein besseres, ehrenwerteres, freieres Volk auf der ganzen Erde gibt, daß man den Weißen nirgends schneller und herzlicher willkommen heißt und daß niemand mehr auf sein gegebenes Wort und auf seine Ehre hält.

Man wird unstreitig die Frage aufwerfen, ob es nicht möglich sei, diese grausamen Gebräuche unter den Mandanern auszurotten, sie zur christlichen Religion zu bekehren und an den Ackerbau zu gewöhnen. Dies alles muß ich mit ›ja‹ beantworten; denn obgleich diese Gebräuche seit undenklichen Zeiten bei ihnen heimisch sind und einen Teil ihrer Religion bilden und unwissende und abergläubische Völker hartnäckig an ihren religiösen Meinungen festzuhalten pflegen, so glaube ich dennoch, daß die Bestrebungen der Missionare nirgends mit glücklicherem Erfolg gekrönt werden dürften als unter den freundlichen und gastfreien Mandanern.

23. KAPITEL

Wohnsitz und Zahl der Mönnitarrier – Abstammung – Hauptdorf – Dampfbäder – Der alte Häuptling Schwarzschuh – Der Grünkorntanz

Die Mönnitarrier (das Weidenvolk) sind ein kleiner Stamm von etwa tausendfünfhundert Seelen, die in drei aus erdbedeckten Hütten bestehenden Dörfern an den Ufern des Knife(Messer)-Flusses wohnen, der durch eine schöne und ausgedehnte Prärie fließt und sich in den Missouri ergießt.

Sie sind unstreitig ein Teil des Stammes der am Fuß der Rocky

Mountains lebenden Krähenindianer (siehe das 7. und 8. Kapitel), von denen sie vor langer Zeit während eines Kriegs- oder Jagdzuges getrennt wurden und, da ihnen die Rückkehr durch Feinde abgeschnitten war, die Gastfreundschaft und den Schutz der Mandaner in Anspruch nahmen, mit denen sie jetzt in einer Art Bündnis leben, wechselseitige Heiraten schließen und gemeinschaftlich ihr Gebiet verteidigen.

Sowohl in der Sprache und dem äußeren Ansehen als in vielen ihrer Gebräuche gleichen sie vollkommen den Krähenindianern; durch das lange Zusammenleben mit den Mandanern haben sie jedoch vieles von diesen angenommen, und sie suchen noch fortwährend, sich ihnen immer mehr zu nähern. Ihre unbestimmten und mannigfaltigen Sagen enthalten einige Andeutungen darüber, wie, aber nicht wann sie an ihren jetzigen Wohnort gekommen sind. Sie erzählen, daß sie arm, ohne Wigwams, ohne Pferde angekommen, daß nur wenig Männer unter ihnen gewesen, indem ihre Krieger auf der Flucht erschlagen worden seien; die Mandaner hätten sie nicht in ihr Dorf aufnehmen, auch ihnen nicht gestatten wollen, sich in größerer Nähe als da, wo sie jetzt wohnen, niederzulassen, doch hätten sie ihnen bei der Erbauung ihres Dorfes Hilfe geleistet. Ihre Wigwams sind daher genauso gebaut, wie die oben beschriebenen der Mandaner.

Allein, trotzdem sie so lange mit den Mandanern zusammenleben und die meisten ihrer Gebräuche angenommen haben, gibt es kaum einen Mönnitarrier, der imstande wäre, ein halbes Dutzend Worte der Mandanersprache zu sprechen, während die meisten Mandaner sich in der Sprache der Mönnitarrier zu unterhalten vermögen. Es läßt sich dies nur dadurch erklären, daß entweder die Mönnitarrier sehr träg und dumm sind, oder – und dies ist wahrscheinlich das richtige – daß die Sprache der Mandaner, die sich von allen anderen Sprachen des Landes unterscheidet, sehr schwer zu erlernen ist.

Das Hauptdorf der Mönnitarrier, das am Knifefluß erbaut worden ist, enthält etwa vierzig bis fünfzig erdbedeckte Wigwams von vierzig bis fünfzig Fuß im Durchmesser; es liegt hoch, während die beiden anderen Dörfer tiefer und in den zahlreichen Kornfeldern und der üppigen Vegetation ganz versteckt liegen.

Der erste Häuptling dieses Stammes, ein sehr alter Mann von patriarchalischem Ansehen, namens Itáchpa-Süpchähsch (Schwarzschuh), zählt gewiß über hundert Jahre. Ich wohnte mehrere Tage in seiner Hütte, wo die Mitglieder seiner Gemeinde ihn besuchen und ihm Ehrfurcht bezeigen. Er hat Stimme und Gesicht fast gänzlich verloren, aber seine Handbewegungen sind noch energisch und jugendlich. Ich habe diesen alten Häuptling gezeichnet, wie er in seinem Wigwam saß, seine Pfeife rauchte und mir einige seiner größten Heldentaten erzählte; er trug eine schöne Büffelhaut und hatte sein Haar oben auf dem Kopf in Kegelform aufgewunden und mit einem kleinen Holzstäbchen befestigt.

Er erinnerte sich noch sehr gut der beiden Reisenden Lewis und Clarke, die vor etwa dreißig Jahren zuerst dies Land erforschten und die Rocky Mountains überstiegen. Sie erzählen in ihrem Reisebericht, daß dieser Mann sie mit großer Güte behandelt habe und daß sie ihn dafür mit Zustimmung des Volkes zum Häuptling einsetzten; diese Würde hat er seitdem ununterbrochen bekleidet. Er erkundigte sich sehr angelegentlich nach dem ›Rothaar‹ und dem ›Langen Messer‹, wie er die Herren Lewis und Clarke nannte, weil der letztere, was in diesem Land beispiellos ist, rotes Haar hatte und der erstere einen breiten Säbel trug. Ich erzählte ihm, daß ›Das lange Messer‹ seit mehreren Jahren tot sei, daß aber ›Rothaar‹ noch in St. Louis lebe und sich freuen würde, etwas von ihm zu hören; dies schien ihm sehr angenehm zu sein, und er sagte mir, daß er mir noch besondere Aufträge an Herrn Clarke mitgeben werde.*

Die Mönnitarrier werden gewöhnlich Grosventres (Dickbäuche) genannt; sie haben diesen Namen von den französischen Pelzhändlern erhalten. Sie sind ein großer, kräftig gebauter Menschenschlag und verdienen wohl unter allen Stämmen der westlichen Wildnis am meisten den Beinamen der kriegerischen Nation, denn ungleich den Mandanern unternehmen sie häufig Kriegszüge in das Gebiet ihrer Feinde, wodurch sie auch die armen Mandaner oft in Streitigkeiten verwickeln, während sie selbst durch diese Kriegszüge so viel leiden, daß in ihrem Stamm sich die Männer zu den Frauen wie 1:2 oder 3 verhalten.

Der Sohn des Schwarzschuh, der Ihätschintschiä (der rote Donner) heißt und für einen der tapfersten Krieger gilt, wurde in seinem Kriegsanzug von mir gemalt, das heißt mit Bogen, Köcher und Schild, aber ohne Kopfputz und ohne Büffelhaut und mit größtenteils nacktem, rot und schwarz bemaltem Körper; denn nur die

* Als ich ein Jahr später in St. Louis war, hatte ich das Vergnügen, dem greisen General Clarke meine Aufträge auszurichten und ihm auch das Bildnis des alten Häuptlings zu zeigen, das er unter hundert anderen sogleich erkannte. Er bemerkte, daß sie den Schwarzschuh schon vor 32 Jahren, als sie ihn zum Häuptling ernannten, für einen alten Mann gehalten hätten.

Häuptlinge gehen in vollem Schmuck in den Kampf, damit sie leicht von den Feinden erkannt werden und wenn sie fallen, ihnen eine würdige Beute darbieten.

Außer den Häuptlingen und Kriegern gibt es in diesem kleinen Stamm auch noch schöne Frauen, die sich stets neugierig um mich versammelten und meine Malerei anstaunten. Von allen Frauen, die täglich in meine Hütte kamen, gelang es mir, nur eine einzige zu malen; und auch diese weigerte sich anfangs sehr, indem sie sagte, daß sie nicht hübsch genug sei und daß man über ihr Bildnis lachen werde. Sie war eine Verwandte des alten Häuptlings und wenn auch nicht die schönste, so doch ziemlich hübsch; ihr Name war Siht-si-bi-ä (die Mittagssonne). Diese Weigerung, sich malen zu lassen, hat teils ihren Grund in der Furcht, daß ihnen künftig Unglück daraus erwachsen könne, teils auch in der großen Schüchternheit, die bei diesen Stämmen Fremden gegenüber alle Vorstellung übersteigt.

Die Mönnitarrier bauen viel Mais an, und ich war bei ihren Festlichkeiten zugegen, die jährlich stattfinden, wenn die Ähren die gehörige Größe erlangt haben, um gegessen zu werden. Der grüne Mais ist bei allen Stämmen, die ihn anbauen, eine Lieblingsspeise, die gegessen wird, wenn die Körner ihre volle Größe erreicht haben, aber noch weich und fleischig sind. Die Ähren werden gekocht und in großer Menge unter den ganzen Stamm verteilt, der sich daran gütlich tut, solange der Vorrat reicht, und durch Opfer, Tänze und Gesänge dem Großen Geist dafür dankt, daß diese freudenvolle Zeit abermals erschienen ist. Diese Feier findet bei den meisten Stämmen, die Mais bauen, auf dieselbe Weise statt, wie weit sie auch voneinander entfernt sein mögen; sie währt so lange, als die Maiskörner in dem weichen Zustand bleiben, gewöhnlich eine Woche oder zehn Tage, und während dieser Zeit werden die Jagd, der Krieg und alle anderen Beschäftigungen ausgesetzt. Die sorglosen Indianer plündern dann die Felder auf unverantwortliche Weise und lassen nur ebensoviel Ähren übrig, als zur Aussaat im nächsten Jahr erforderlich sind, ohne daran zu denken, daß sie von der in diesen wenigen Tagen zerstörten Ernte mit Weib und Kindern den langen traurigen Winter hindurch hätten leben können.

Das Merkwürdigste bei dieser Festlichkeit ist der Grünkorntanz, der dem eigentlichen Fest vorhergeht und bei den meisten auf folgende Weise stattfindet:

Wenn dem äußeren Ansehen nach die Maisähren den gehörigen Grad der Ausbildung erreicht haben, so werden mehrere alte

Frauen, denen Maisfelder gehören (denn in allen Indianerländern bauen nur diese das Feld, indem die Männer sich nie mit so entwürdigenden Beschäftigungen befassen) von den Medizinmännern beauftragt, täglich bei Sonnenaufgang die Felder zu besuchen und einige Ähren in die Versammlungshütte zu bringen, wo sie in den Kessel geworfen und untersucht werden. Sobald die Medizinmänner die Ähren gut finden, senden sie die Ausrufer ab, um in jedem Teil des Dorfes oder Stammes zu verkünden, daß der Große Geist gnädig gegen sie gewesen sei und daß alle Bewohner am nächsten Tag sich versammeln sollen, um ihm für seine Güte zu danken. Auch wird allen anempfohlen, leere Mägen mitzubringen und sich auf das bevorstehende Fest vorzubereiten.

An dem von den Doktoren bestimmten Tag versammeln sich alle Bewohner des Dorfes um einen über dem Feuer hängenden Kessel, worin man Maisähren kocht, um sie dem Großen Geist als Opfer darzubringen; bis dies geschehen ist, muß jeder seinen Hunger bezähmen. Während diese Ähren kochen, tanzen vier weiß bemalte Medizinmänner, mit einer Maisstaude in der einen und einer Rassel in der anderen Hand, um den Kessel und singen dem Großen Geist Dankgesänge. Um diese Medizinmänner tanzen in einem größeren Kreis, ebenfalls singend und Maisstauden in den Händen tragend, die Krieger, während das übrige Volk zuschaut. Während dieses Tanzes werden hölzerne Schüsseln, in denen das Mahl ausgeteilt wird, auf die Erde gestellt und in jede ein aus den Hörnern des Büffels oder des Bergschafes verfertigter Löffel gelegt.

Auf diese Weise wird der Tanz fortgesetzt, bis die Doktoren erklären, daß der Mais genug gekocht habe; der Tanz wird nun auf einen Augenblick unterbrochen, um sofort in anderer Weise und mit anderen Gesängen wiederaufgenommen zu werden, während die Medizinmänner die Maisähren auf ein kleines Gerüst von Holzstäbchen legen, das sie über dem Feuer errichten und sich dann dem Tanz wieder anschließen.

Ist alles von den Flammen verzehrt, so wird es nebst der Asche hinweggenommen und in der Erde vergraben, dann an derselben Stelle, wo das erloschene Feuer sich befand, ein neues Feuer, und zwar durch Reibung, angezündet. Es geschieht dies dadurch, daß drei Männer, die einander ablösen, das Ende eines Stabes in einem harten Holzblock zwischen den Händen schnell hin- und herdrehen, bis sich Rauch und endlich ein Funken zeigt, der dann unter dem Jubelgeschrei der Umstehenden in einem Stück faulen Holzes aufgefangen wird. Man zündet nun ein neues Feuer an, hängt den

Kessel darüber und kocht Mais für die Häuptlinge, Doktoren und Krieger. Ist dies geschehen, so kommt der ganze Stamm an die Reihe, und das Schmausen währt so lange, bis die Felder erschöpft oder die Körner zu hart geworden sind.

Dies sind die Hauptzüge des Grünkornfestes, wie es bei den meisten Stämmen, wenn auch mit einigen Abänderungen und Zusätzen, gefeiert wird.

Einige südliche Stämme kochen einen Trank von höchst bitterem und ekelerregendem Geschmack, den sie Asceola (schwarzer Trank) nennen. Einige Tage vor dem Fest trinken sie im Übermaß davon, um heftiges Erbrechen zu bewirken und Magen und Eingeweide für den Grünkornschmaus zu leeren.

24. KAPITEL

Krähenindianer in dem Dorf der Mönnitarrier – Der Krähenhäuptling zu Pferde in vollem Staat – Eigentümlichkeiten der Krähenindianer; langes Haar; halbmondförmige Kopfbildung – Ratten im Dorf der Mönnitarrier – Lederboote – Schwimmen der Mädchen – Pferderennen – Ein Scherz – Reiten auf nackten Pferden – Große Büffeljagd – Zerschneiden und Heimbringen des Fleisches

Während ich die Hütte des Häuptlings Schwarzschuh bewohnte, befanden sich dort auch als Gäste zwei Häuptlinge der Krähenindianer, die gekommen waren, ihre alten Freunde und Verwandten zu besuchen.

Es ist bereits im 7. und 8. Kapitel von diesen Indianern die Rede gewesen, da ich aber hier einige von ihnen gemalt habe, so glaube ich, noch einmal darauf zurückkommen zu müssen.

Nichts gewährt einen malerischeren Anblick als ein Trupp Krähenindianer zu Pferde, wenn sie in ihrem vollen Putz ein Scheingefecht aufführen, eine Unterhaltung, die sie sehr lieben und zu der sie große Vorbereitungen machen. Man kann von ihnen mit vollem Recht sagen, daß sie von allen Indianern dieser Gegenden am schönsten gekleidet und am besten beritten sind. Ihre Pferde, die sie am Fuß des Felsengebirges einfangen, sind schöne und mutige Tiere.

Ich habe einen der ausgezeichnetsten unter diesen Indianern gemalt, wie er mit Lanze, Schild und Bogen und in seinem größten Putz sein wildes Roß herumtummelte. Sein Anzug (Rock, Beinkleider und Schuhe) war aus dem Fell der Bergziege gemacht; die Nähte waren reich mit den Skalplocken der von ihm im Kampf erlegten Feinde besetzt; sein langes, glänzend schwarzes Haar, das, wenn er stand, fast den Boden berührte, flatterte frei im Wind; auf dem Kopf trug er den schönen Schmuck von Federn des Kriegsadlers und Hermelinfell, und auch der Kopf seines Rosses war auf ähnliche Weise verziert. Außerdem war das Pferd noch an Kopf, Nacken, Rücken und Hüften mit einem bunten Netz geschmückt, das in einem mit vielfarbigen Stachelschweinstacheln und Muscheln verziertem Schwanzriemen endete.

Ich habe schon früher (8. Kapitel) von der eigentümlichen halbmondförmigen Schädelbildung der Krähenindianer gesprochen, wodurch sie sich von den Schwarzfußindianern, den Schaiennes, Knisteneaux, Mandanern und anderen Stämmen dieser Gegenden scharf unterscheiden. Es kommen natürlich auch Ausnahmen vor, aber die meisten haben eine rundgebogene Nase und eine niedrige, zurücktretende Stirn; letztere tritt oft so sehr zurück, daß man glauben möchte, man habe ihr durch gewaltsame Mittel diese Form gegeben, wie es bei den Flachkopfindianern (Flatheads) jenseits der Rocky Mountains üblich ist. Aber durch vielfache Nachforschungen habe ich mich überzeugt, daß ein solcher Gebrauch nicht bei ihnen vorhanden ist, sondern daß sie mit dieser Schädelform geboren werden, die daher wohl als ein nationales oder Stammkennzeichen betrachtet werden kann.

Die rohen Zeichnungen der Mexikaner, die ich in mehreren Werken über die Altertümer Mexikos gesehen habe, erinnerten mich lebhaft an die Krähenindianer, so daß ich fast geneigt war, sie für Nachkommen dieses Menschenschlages zu halten, der jene merkwürdigen und unerklärlichen Altertümer hinterlassen hat und dessen Überreste sich längs der Rocky Mountains bis zu ihrem gegenwärtigen Wohnort verbreiten. Ich will dies jedoch keineswegs als eine Theorie aufstellen, denn es drängt sich unwillkürlich die Frage auf, ob auch jene rohen Zeichnungen wirklich den wahren Charakter des Volkes darstellen. So zeigen in den Zeichnungen der Mandaner die meisten menschlichen Figuren zum Beispiel auf der im 21. Kapitel beschriebenen Büffelhaut Mah-to-toh-pas ganz die Umrisse der Stirn und Nase, wie man sie auf den Zeichnungen der alten Mexikaner und bei den jetzt lebenden Krähenindianern sieht, obgleich sie diese Formen weder von den letzteren entlehnt noch auch unter ihrem eigenen Stamm dergleichen Vorbilder haben.

Eines Tages belustigte mich sehr eine Versammlung von jungen

Leuten und selbst von Häuptlingen und Doktoren, die, da sie gehört hatten, ich sei ›große Medizin‹ und ein großer Häuptling, daraus den Schluß zogen, daß ich unter den ›bleichen Gesichtern‹ ein einflußreicher Mann sei und daher wohl imstande sein müßte, ihnen einen großen Dienst zu leisten, der, wie sie mir in mehreren wohlgesetzten Reden erklärten, in folgendem bestehe:

Vor fünf oder sechs Jahren erschien ein unbekanntes kleines Tier, etwa von der Größe eines Eichhörnchens, aber mit einem langen, runden Schwanz, bei dem Wigwam eines Häuptlings, wo es zwischen den Töpfen und Kesseln hervorschaute. Sie betrachteten es als große Medizin, und niemand wagte, es zu töten, wohl aber kamen alle herbei, um es zu sehen. Einst sah man, daß es eine kleine Maus, die in den Hütten sehr häufig ist, fing und auffraß. Man entschied sich daher für die Ansicht, daß der Große Geist dies sonderbare Tier gesandt habe, um die lästigen Mäuse, die unter den Kleidungsstücken und anderen Gegenständen arge Verwüstungen anrichteten, zu vertilgen. Es wurde daher in den Versammlungen beschlossen, diesen willkommenen Besucher und seine Nachkommenschaft zu schonen, die sich auch so schnell vermehrte, daß man hoffte, dadurch von den lästigen Mäusen befreit zu werden. Bald jedoch erfuhr man von einem Pelzhändler, daß das merkwürdige Tier (das Baptiste Monsieur Ratapon nannte) von einem Kielboot, das den Missouri hinauffuhr, ans Land gekommen sei und seinen Aufenthalt in einem der Wigwams genommen habe. Diese Nachricht verminderte zwar auf kurze Zeit die Achtung, die sie diesem Tier bewiesen, allein, da es bei dem Mangel aller anderen Nahrung seinen Krieg gegen die Mäuse fortsetzte, so verehrten sie es wie früher und sträubten sich dagegen zu glauben, daß es ohne Mitwirkung des Großen Geistes zu ihnen gekommen sei.

Da indes diese Tiere in den letzten Jahren sich so vermehrt hatten, daß sie sich in jedem Wigwam fanden, die Gruben, worin man den Mais und andere Lebensmittel aufbewahrt, plünderten und den Boden unter den Wigwams so unterwühlten, daß diese einstürzten, so betrachtete man sie als eine große Plage und als ein öffentliches Unglück, und die erwähnte Versammlung hatte den Zweck, meine Aufmerksamkeit darauf zu lenken, in der Hoffnung, daß ich imstande sein würde, sie davon zu befreien. Ich versicherte ihnen, daß ihre Lage mir sehr zu Herzen gehe, bedauerte aber zugleich, nichts für sie tun zu können, da die Tiere wirklich große Medizin seien.

Nach Beendigung dieser Versammlung beschloß ich mit Baptiste und Bogard, die noch immer meine unzertrennlichen Gefährten waren, das obere Dorf der Mönnitarrier zu besuchen, das etwa eine halbe englische Meile entfernt auf dem anderen Ufer des Flusses liegt. Als der alte Häuptling dies hörte, befahl er einer von den zahlreichen Frauen seines Haushaltes, mich überzusetzen. Diese nahm nun ein Lederboot (oder wie es hier genannt wird, Stierboot, Bullboat), das die Form einer großen Wanne hat und aus einer über einem Geflecht von Weidenzweigen gespannten Büffelhaut besteht, trug es auf dem Kopf bis ans Wasser und gab uns dreien das Zeichen zum Einsteigen. Als wir uns glatt auf den Boden gesetzt hatten – wobei wir nicht wußten, wo wir mit unseren Füßen bleiben sollten –, trat die Frau vor das Boot und zog es mit der einen Hand fort, während sie mit der anderen ihr Gewand hielt, das sie aber, als das Wasser ihr über den Gürtel reichte, auszog und an das Ufer warf, worauf sie schwimmend mit einer Hand das Boot nach sich zog. Als wir auf diese Weise in die Mitte des Stromes gekommen waren, sahen wir uns plötzlich von einem Dutzend junger Mädchen von zwölf bis achtzehn Jahren umgeben, die sich am gegenüberliegenden Ufer badeten und wie Seejungfrauen bald sich mit dem halben Körper aus dem Wasser erhoben, bald wieder darin untertauchten. Während wir diesem lustigen Treiben mit Vergnügen zuschauten, hatten diese kühnen Schwimmerinnen unsere Führerin von dem Boot weggedrängt und ließen nun unser Boot den Strom hinabtreiben. Da wir weder ein Ruder noch sonst irgend etwas bei uns hatten, um uns ihrer zu erwehren, so blieb nichts übrig, als gute Miene zum bösen Spiel zu machen und uns durch Geschenke von diesen Wassernixen, in deren Gewalt wir uns befanden, loszukaufen, und nachdem ich mehreren dieser Mädchen, sowie sie aus dem Wasser auftauchten, Schnüre von Glasperlen um den Hals gehängt und anderen einige Pfriemen geschenkt hatte, bemühten sich alle, unser Boot ans Ufer zu bringen; als aber das Wasser so seicht wurde, daß sie nur noch in gebückter Stellung mit dem halben Leib unter dem Wasser bleiben konnten, gaben sie unserem Boot noch einen tüchtigen Stoß und kehrten lachend in das tiefere Wasser zurück, während uns nichts anderes übrigblieb, als die kurze Strecke ans Ufer zu waten, wobei das Wasser uns bis auf den halben Schenkel reichte.

In dem oberen Dorf, das aus dreißig bis vierzig Hütten, jede mit etwa zwanzig Bewohnern, besteht, wurde ich von dem Häuptling Gelbschuh empfangen und, nachdem er mich in seiner Hütte bewirtet, aufgefordert, ihm auf eine schöne Prärie zu folgen, wo die jungen Leute dieses Dorfes sowie mehrere aus dem unteren Dorf sich belustigten. Ein junger hübscher Mann hatte bei dem Pferderennen bedeutend verloren, indem sein Pferd zweimal von anderen überholt worden war, worüber seine Schwester in laute Klagen ausbrach. Ich beschloß daher, mit ihm zu reiten, und wählte mir ein schlecht aussehendes Pferd, das offenbar zu fett und zu träge war, um mit seinem leichtgebauten Renner wetteifern zu können, und bot als Preis des Rennens drei Ellen rotes Tuch, ein Messer und ein halbes Dutzend Perlenschnüre gegen die schönen Beinkleider, die er trug. Er war auch sogleich bereit, die Wette anzunehmen, und es erregte großes Aufsehen, einen weißen Mann, und zwar auf einem Pferd, das kein Indianer gewählt haben würde, mit einem roten Mann wettreiten zu sehen. Es war indes niemand zu bewegen, die anderen kleinen Wetten, die ich anbot, um ihnen einen Triumph zu bereiten, anzunehmen, denn bei der Unscheinbarkeit des von mir gewählten Pferdes glaubten alle, daß es wohl Tugenden besitzen müsse, die ihnen entgangen, und daß wohl etwas Medizin in ihm sein müsse; selbst der erwähnte junge Mann schien geneigt, seine Wette zurückzuziehen, ließ sich aber endlich doch bewegen, mit mir an das andere Ende der Bahn zu reiten, von wo aus das Rennen beginnen sollte und wohin uns mehrere Reiter begleiteten. Hier machte man mich jedoch mit einer Bedingung bekannt, an die ich früher nicht gedacht hatte; es reitet nämlich ein jeder ganz nackt und auf einem nackten Pferd! Dies setzte mich in große Verlegenheit, da ich mich aber nicht verständlich machen konnte, so blieb mir nichts übrig, als mich dem Gebrauch zu fügen. Ich legte daher meine Kleider ab, bestieg mein Roß, und dahin ging es über die Prärie; allein, obgleich mein Pegasus zu fliegen schien, so blieb er doch so weit hinter meinem Gegner zurück, daß ich das Unnütze jeder ferneren Mitbewerbung einsah, mein Pferd umlenkte und zu großer Genugtuung der Reiter an dem Punkt, von dem wir abgeritten waren, wieder ankam. Die Frauen und Kinder, die sich um das Ziel in großer Menge zusammengedrängt hatten, um den ›weißen Medizinmann‹ ankommen zu sehen, waren dagegen mit dieser Wendung der Dinge sehr unzufrieden. Ich kleidete mich sogleich an, ritt zurück und erklärte mich für besiegt, während ich zugleich die Überlegenheit meines Mitbewerbers anerkannte und die wunderbare Kraft seines Pferdes rühmte, worüber er sehr erfreut schien. Auch die Klagen seiner Schwester verstummten, als sie das schöne rote Tuch und eine Menge bunter Glasperlen empfing, mit denen sie sogleich ihren kupferfarbigen Hals schmückte.

Als ich von diesen Belustigungen genug gesehen hatte, kehrte ich mit meinen Gefährten nach dem kleinen Dorf zurück, dessen Hütten durch den Mais, die Sonnenblumen und andere Gewächse, die so üppig und dicht gedrängt emporgeschossen waren, daß sie einen kleinen Wald bildeten, dem Auge fast gänzlich entzogen wurden. Wir schlenderten eine Weile durch das Dorf, sahen in die meisten Hütten hinein und schifften endlich wieder über den Fluß hinüber nach dem Dorf, das wir am Morgen verlassen hatten. Wir sahen an diesem Tag alle Bewohner des kleinen Stammes, mit Ausnahme einer kleinen Anzahl Krieger, die einen Kriegszug gegen die Rikkarihs unternommen hatten. Ich war mit ihrem Betragen und ihrem Aussehen zufrieden, und auch ihnen schien es sehr zu gefallen, daß ich an mehreren ihrer Belustigungen teilnahm.

Ebenso kühn und furchtlos wie im Krieg sind die Mönnitarrier auch auf der Jagd, und namentlich erregen ihre Büffeljagden die Bewunderung aller, die Zeugen davon waren. Auch ich war einst bei einer solchen Jagd zugegen und muß gestehen, daß sie alles übertrifft, was ich von Szenen dieser Art je gesehen habe, weshalb ich einige Worte darüber sagen will.

Die Mönnitarrier hatten, gleich den Mandanern, einige Monate Mangel an Fleisch gehabt und fürchteten schon, die Büffel möchten so weit fortgewandert sein, daß sie Hungers sterben müßten, als plötzlich eines Morgens in dem Dorf die Ankunft einer Büffelherde verkündet wurde. Sogleich ritten mehr als hundert junge Leute mit ihren Waffen nach der Prärie, und der Häuptling sagte mir, daß eines seiner Pferde an der Tür seines Wigwams für mich bereit sei, wenn ich der Jagd beiwohnen wollte. Ich nahm die freundliche Einladung gern an, bestieg mein Pferd und galoppierte mit den Jägern nach der Prärie, wo wir bald eine grasende Büffelherde in der Ferne erblickten. Es wurde nun haltgemacht und die Angriffsweise beraten; ich hatte nur Bleistift und Skizzenbuch bei mir und hielt mich daher meist im Hintergrund, wo ich alles genau beobachten konnte.

Der beschlossene Angriffsplan war, was man hier eine ›Umzingelung‹ nennt; es wurden nämlich alle Jäger, die auf ihren Büffelpferden ritten und mit Pfeil und Bogen oder mit einer langen Lanze bewaffnet waren, in zwei Kolonnen geteilt, die eine entgegengesetzte Richtung einschlugen, sich in der Entfernung von einer englischen Meile um die Herde herumzogen und auf ein gegebenes

Zeichen sich ihr langsam näherten. Als endlich die sorglose Herde den Feind witterte und in größter Verwirrung die Flucht ergriff, jagten die Reiter in vollem Galopp und mit furchtbarem Geschrei nach dem Punkt hin, wo die Büffel die Linie durchbrechen wollten, worauf diese plötzlich umkehrten und nach der entgegengesetzten Richtung flohen, wo sie auf ähnliche Weise empfangen wurden und nun in die größte Verwirrung gerieten. Unterdes waren nun alle Jäger herbeigekommen und bildeten eine zusammenhängende Linie um die erschreckten Tiere, die sich dicht aneinanderdrängten, und nun begann die eigentliche Jagd. Ich hatte mich in geringer Entfernung auf einem erhöhten Punkt aufgestellt, von wo aus ich den ganzen Kampfplatz genau übersehen konnte.

Es erhob sich bald eine dichte Staubwolke, wo die Jäger herumgaloppierten und mit Pfeilen und Lanzen die Büffel angriffen, die oft, durch tödliche Wunden wütend gemacht, sich mit gesträubter Mähne gegen das Pferd ihres Feindes kehrten, es mit einem einzigen Stoß töteten und die Reiter zwangen, ihr Leben durch die Flucht zu retten; zuweilen, wenn die dichte Masse der Büffel sich öffnete, drangen die Jäger, nur auf ihre Beute erpicht und durch den Staub verhindert, sich zu sehen, mitten zwischen die Büffel hinein und waren dann genötigt, um ihr Leben zu retten, über die Rücken der Büffel hinwegzuspringen, während sie die Pferde ihrem Schicksal überlassen mußten. Viele Reiter verloren in diesem verzweifelten Kampf ihre Pferde und retteten sich nur durch die Schnelligkeit ihrer Füße; manche, denen die Büffel, die sie verfolgten, bereits ganz nahe waren, sprangen plötzlich auf die Seite und warfen das Stück Büffelhaut, das sie um den Leib tragen, den wütenden Tieren über die Hörner und Augen und töteten sie mit dem Pfeil oder der Lanze; andere verfolgten und erlegten die geängstigten Tiere, welche, dem Gedränge entflohen, sich über die Prärie zu retten suchten.

Auf diese Weise verwandelte sich die Jagd bald in einen verzweifelten Kampf, der etwa fünfzehn Minuten währte und mit der Vernichtung der ganzen, gewiß aus mehreren hundert Stück bestehenden Herde endigte.

Als alles vorüber war, stiegen die Jäger ab und gingen, die Pferde am Zügel führend, zwischen den toten und sterbenden Tieren umher, indem jeder die von ihm erlegten an seinen Pfeilen erkannte, die er nun aus den Wunden herauszog. Nachdem dies geschehen war, setzten sich alle auf die Erde, rauchten einige Pfeifen und ritten dann nach dem Dorf zurück.

Es wurden nun einige Krieger an den Häuptling gesandt, um ihm den Erfolg der Jagd zu melden, während zu gleicher Zeit andere den einzelnen Familien dieselbe Nachricht brachten. Um nun das Fleisch in Sicherheit zu bringen, begaben sich einige hundert Frauen und Kinder nach dem Schlachtfeld, wo sie den Tag damit zubrachten, den erlegten Tieren die Haut abzuziehen und das Fleisch zu zerschneiden, das sie teils auf ihrem Rücken, teils auf Pferden ins Dorf schafften. Auch fanden sich wenigstens tausend alte und junge Hunde ein, die auch ihren Anteil von diesem reichen Vorrat verlangten, um ihren Hunger zu stillen. Ich sah diesem Treiben über eine Stunde zu und ergötzte mich sehr an dem beständigen Kampf, der zwischen den Frauen und den Hunden stattfand.

25. KAPITEL

Das kleine Mandanerdorf – Ein Indianer bietet sich als Kopfkissen an – Dorf der Rikkarihs – Abstammung der Mandaner – Wälische Kolonie – Expedition des Madoc

Ich habe bereits früher (11. Kapitel) gesagt, daß die Mandaner in zwei etwa zwei englische Meilen voneinander entfernten Dörfern leben, und das Hauptdorf ist (im 11. und 12. Kapitel) so genau beschrieben worden, daß ich über das kleine Dorf, das ich von dem Dorf der Mönnitarrier aus besuchte, nichts mehr hinzuzufügen brauche.

In dem kleinen Dorf, das sechzig bis achtzig Hütten enthält, wurde ich mit derselben Gastlichkeit aufgenommen wie in dem größeren; ich malte auch hier mehrere angesehene Personen, die ebenfalls darüber erstaunten und sich sehr geschmeichelt fühlten. Überhaupt hat mir mein Pinsel überall unter diesen wilden Völkern enthusiastische Freunde erworben, aber hier wurde ich auf eine höchst eigentümliche Weise geehrt, indem einer dringend um die Ehre bat, mir als Kopfkissen dienen zu dürfen. Da ich einige Tage an der Influenza gelitten hatte, so schlief ich nicht in dem Bett an der Seite der Hütte, sondern legte mich, in eine Büffelhaut gehüllt, auf den Fußboden mit den Füßen gegen das Feuer gekehrt. Hierher verfolgte mich nun beständig mein unwiderstehlicher Freund, und da ich ihm seine Bitte, auf deren Erfüllung er so großen Wert zu legen schien, nicht abschlagen mochte, so erkundigte ich mich nach ihm und erfuhr, daß er ein tapferer Rikkarih mit Namen Pah-tuhca-ra sei, der mit mehreren seiner Stammesgenossen in diesem friedlichen Dorf zu Besuch war. Vielleicht wollte er durch diese Hingabe meine Freundschaft gewinnen und hoffte, unter meinem Schutz um so sicherer zu sein. Zum Dank für seine Aufopferung habe ich ihn gemalt. Auch ein hübsches kleines Mädchen, Pschan-schah (das wohlriechende Gras), habe ich auf diese Weise verewigt. Ihr Unterkleid war aus einem Stück gemacht und reich mit Stickerei und Glasperlen und über der Brust mit einer Reihe Elenzähnen verziert; die Haut eines jungen Büffels, die sie darüber trug, war ebenfalls geschmackvoll gestickt und hing bis auf den Boden herab. Außerdem malte ich noch einen Häuptling dieses Stammes, Stan-au-pat (die blutige Hand), und eine alte Frau, Kah-beck-a (Zwilling); die Anzüge der drei letzteren habe ich für meine Sammlung gekauft.

Das Dorf der Rikkarihs liegt sehr hübsch am westlichen Ufer des Missouri, etwa vierzig Meilen unterhalb des Mandanerdorfes auf einer schönen Prärie, die von sanft gewellten Hügeln mit schönem grünem Rasen begrenzt wird; aber nirgends, so weit das Auge reicht, erblickt man einen Baum oder einen Strauch. Es besteht aus hundertfünfzig Hütten, wie sie bei den Mandanern beschrieben worden sind, und ist auch teilweise mit einer, jedoch unvollkommenen Verpalisadierung von zehn bis zwölf Fuß hohen Pfählen umgeben. Ich zeichnete eine Ansicht dieses Dorfes vom Verdeck des Dampfbootes aus, als ich den Missouri hinauffuhr. Auch auf der Rückkehr besuchte ich dies Dorf nicht und tat sehr wohl daran, denn sie hegen einen solchen Haß gegen die bleichen Gesichter, daß sie geschworen haben, einen jeden Weißen, der in ihre Hände fällt, zu töten.

Als Lewis und Clarke vor länger als dreißig Jahren die Rikkarihs zum ersten Mal besuchten, wurden sie mit der größten Freundlichkeit und Gastlichkeit aufgenommen; aber die Art, wie der Handel in diesem Land betrieben wird, hat sie zu Todfeinden der ganzen zivilisierten Welt gemacht.

Die Rikkarihs sind unstreitig ein Teil des Stammes der Pahnis, die am Plattefluß, einige hundert englische Meilen weiter südwärts, leben, denn ihre Sprache ist fast oder ganz dieselbe. Auch ihr äußeres Ansehen und ihre Gebräuche sind so ähnlich, wie es bei einem Volk möglich ist, das von seinem Stamm schon lange getrennt lebt und beständig dem Einfluß der benachbarten Stämme ausgesetzt gewesen ist.

Die Mandaner in dem kleinen Dorf sind in jeder Beziehung den

Bewohnern des größeren Dorfes gleich, und ich glaube, jenes ist nur ein Sommeraufenthalt für einige angesehene Familien, da sie mir sagten, daß ihre Wigwams im Winter nicht bewohnt würden.

Die merkwürdigen Sitten und Gebräuche der Mandaner sowie ihr Aussehen liefern nach meiner Überzeugung den unwiderleglichen Beweis, daß sie ein aus der Vermischung eines zivilisierten Volkes mit den Wilden hervorgegangener Stamm sind. Sollten wir hier vielleicht die Nachkommen der Wälischen Kolonie, der Gefährten Madocs, finden? Die Geschichte sagt uns, daß dieser mit zehn Schiffen unter Segel ging, um ein Land zu kolonisieren, das er in dem westlichen Ozean entdeckt hatte; seine Fahrt läßt sich genau bis zur Mündung des Mississippi oder bis an die Küste von Florida verfolgen, während seine weiteren Schicksale in undurchdringliches Dunkel gehüllt zu sein scheinen. Ich sehe nun nicht ein, warum man nicht sollte annehmen können, daß diese Abenteurer mit ihren zehn Schiffen oder wieviel sie davon noch übrig hatten, den Mississippi und aus diesem den Ohio, der ein sehr breiter und ruhiger Strom ist, hinaufsegelten bis zu einem fruchtbaren Landstrich, wo sie sich ansiedelten, Ackerbau trieben und sich bald in einem blühenden Zustand befanden, bis sie von den zahlreichen wilden Horden, die sie um ihren Wohlstand beneideten, angegriffen und zuletzt belagert wurden. Zum Schutz gegen diese Angriffe erbauten sie die zahlreichen von zivilisierten Menschen herrührenden Befestigungswerke, deren Ruinen man noch am Ohio und Muskingum sieht und in denen sie zuletzt sämtlich erschlagen wurden; nur den Nachkommen weniger Familien, die sich mit Indianern verheiratet hatten, schenkte man als Halbindianern das Leben. Diese bildeten eine eigene kleine Gemeinde, die sich an den Ufern des Missouri ansiedelte. Da sie aber keinen festen Wohnsitz hatten und sich überdies in dem Land ihrer mächtigen Feinde befanden, so waren sie mehrmals genötigt, ihren Wohnplatz zu verändern, und indem sie den Fluß stromaufwärts verfolgten, kamen sie endlich an den Ort, wo ich sie mit all ihren erwähnten und fast unerklärlichen Eigentümlichkeiten (zum Beispiel Gesichtsfarbe in allen Schattierungen, Haar in allen Farben der zivilisierten Völker, braune, graue und blaue Augen) fand, die mit dem allgemeinen Charakter der nordamerikanischen Indianer so unvereinbar sind.

Bald nachdem ich das interessante Volk der Mandaner verlassen hatte, ist der ganze Stamm ausgestorben. Über die Ursachen dieses

Unglücks sowie über ihre frühere Geschichte und das wahrscheinliche Schicksal der Anhänger Madocs habe ich mich im Anhang ausgesprochen.

26. KAPITEL

Sioux oder Dacotas – Fort Pierre – Mississippi- und Missourisioux – Der Häuptling Ha-wan-dschi-tah – Der Puncahhäuptling Schu-de-ga-tscha und seine Frau – Vier Frauen auf einmal – Frühzeitige Heiraten

Der Stamm der Sioux oder Dacotas ist einer der zahlreichsten, kräftigsten und kriegerischsten in Nordamerika, denn sie zählen vierzigtausend bis fünfzigtausend Seelen und können gewiß, wenn der ganze Stamm versammelt ist, mindestens achttausend bis zehntausend gut berittene und gut bewaffnete Krieger stellen. Sie haben viele Pferde, die sie auf den Ebenen nach den Rocky Mountains hin einfangen, und viele sind mit Flinten versehen; die meisten führen jedoch Pfeil und Bogen und lange Lanzen, womit sie zu Pferde und in vollem Jagen das Wild erlegen.

Den Namen Sioux (Si-uh), wie sie gewöhnlich genannt werden, haben sie von den französischen Pelzhändlern erhalten; über seine Bedeutung konnte ich nichts erfahren; sie selbst nennen sich Dacota. Sie haben ein schönes und einnehmendes Äußeres, sind hoch und gut gewachsen, gewandt und anmutig in ihren Bewegungen und bedeutend größer als die Mandaner, Rikkarihs und Schwarzfüße, aber den Krähenindianern, Assiniboins und Mönnitarriern ungefähr gleich, denn wenigstens die Hälfte ihrer Krieger hat eine Größe von sechs Fuß und darüber.

Herr Laidlaw, ein Schotte im Dienst der nordamerikanischen Pelzcompagnie, bei dem ich wohnte, und der mit den Herren M'Kenzie und Lamont die Geschäfte der genannten Gesellschaft für die Gegenden am oberen Missouri und dem Felsengebirge leitet, hat hier ein Fort erbaut, das zweihundert bis dreihundert Fuß im Quadrat und acht bis zehn Faktoreien und Magazine enthält. Er selbst bewohnt geräumige und bequeme Zimmer, die mit allen Bequemlichkeiten des Lebens versehen sind. Seine Frau, eine hübsche, bescheidene Siouxindianerin, hat ihm mehrere Kinder geboren, denen sie eine liebevolle Mutter ist.

Dies Fort ist unstreitig einer der wichtigsten und einträglichsten

Handelsposten der amerikanischen Pelzcompagnie, denn im Mittelpunkt des großen Siouxgebietes gelegen, werden jährlich Büffelhäute in unglaublicher Menge dorthin und von da aus nach New York und anderen östlichen Märkten gebracht, wo man sie mit großem Gewinn verkauft. Das Fort liegt am Westufer des Missouri auf einer schönen Prärie nahe der Einmündung des von Westen her dem Missouri zuströmenden Tetonflusses. Es hat seinen Namen ›Fort Pierre‹ zu Ehren des Herrn Pierre Chouteau erhalten, der Mitglied der Pelzcompagnie ist und in St. Louis wohnt.

Das Land um das Fort besteht fast gänzlich aus Prärie, und nur an den Ufern der Flüsse zeigt sich leichter Holzwuchs. Die Lage des Forts hätte nicht schöner und vorteilhafter gewählt werden können, indem es in der Mitte einer der schönsten Gegenden des Missouri liegt, die auf allen Seiten von anmutig geformten und mit Rasen bedeckten Hügeln begrenzt wird, die allmählich, wie eine Reihe von Terrassen, dreihundert bis vierhundert Fuß bis zu dem höchsten Niveau der Prärie ansteigen. Als ich den Missouri hinauffuhr, zeichnete ich diesen lieblichen Punkt von einem etwa eine englische Meile entfernten Hügel; es hatten damals die Sioux ein Lager von sechshundert Lederhütten bei dem Fort aufgeschlagen, um dort für Pelzwerk und Felle die Gegenstände des zivilisierten Lebens einzutauschen.

Der große Stamm der Sioux, der das weite Gebiet von den Ufern des Mississippi bis an den Fuß der Rocky Mountains einnimmt und überall ein Wanderleben führt, wird in zweiundvierzig Banden oder Familien geteilt, deren jede einen Häuptling hat, die sämtlich wieder unter einem gemeinsamen Oberhaupt stehen. Dies letztere ist indes jetzt wohl nicht mehr der Fall, seitdem durch die Pelzhändler und die Nähe der Zivilisation längs eines großen Teils ihrer Grenze viele Neuerungen, namentlich in bezug auf ihre Verfassung und Religion, sich eingeschlichen haben.

Die Sioux teilen sich in zwei große Abteilungen, in die Mississippi- und Missourisioux. Erstere wohnen an den Ufern des Mississippi und versammeln sich des Handels und anderer Zwecke wegen bei Prärie du Chien und Fort Snelling. Sie sind etwas zivilisiert, stehen seit vielen Jahren mit den Weißen im Verkehr und trinken Branntwein im Übermaß, weshalb sie auch nur ein sehr schlechtes Bild geben von den Sioux an den Ufern des Missouri, die furchtlos die weiten Ebenen zwischen diesem Strom und den Rocky Mountains durchziehen und noch ganz im Naturzustand leben.

Es gibt vielleicht keinen schöneren Menschenschlag auf dem Kontinent als die Sioux, und wenige Stämme, die besser und bequemer gekleidet und reichlicher mit allen Lebensgenüssen versehen sind; auch an Kühnheit bei der Büffeljagd und an Geschicklichkeit bei der Zähmung und Abrichtung der wilden Pferde dürften sie wohl nicht leicht übertroffen werden. Die genannten Tiere kommen wahrscheinlich in keinem Teil der großen Ebenen Amerikas in solcher Menge vor, als in den von diesem Stamm bewohnten Gegenden.

Ich erwähnte oben, daß die Sioux sich oft in großer Menge bei dem Fort Pierre versammeln, um mit der amerikanischen Pelzcompagnie Handel zu treiben, und daß ich bei meiner Fahrt stromaufwärts sechshundert Familien daselbst fand, die in Zelten von Büffelhäuten wohnten und zwanzig oder mehr verschiedenen Horden angehörten, deren jede ihren Häuptling hatte, die sämtlich wieder unter einem Oberhaupt namens Ha-wan-dschi-tha (das eine Horn) standen. Es war dies ein Mann von mittlerem Alter und mittlerer Größe mit edlen Gesichtszügen und einer wahren Apollogestalt. Seine außerordentlichen Verdienste haben ihn schnell bis zu der höchsten Würde im Stamm erhoben. Er erzählte mir, daß er den Namen ›Das eine Horn‹ (oder Muschel) von einer Muschel angenommen habe, die er um den Hals trug und die er von seinem Vater geerbt und die ihm teurer sei als alles, was er besitze, auch ziehe er diesen Namen allen vor, die er wegen seiner Taten wohl anzunehmen das Recht hätte. Er behandelte mich mit großer Güte und Aufmerksamkeit, denn er fand sich sehr dadurch geschmeichelt, daß ich ihn zuerst von allen seinen Stammesgenossen malte. Sein Anzug von Elenhaut war sehr schön und mit vielen Stachelschweinstacheln und Skalplocken verziert; sein sehr langes und starkes Haar war in zwei Teile geteilt, auf dem Scheitel gekreuzt und mit einem einfachen Band gebunden, so daß es das Aussehen eines Turbans hatte.

Ehe er zum Häuptling gewählt wurde, war er wegen seiner körperlichen Gewandtheit berühmt. Auf der Jagd war er stets der vorderste, holte den Büffel im Lauf ein und schoß ihm den Pfeil durchs Herz; er war der schnellste Läufer im ganzen Stamm und gewann bei jedem Wettlauf den Preis. Es war sprichwörtlich in seinem Stamm, daß Ha-wan-dschi-tahs Pfeil niemals fehle, und sein Wigwam enthielt eine Menge Skalpe, die er seinen Feinden im Kampf geraubt hatte.

Ich will hier noch einige Bemerkungen über meine Reise von

St. Louis den Missouri aufwärts bis zum Fort Pierre einschalten. Auf dieser Strecke von etwa dreihundert Meilen kam ich bei den Sakis, Iowas, Konzas, Omahas und Otos vorüber, von denen ich später sprechen werde, und landete bei den Puncahs, einem kleinen Stamm, der nur ein Dorf am Westufer des Missouri, etwa sechzig Meilen unterhalb Fort Pierre und zweihundert Meilen oberhalb St. Louis, bewohnt.

Die Puncahs wohnen in fünfundsiebzig bis achtzig zeltförmigen, aus Büffelhäuten gemachten Hütten; das Gerüst besteht aus Stangen von fünfzehn bis zwanzig Fuß Länge, die man mit dem starken Ende auf den Boden stellt, während die dünnen Enden oben zusammenstoßen und dadurch einen Kegel bilden, der, mit Büffelhaut überspannt, vollkommen gegen Wind und Regen schützt. Der geringe Überrest dieses Stammes zählt nur noch vierhundert bis fünfhundert Seelen, wovon wenigstens zwei Drittel Frauen sind. Dies ungleiche Verhältnis ist dadurch entstanden, daß die Männer (da die Büffel in neuerer Zeit diese Gegend verlassen haben) der Büffeljagd wegen genötigt sind, sich weit von ihrem Dorf zu entfernen, und daher häufig mit ihren zahlreichen Feinden zusammentreffen.

Den Häuptling dieses Stammes, Schu-de-ga-tscha (Rauch) und seine Frau Hih-lah-dih (die reine Quelle) habe ich gemalt; letztere, ein junges, hübsches Weib, war am Hals und auf den Armen tätowiert, was dadurch bewirkt wird, daß man feine Stiche in die Haut macht und Pulver und Zinnober hineinreibt. Der Häuptling, der eine Büffelhaut trug, ist ein würdiger und verständiger Mann, der wohl verdient hätte, das Oberhaupt eines zahlreicheren und glücklicheren Stammes zu sein. Er sprach, während er auf dem Verdeck des Dampfbootes saß, mit großer Offenheit über seine Armut und die Not seines Stammes und sagte unter Tränen seinen baldigen Untergang voraus, den abzuwenden nicht in seiner Macht stehe. Er erzählte mir, daß der Stamm einst mächtig und glücklich gewesen, daß die auf den grünen Prärien früher im Überfluß vorhandenen Büffel, die der Große Geist ihnen zur Nahrung gegeben, durch die Weißen, die sich Büffelhäute verschaffen wollten, getötet oder vertrieben worden seien; daß es in ihrem Land, das eine einzige weite Prärie sei, weder Wild noch Wurzeln mehr gebe und daß die jungen Leute, um Büffel zu erlegen, genötigt seien, in das Land ihrer Feinde einzudringen, wo sie in großer Anzahl erschlagen würden. Sein Volk sei mit dem Feuerwasser (Branntwein) bekanntgeworden, das bereits viele Krieger getötet habe und die übrigen auch noch vertilgen werde; sein Stamm sei zu schwach und die Zahl der Krieger zu gering, um mit den benachbarten Stämmen kämpfen zu können; im Norden würden sie von den Sioux, im Westen von den Pahnis, im Süden von den Osagen und Konzas angegriffen; aber noch weit gefährlicher seien ihre Feinde im Osten, die immer weiter vordringenden bleichen Gesichter mit Branntwein und den Pokken, wodurch bereits vier Fünftel seines Stammes vertilgt wurden, und auch die noch Lebenden würden bald verarmt sein und dem Untergang anheimfallen.

Auf diese Weise beklagte sich der scharfsinnige Häuptling und bedauerte das traurige Schicksal seines Stammes, und ich bemitleidete ihn von ganzem Herzen, denn es befindet sich wohl kein Stamm an der Grenze in größerer Not und keiner verdient mehr das Mitgefühl der christlichen Welt als dieser.

Der Sohn dieses Häuptlings, ein junger Mann von achtzehn Jahren, hatte am Tag vor unserer Ankunft vier Frauen auf einmal genommen, und dieser beispiellose Einfall machte ihn in den Augen des Volkes zu einem der größten Medizinmänner, so daß er sein künftiges Glück wahrscheinlich diesem Umstand zu danken hatte, der ihn plötzlich zu einem bedeutenden Mann gemacht hat.

Als er das Alter der Reife erlangt hatte, um seinen eigenen Haushalt zu führen, gab ihm sein Vater einen schönen Wigwam, neun Pferde nebst mehreren anderen wertvollen Geschenken, worauf der junge Mann, der Hongs-kay-di (der große Häuptling) heißt, den oben erwähnten Entschluß faßte und auf folgende sinnreiche und unterhaltende Weise ausführte. Da er sich mit einigen der einflußreichsten Männer zu verbinden und dadurch deren Unterstützung zu verschaffen wünschte, so ging er zu einem der angesehensten, von dem er, als Sohn eines Häuptlings, leicht die Zusage erhielt, daß er an einem bestimmten Tag und zu einer bestimmten Stunde die Hand seiner Tochter empfangen sollte, wofür er dem Vater zwei Pferde, eine Flinte und mehrere Pfund Tabak zu geben versprach. Als Bedingung der Heirat wurde dem Vater das tiefste Stillschweigen anempfohlen. Dasselbe Abkommen traf er noch mit drei anderen angesehenen Männern, von denen jeder eine junge, schöne, heiratsfähige Tochter hatte; er versprach jedem dieselben Geschenke und legte jedem dieselbe Bedingung des Schweigens auf. An dem bestimmten Tag forderte er einige seiner jungen Freunde auf, ihm die acht Pferde führen zu helfen. Er selbst ging nun, indem er mit der einen Hand zwei Pferde am

Zügel führte und die übrigen Geschenke in der anderen Hand hielt, zu dem ersten der vier genannten Väter, neben dem die Tochter stand, und sprach: »Du hast mir die Hand deiner Tochter versprochen, wofür ich dir zwei Pferde gebe.« Der Vater willigte ein, empfing die Geschenke und gab dafür seine Tochter hin, als plötzlich die anderen drei Väter, die ebenfalls mit ihren Töchtern gekommen waren, Einspruch erhoben und sich nun gegenseitig die mit dem jungen Mann getroffenen Vereinbarungen und Verabredungen mitteilten. Sobald dieser sich Gehör verschaffen konnte, rief er freudig aus: »Ihr alle habt jetzt Eure mir gegebene Versprechung anerkannt, und ich hoffe, Ihr werdet sie erfüllen. Ich bin hier, um den von mir eingegangenen Verpflichtungen nachzukommen, und erwarte dasselbe von Euch.« Es wurde nun nichts weiter gesprochen; er übergab die Geschenke und führte seine vier Bräute in seinen eigenen Wigwam.

Ich besuchte diesen jungen Medizinmann mehrmals in seiner Hütte, wo ich auch seine vier kleinen Frauen sah, die sich sehr gut zu vertragen und in ihrem neuen Ehestand ganz glücklich zu sein schienen. Eine von ihnen, Mong-schong-schah (die sich beugende Weide), malte ich in ihrer hübschen Kleidung aus Elenhaut, über die sie die prächtig verzierte Haut eines jungen Büffels trug. Alle vier waren wohl zwischen zwölf bis fünfzehn Jahren, denn in diesem frühen Alter treten hier die meisten Mädchen in den Ehestand.

Es ist eine auffallende Tatsache, daß das weibliche Geschlecht in diesen Gegenden so frühzeitig mannbar wird; man hat Beispiele, daß die Mädchen sich schon im elften Jahr vermählten und im zwölften Jahr Mutter wurden. Es hat dies entweder in einer natürlichen Verschiedenheit des weiblichen Geschlechts dieser Gegenden von dem in zivilisierten Ländern oder in ihrer tätigen und allen Einflüssen ausgesetzten Lebensweise seinen Grund. Eine andere und allgemeinere Ursache der frühen Heiraten ist jedoch darin zu suchen, daß die meisten Ehen mit den Eltern verabredet und ihre Vollziehung teils durch die Ungeduld der jungen Männer, teils dadurch beschleunigt wird, daß die Eltern so bald wie möglich in den Besitz der Geschenke, die sie für die Töchter erhalten, zu kommen wünschen. Auch die Leichtigkeit, womit bei den Indianern eine Ehe getrennt wird, trägt wohl nicht wenig zu ihrer schnellen und frühzeitigen Schließung bei.

In dem oben erwähnten Fall wurde der junge Mann von seinem Volk laut belobt, denn die Vielweiberei ist gestattet, und da es in diesem Stamm zwei- bis dreimal soviel Frauen als Männer gibt, so ist sie eine Wohltat für die Familien, deren Töchter auf diese Weise versorgt werden, und zwar um so mehr, wenn ein Häuptling oder Sohn eines Häuptlings sie in seinen Wigwam führt, weil man dies für eine Ehre hält und sie daselbst um so sicherer auf Schutz rechnen können.

27. KAPITEL

Das Aussetzen der alten Leute – Ein langweiliger Marsch zu Fuß – Ebene Prärien – Luftspiegelung – Sichtbarwerden der Prärien – Einwärtskehren der Zehen – Bijouberge – Salzwiesen – Ankunft in Fort Pierre – Große Versammlung der Sioux – Der Häuptling wird gemalt – Abergläubische Einwürfe von den Doktoren – Tod des Häuptlings Ha-wan-dschi-tah – Wampum – Schöne Siouxfrauen – Die Tochter von Schwarzfels-Chardon und seine indianische Frau

Als wir im Begriff waren, das Dorf der Puncahs zu verlassen, sahen wir, daß sie ihre Wigwams abbrachen und ihre Habseligkeiten einpackten, um weiter im Westen Büffel zu jagen und Fleisch für den Winter zu trocknen. Der Agent für die Indianer, Major Sandford, lenkte meine Aufmerksamkeit auf einen sehr alten, abgezehrten Mann, der, wie ich erfuhr, ausgesetzt werden sollte. Dieser Unglückliche war einst ein Häuptling und ein angesehener Mann seines Stammes gewesen, jetzt aber zu alt, um eine Reise mitzumachen, die mit Entbehrungen aller Art verknüpft war. Er saß neben einem kleinen Feuer, neben ihm befanden sich einige halb abgenagte Knochen und eine Schüssel mit Wasser, und zu seinem Schutz hatte man eine Büffelhaut über einige Stangen gebreitet. Er selbst hatte seine Freunde und seine Kinder aufgefordert, ihn zu verlassen: »Meine Kinder«, sagte er, »unser Volk ist arm, und es ist notwendig, daß ihr in das Land geht, wo ihr euch Fleisch verschaffen könnt – meine Augen sind dunkel, und meine Kräfte sind verschwunden; meine Tage sind gezählt, und ich bin meinen Kindern zur Last – ich kann nicht gehen und wünsche zu sterben. Macht eure Herzen stark und denkt nicht mehr an mich; ich tauge zu nichts mehr.« Nachdem er diese Worte gesprochen und alle Abschied von ihm genommen, ging ich zu ihm und war wohl das letzte menschliche Wesen, das sich ihm näherte. Ich setzte mich zu ihm, und obgleich er mich nicht deutlich sehen konnte, so drückte er mir doch herzlich die Hand, und es schien ihm wohlzutun, daß ein weißer Mann ihm Mitgefühl bewies, denn ein Lächeln flog über seine starren Züge. Als ich einige Monate später auf meiner Fahrt stromabwärts hier wieder vorüberkam, ging ich mit meinen Gefährten ans Land und fand die Büffelhaut und die Stangen noch so, wie ich sie damals verlassen, aber wenige Schritte von der Stelle, wo das Feuer gewesen war, lagen der Schädel und einige Knochen des alten Mannes, von denen die Wölfe das Fleisch abgenagt hatten.

Dieser grausame Brauch, die alten Leute auszusetzen, herrscht, wie ich glaube, bei allen Stämmen, die in den Prärien umherwandern. Da die alten kraftlosen Personen weder reiten noch gehen können und sie keine anderen Mittel besitzen, sie auf den beschwerlichen Wanderungen fortzuschaffen, so bleibt nichts weiter übrig, als sie ihrem Schicksal zu überlassen, wozu sie auch stets, wie der oben erwähnte alte Mann, ihre Kinder selbst auffordern und hinzufügen, daß sie es mit ihren Vätern genauso gemacht hätten.

Von dem Dorf der Puncahs setzten wir nun unsere Fahrt den Missouri aufwärts fort nach der Mündung des Tetonflusses, bis eines Tages unser Dampfboot auf Grund geriet; das Senkblei gab uns bald die Gewißheit, daß nur ein Steigen des Flusses es uns möglich machen würde, über die Sandbank zu kommen. Nachdem wir auf diese Weise in der Mitte des Flusses eine ganze Woche festgelegen hatten, sandte Herr Chouteau zwanzig Mann ab, die über die Ebene nach dem etwa vierzig Meilen entfernten Laidlaws Fort an der Mündung des Tetonflusses gehen sollten. Ich schloß mich diesen Leuten an, und da ich gehört hatte, daß ein zahlreicher Trupp Sioux dort gelagert sei und das Dampfboot erwarte, so nahm ich alle zum Malen erforderlichen Gegenstände mit und trat, mit der Flinte in der Hand, meine Wanderung an.

Unser Weg führte über eine endlose, mit sechs bis acht Zoll hohem Gras, vielen Blumen und Erdbeeren bewachsene Prärie, auf der, so weit das Auge reichte, kein Baum und kein Strauch die Einförmigkeit unterbrach; der Horizont bildete eine gerade Linie wie auf dem Meer, und wir hatten, wie man hier sagt, ›das Land ganz aus dem Gesicht verloren‹. Der Wanderer auf diesem grünen Meer, dem sich nach keiner Seite hin irgendeine Landmarke darbietet, wonach er sein Vordringen bestimmen könnte, fühlt sich am Abend schwach und niedergedrückt; er streckt seine müden Glieder scheinbar auf derselben Stelle aus, auf der er am Morgen ruhte, und es ist schwer, sich zu überzeugen, daß man nicht, wie ein Eichhörnchen im Käfig, nach aller Mühe und Anstrengung sich zuletzt noch auf derselben Stelle befindet. Hierzu kommt noch die Luftspiegelung, die ihm Seen, offene Grasplätze und Gebüsche vorzaubert, oder das sogenannte ›Sichtbarwerden‹ der Prärie, indem diese sich vor ihm wie eine mit Blumen bedeckte Brustwehr zu erheben, aber bei jedem Schritt vor ihm zu fliehen scheint. Einige Tage ertrug ich diesen ermüdenden Marsch ganz gut; bald aber blieb ich mit mehreren anderen hinter den Halbindianern zurück, und endlich sah ich mich genötigt zu erklären, daß die Schmerzen in meinen Füßen es mir nicht gestatteten weiterzugehen. In dieser Not gab mir einer unserer Führer den Rat, ›meine Zehen einwärts zu kehren‹, wie die Indianer, dann würde ich ganz gut gehen können. Wir ruhten eine halbe Stunde, nahmen eine kleine Erfrischung zu uns und setzten dann unseren Marsch fort. Ich befolgte den Rat meines Führers und fand, daß ich viel leichter durch das Gras schreiten konnte, so daß ich nach drei oder vier Tagen an der Spitze des Zuges ging und während des übrigen Teils der Reise auch stets dort blieb. Wir trugen auf dieser Wanderung sämtlich Mokassins, die keine Sohlen haben und daher, wenn man nach der gewöhnlichen Weise der zivilisierten Welt mit auswärts gekehrten Zehen geht, bald unerträgliche Schmerzen auf der Fußsohle erregen.

Wir sahen auf unserem Weg zahllose Büffel, und obgleich wir keine Pferde hatten, gelang es uns doch, sie zu beschleichen und uns mit frischem Fleisch zu versorgen. Nach mehreren Tagen erblickten wir endlich zu unserer Linken eine Kette blauer Hügel, die uns als Landmarke dienten. Unser Führer sagte mir, daß dies die Bijouhügel seien, die ihren Namen von einem französischen Pelzhändler erhalten hätten, der sich dort am Ufer des Missouri ansiedelte, aber von den Sioux ermordet wurde.

Einige englische Meilen hinter dieser Hügelkette kamen wir an eine große Salzwiese, das heißt eine mehrere englische Meilen lange Vertiefung der Prärie, die mit einem Salzanflug wie mit Schnee bedeckt war und uns zwang, einen großen Umweg zu machen. Diese Salzwiesen, die häufig in diesen Gegenden vorkommen sollen, kontrastieren durch ihr blendendes Weiß auf eigentümliche Weise mit dem sie auf allen Seiten umgebenden Grün. Durch jede dieser Wiesen schlängelt sich ein Bach, der aus Salzquellen entsteht und im Frühjahr die Wiesen drei bis vier Fuß hoch überschwemmt; durch die Hitze des Sommers verdunstet dies Wasser und läßt eine Salzkruste von ein bis zwei Zoll Dicke zurück. Hier versammeln sich die Büffel zu Tausenden, um das Salz zu lecken. Auch wir sahen diese Tiere in zahlloser Menge am gegenüberstehenden Rand der Salzwiese liegen.

Nach mehrtägigem beschwerlichem Wandern über die Prärie erreichten wir endlich das Fort Pierre, in dessen Umgebung ein Teil der Siouxnation unter sechshundert bis siebenhundert Zelten gelagert war, um das Dampfboot zu erwarten, von dessen Ankunft sie gehört hatten.

Nachdem ich mich von den Beschwerden der Fußwanderung erholt, das Lager der Sioux besucht und diesen sowie den Herren M'Kenzie, Laidlaw und Halsey den Zweck meiner Reise mitgeteilt hatte, begann ich meine Arbeiten, indem ich zuerst den Häuptling Ha-wan-dschi-tah, von dem bereits im 26. Kapitel die Rede war, malte, ohne daß jemand im Lager etwas davon erfuhr. Als das Bildnis vollendet war, wurde es mehreren Häuptlingen und Doktoren gezeigt; bald verbreitete sich die Neuigkeit im ganzen Lager, und alles strömte nun herbei, um das Bild zu sehen, so daß mir nichts anderes übrigblieb, als es vor der Hütte aufzuhängen. Durch ein Loch, das ich in meinen Wigwam machte, konnte ich wahrnehmen, welche Achtung sie vor ihrem Häuptling hatten, und auch hier erhielt ich den Namen ›Medizinmaler‹, Ih-tschah-su-kah-ga-wakon.

Es entstand indes bald große Aufregung im Lager, indem die Doktoren dem Volk verkündigten, daß Unglück und frühzeitiger Tod denjenigen treffen würde, der sich einer so wunderbaren und unerklärlichen Operation unterziehe. Diese Prophezeiung erregte namentlich unter den Frauen und Kindern große Bestürzung, und sie erhoben ein Geschrei, das man gehört haben muß, um eine Vorstellung davon zu haben. Meine Arbeiten wurden dadurch mehrere Tage völlig unterbrochen; bis endlich der edle Häuptling sich an die anderen Häuptlinge, die Doktoren, Krieger und Weiber wandte und ihnen sagte, daß sie sich beruhigen und mich freundschaftlich behandeln möchten; ich sei weit hergekommen, um sie zu sehen und mit ihnen zu rauchen; ich sei jedenfalls große Medizin, ein großer Häuptling und ein Freund der Herren M'Kenzie und Laidlaw, die ihn bewogen hätten, sich malen zu lassen; er könne versichern, daß nichts Gefährliches dabei sei. Diese Rede hatte den gewünschten Erfolg; Hunderte ihrer Helden kamen auf mich zu und drückten mir die Hand, und mehrere fingen sogleich an, sich zu schmükken, um sich auch malen zu lassen.*

Ich hatte nun wieder vollauf zu tun. Der erste, dessen Bildnis ich malte, war Ih-ah-sa-pa, der schwarze Fels, ein schöner, sechs Fuß großer Mann von der Horde Nih-cah-wih-dschi; er war sehr prächtig gekleidet und trug außer dem bis auf die Erde reichenden Kopfputz von Adlerfedern und Hermelinfellen auch die beiden Hörner, die ihn sogleich als den Führer seiner Horde im Krieg bezeichneten. Er war ein treuer Freund des Herrn M'Kenzie und anderer Pelzhändler, die ihn wegen seines ehrenwerten Charakters und seiner Tapferkeit hochschätzten. Sodann wurde Toh-kei-ih-to (der Stein

* Einige Jahre später hielt ich in New York vor etwa 1200 bis 1400 Personen Vorträge. Unter meinen Zuhörern befand sich auch eine Gesandtschaft von 30 bis 40 Sioux in Begleitung ihres Agenten, des Majors Pilcher. Als ich die Bildnisse mehrerer Siouxhäuptlinge vorzeigte und einige Bemerkungen darüber machte, erkannten die Indianer jedes einzelne und begrüßten es mit einem durchdringenden Schrei; sobald aber das Bild des Häuptlings Ha-wan-dschi-tah an die Reihe kam, hielt ein jeder die Hand vor den Mund, stieß ein »Husch!« aus und ließ den Kopf sinken, das gewöhnliche Zeichen der Trauer bei einem Todesfall. Ich schloß hieraus sogleich, daß der Häuptling gestorben sein müsse, und teilte diese Vermutung meinen Zuhörern mit. Ich wandte mich daher an den Major Pilcher, der meine Vermutung bestätigte und mir die unten folgende Nachricht über den Tod des Häuptlings gab, die ich sogleich meinen Zuhörern mitteilte und die auch von dem anwesenden Siouxhäuptling, nachdem sie übersetzt worden war, bestätigt wurde.

Die Mitteilung des Majors Pilcher war folgende: Wenige Wochen zuvor, ehe die Gesandtschaft das Land der Sioux verließ, war Ha-wan-dschi-tah durch einen Zufall die Ursache des Todes seines einzigen Sohnes geworden, worüber er zu gewissen Zeiten von Wahnsinn befallen wurde. Bei einem solchen Anfall bestieg er sein Lieblingspferd, nahm Bogen und Pfeile und jagte auf die Prärie hinaus, indem er schwor, ›das erste lebende Wesen, das ihm begegne, zu töten, es möge ein Mensch oder Tier, Freund oder Feind sein‹.

Niemand wagte, ihm zu folgen. Als er etwa zwei Stunden fort war, kam sein Pferd mit zwei Pfeilen verwundet, den Leib mit Blut bedeckt, zurück. Man fürchtete sogleich das Ärgste; mehrere Krieger stiegen zu Pferde, folgten der Spur des zurückgekehrten Pferdes und fanden den Leichnam ihres Häuptlings furchtbar verstümmelt und neben ihm einen toten Büffelstier. Aus der genauen Untersuchung des Bodens ergab sich, daß der unglückliche Häuptling einen Büffel angetroffen hatte, der sich in einem Zustand befand, in dem diese Tiere sehr hartnäckig und kampflustig sind.

Durch mehrere Pfeilwunden noch mehr in Wut gebracht, griff das Tier ihn an, worauf er vom Pferd sprang, es mit zwei Pfeilen verwundete, Bogen und Köcher zur Erde warf und den Büffel mit dem Messer angriff. Es begann nun ein verzweifelter Kampf, der, wie erwähnt, mit dem Tod beider endigte. Mehrere Knochen des Häuptlings waren gebrochen, und der Büffel hatte zahllose Wunden von dem langen doppelschneidigen Messer empfangen. So starb dieser hochherzige Mann, den ich einst wiederzusehen gehofft hatte.

mit Hörnern) gemalt; er war der Häuptling der Janctonhorde und galt als der beste Redner des Stammes. Hals, Brust und Schultern dieses Mannes waren so stark mit Pulver und Zinnober tätowiert, daß man in geringer Entfernung glaubte, er trage ein reich gesticktes Gewand. In der Hand hielt er eine schöne Pfeife, deren mehrere Fuß langer Stamm mit Schnüren von Stachelschweinstacheln umwunden war. Um den Körper trug er ein Fell des greulichen Bären und um den Hals mehrere Wampumschnüre, die man bei den Indianern im fernen Westen und im Norden selten findet. Während ich ihn malte, erzählte er dem Dolmetscher fortwährend von der wunderbaren Wirkung, die seine Beredsamkeit auf die Häuptlinge und das Volk seines Stammes zu verschiedenen Zeiten hervorgebracht habe.

Ich malte auch zwei Frauen; die eine war die Tochter des oben genannten Häuptlings Schwarzfels. Beide standen bei den Pelzhändlern in solcher Achtung, daß ich auf den Wunsch des Herrn M'Kenzie von beiden Bildnissen Kopien anfertigen mußte, die in Herrn Laidlaws Wohnung aufgehängt wurden. Mehrere Jahre nachdem ich die Sioux verlassen hatte, berichteten mir die beiden Pelzhändler Chardon und Piquot in St. Louis folgendes: Eines Tages trat der Häuptling Schwarzfels plötzlich in das Zimmer des Herrn Laidlaw, in dem das Bildnis seiner Tochter hing, und erzählte tiefbewegt, daß, während er mit seiner Horde mehrere Monate in der Prärie beschäftigt gewesen sei, Büffel zu jagen, seine Tochter gestorben sei. »Mein Herz ist wieder froh«, sagte er, »wenn ich sie hier lebend sehe; ich bedarf jetzt ihres Bildes, das der Medizinmann gemacht hat und das jetzt hier vor mir ist, damit ich sie sehen und mit ihr sprechen kann. Meine ganze Horde trauert um sie, und an dem Tor deines Forts stehen zehn Pferde und Ih-ah-sa-pas Wigwam für dich, der, wie du weißt, der schönste im ganzen Stamm ist. Ich wünsche, daß du mir meine Tochter gibst.« Herr Laidlaw, der den Schmerz des Vaters um sein verlorenes Kind sah, hatte nicht den Mut, ihm seine Bitte abzuschlagen; er gab ihm das Bildnis und fügte hinzu, daß er die Pferde und den Wigwam auch wieder mit zurücknehmen möge, da das Bild mit Recht ihm gehöre.

Das zweite weibliche Bildnis, das ich malte, stellte eine Frau dar, die sich durch ihr unübertrefflich schönes Haar auszeichnete, das weich und glänzend wie Seide war und in großer Fülle und in schönen Wellen über die Schultern herabfiel. Sie ist jetzt die Frau des oben erwähnten Franzosen Chardon, von dem auch schon im 4. Kapitel bei der Beschreibung der Büffeljagd die Rede war. Er ist seit vielen Jahren als Pelzhändler und Dolmetscher im Dienst der amerikanischen Pelzcompagnie und hat hier wichtige Dienste geleistet. Ich erhielt von ihm einen schönen Anzug seiner Frau, den sie selbst verfertigt und getragen hat, für meine indianische Galerie zum Geschenk.

28. KAPITEL

Schwierigkeit, indianische Frauen zu malen – Indianische Eitelkeit – Das Bewachen der Bildnisse – Ankunft des ersten Dampfbootes bei den Sioux – Hundegastmahl

Während ich die Häuptlinge und tapferen Krieger der Sioux malte, war mein Wigwam beständig von den Angesehensten des Stammes angefüllt, und meine Kunst, die für die größte Medizin erklärt wurde, bildete den ausschließlichen Gegenstand der Unterhaltung der Häuptlinge wie der Frauen und Kinder. Ich mußte alle nach ihrem Rang malen, denn sie betrachteten es als eine große Ehre, ihr Bildnis von mir anfertigen zu lassen. Es war indes ein Glück für mich, daß bei den meisten die Furcht stärker war als der Wunsch, dieser Auszeichnung teilhaftig zu werden, da es mir sonst wohl unmöglich gewesen wäre, alle zu befriedigen. Von fünf und selbst von acht war höchstens einer bereit, sich malen zu lassen; die übrigen meinten, sie würden nach dem Tod ›ruhiger im Grabe schlafen‹, wenn ihr Bild nicht gemalt sei.

Als ich die Häuptlinge und Krieger gemalt hatte und nun erklärte, auch Frauen malen zu wollen, kam ich in große Verlegenheit, indem ich von dem ganzen Stamm, von Männern sowohl als Frauen herzlich ausgelacht wurde wegen meiner übermäßigen und ihnen unbegreiflichen Herablassung, da ich ernstlich beabsichtigte, eine Frau zu malen und dadurch dieser die gleiche Ehre wie den Häuptlingen und tapferen Kriegern zu erweisen. Diejenigen, die ich gemalt hatte, wurden von solchen, denen diese Auszeichnung nicht zuteil geworden war, tüchtig aufgezogen wegen der ›sehr beneidenswerten Ehre‹, die der große, weiße Medizinmann ›ausschließlich für sie bestimmt gehabt‹, nun aber auch auf die ›Frauen‹ übertragen wolle.

Die von mir Gemalten erklärten, daß, wenn ich Frauen und Kinder malte, ich ihre Bildnisse je eher je lieber zerstören möchte; ich hätte gesagt, ich bedürfte ihrer Bildnisse, um den weißen Häuptlingen die Ausgezeichnetsten und Würdigsten unter den Sioux zu zeigen; ihre Frauen und Kinder hätten aber niemals Skalpe erbeutet und nichts weiter getan, als Feuer gemacht und Häute gegerbt. Nachdem diese Angelegenheit noch vielfach besprochen worden und ich ihnen auseinandergesetzt, daß ich die Bildnisse der Frauen lediglich deshalb unter diejenigen ihrer Ehemänner aufhängen wollte, um zu zeigen, wie ihre Frauen aussähen und sich kleideten, ohne weiter etwas über sie zu sagen, gelang es mir endlich, einige Frauenbildnisse zu vollenden, unter denen sich auch die beiden im vorigen Kapitel erwähnten befanden.

Die Eitelkeit der Männer, die sich malen ließen, übersteigt alle Vorstellung. Während in der zivilisierten Welt das fertige Bild gewöhnlich nicht weiter beachtet wird, liegt der Indianer vom Morgen bis zum Abend vor ihm, im Anschauen seiner schönen Züge versunken, und bewacht es sorgfältig, damit es keinen Schaden leide. Der Grund dieser Sonderbarkeit liegt in dem Glauben, daß das Bild einen gewissen Grad von Leben besitzt und daß seine Verletzung auf mystische Weise auch dem Leben des Originals nachteilig werden könne. Dies abergläubische Bewachen der Bildnisse, das ich unter allen von mir besuchten Indianerstämmen gefunden habe, war mir bei den noch nicht ganz trockenen Gemälden, die durch die neugierige Menge leicht beschädigt werden konnten, oft von großem Nutzen.

In dieser Weise war ich mehrere Wochen eifrig mit meinem Pinsel beschäftigt gewesen, als eines Tages angezeigt wurde, daß das Dampfboot, das wir verlassen hatten, den Fluß heraufkomme, und bald darauf hörten wir auch das Geräusch des Dampfes und den Donner der Kanonen. Die Aufregung unter den sechstausend Indianern, als das Boot bei ihrem Dorf vor Anker ging, war ungemein belustigend; als aber Herr Chouteau und der Major Sandford, ihr alter Freund und Agent, es verließen und ans Land kamen, gewannen sie ihr Vertrauen und ihren Mut wieder, und alle versammelten sich bei dem Boot, ohne weiter Erstaunen und Neugier zu zeigen.

Die Ankunft des Dampfbootes war ein so außerordentliches Ereignis, daß mehrere Festlichkeiten deswegen veranstaltet wurden. Eines Tages wurde angekündigt, daß zur Feier der Ankunft der großen weißen Häuptlinge ein großes Festmahl stattfinden solle. Die beiden Häuptlinge Ha-wan-dschi-tah und Tschan-dih stellten ihre beiden Zelte in einem Halbkreis zusammen, in dem etwa hundertfünfzig Personen Platz hatten; die Herren Chouteau, Major

Sandford, M'Kenzie und ich saßen in der Mitte auf erhöhten Sitzen, die Häuptlinge und Krieger dagegen zu beiden Seiten auf dem Boden. In der Mitte war eine Stange mit einer weißen Flagge und der Friedenspfeife errichtet als ein Zeichen ihrer freundschaftlichen Gesinnung gegen uns. Neben der Flaggenstange standen in einer Reihe sechs oder acht Kessel mit eisernen, dicht schließenden Dekkeln, worin das für unser leckeres Mahl zubereitete Fleisch enthalten war, und neben diesen mehrere hölzerne Schüsseln, auf denen das Fleisch serviert werden sollte. Außerdem saßen noch drei Männer auf dem Boden, um die Pfeifen anzuzünden und die Speisen auszuteilen.

Als alles gehörig vorbereitet war, erhob sich Ha-wan-dschi-tah, der erste Häuptling des Stammes, und richtete folgende Worte an den Major Sandford: »Mein Vater! Ich bin erfreut, dich heute hier zu sehen – mein Herz ist stets froh, meinen Vater zu sehen, wenn er kommt – unser großer Vater, der ihn hersendet, ist sehr reich, wir sind arm. Wir sind auch erfreut, unseren Freund M'Kenzie hier zu sehen. Unser Freund, der zu deiner Rechten sitzt, ist, wie wir alle wissen, sehr reich, und wir haben erfahren, daß ihm das große Medizinboot gehört; er ist ein guter Mensch und ein Freund der roten Männer. Unseren Freund, den weißen Medizinmann, der neben dir sitzt, kannten wir nicht – er kam als Fremder zu uns, und er hat mich sehr gut gemalt; alle Frauen wissen es und halten es für sehr gut; er hat viele merkwürdige Dinge getan, und wir sind alle mit ihm zufrieden – er hat uns viel Unterhaltung gewährt – wir wissen, daß er große Medizin ist. Mein Vater! Ich hoffe, du wirst Mitleid mit uns haben; wir sind sehr arm – wir bieten dir heute nicht das Beste, was wir haben, denn wir haben einen großen Vorrat von Büffelhöckern und Mark – aber wir bringen dir unsere Herzen zu diesem Fest – wir haben unsere treuen Hunde geschlachtet, um euch damit zu speisen, und der Große Geist wird unsere Freundschaft besiegeln. Ich habe nichts mehr zu sagen.«

Nachdem er diese Worte gesprochen, legte er seinen schönen Kopfputz von Adlerfedern, den Rock, die Beinkleider, das Halsband von Bärenklauen und die Schuhe ab, band alles sorgfältig zusammen und legte es nebst einer reich verzierten Pfeife als Geschenk vor dem Agenten nieder, worauf er in eine benachbarte Hütte ging, eine Büffelhaut umhängte und dann seinen Sitz wieder einnahm.

Der Major Sandford dankte mit wenigen Worten für das wertvolle Geschenk und für die höfliche Art, mit der es dargebracht worden, und überreichte sodann Tabak und einige andere Dinge als Gegengeschenk. Nachdem noch mehrere andere Häuptlinge gesprochen und ebenfalls ihre Anzüge dem Major zu Füßen gelegt hatten, zündete einer von den erwähnten Männern seine Pfeife an und überreichte sie dem Häuptling Ha-wan-dschi-tah. Dieser nahm sie, richtete die Spitze gegen Norden, Süden, Westen und Osten, dann, mit den Worten: »Hau, hau, hau!« gegen die Sonne, tat einige Züge und reichte sie dann, während er den Kopf in der einen, das Rohr in der anderen Hand hielt, jedem zum Rauchen hin. Wenn die Pfeife gestopft und angezündet ist, so darf kein Wort gesprochen werden, bis der Häuptling daraus geraucht hat; geschieht es dennoch, und wäre es auch nur ein leises Flüstern, so wird die Pfeife augenblicklich weggeworfen und eine andere dafür genommen.

Nachdem das Rauchen vorüber war, nahm man die Deckel von den Kesseln, und das darin befindliche Hundefleisch verbreitete einen ganz angenehmen Geruch. Vor jeden der weißen Gäste wurde eine große hölzerne Schüssel gestellt, worin sich eine ungeheure Menge Fleisch mit viel Brühe und ein Löffel aus Büffelhorn befand. Da wir wußten, welchen Wert die Indianer auf dieses ganze Fest legten, so waren wir genötigt, wenigstens etwas von diesem Fleisch zu genießen, worauf wir unsere Schüsseln zurückgaben. Nachdem das in den Kesseln befindliche Fleisch verzehrt war, entfernten sich alle, ohne ein Wort zu sprechen.

Dies Fest hatte offenbar den Zweck, uns einen unzweideutigen Beweis ihrer Freundschaft zu geben, denn nach allem, was ich bei den von mir besuchten Stämmen gesehen habe, ist das Hundefest eine religiöse Feierlichkeit. Der Hund wird bei allen Indianern weit höher geschätzt als in der zivilisierten Welt. Beide sind unzertrennliche Gefährten, und auf den Felsen wie auf ihren Wappenschildern ist der Hund das Sinnbild der Treue; aber dennoch wird der Indianer seine treuen Begleiter, wenn auch mit Tränen im Auge, zum Opfer bringen, um dadurch seine Aufrichtigkeit in der Gesinnung zu beweisen, da ein Gastmahl von Wild oder Büffelfleisch etwas Gewöhnliches ist, was jedem gereicht wird, der eine indianische Hütte betritt.

Das Hundefleisch war sehr gut gekocht, und wir hätten auch gewiß davon gegessen, wenn wir hungrig gewesen wären und nicht gewußt hätten, was es war. Dieser Gebrauch findet sich, wie ich glaube, bei allen Stämmen Nordamerikas, und man opfert den Hund oder das Pferd, und zwar das Beste, was man von beiden hat, um gewisse Geister oder Gottheiten zu versöhnen.

29. KAPITEL

Das Sehen nach der Sonne – Religiöse Feierlichkeiten – Rauchen des K'nick-k'neck – Pfeifen – Calumet oder Friedenspfeife – Tomahawk und Skalpmesser – Tanz der Häuptlinge – Das Skalpieren

An dem Tag, an dem das Hundefest stattgefunden hatte, wurde ich aufgefordert, mich an das Ufer des Tetonflusses zu begeben, wo ein Mann ›nach der Sonne sehe‹. Ich fand dort einen Mann, der, bis auf das Nokkä (ein Stück Zeug zur Bekleidung des Unterleibes), ganz nackt war. Auf der Brust waren zwei Stäbchen durch das Fleisch gesteckt, die mittelst eines Seiles an die Spitze einer im Boden steckenden Stange befestigt waren, die, da sie fast das ganze Gewicht des Körpers zu tragen hatte, sich ganz krumm bog, während er, rückwärts gelehnt, nur eben mit den Füßen den Boden berührte. In der linken Hand hielt er seinen Lieblingsbogen und in der rechten seinen Medizinbeutel, während das Blut über seinen mit weißem und gelbem Ton bemalten Körper herabrann. In dieser Stellung mußte er unverwandt die Sonne von ihrem Aufgang bis zu ihrem Untergang ansehen, während einige Medizinmänner die Trommel schlugen, die Rasseln schüttelten und durch lauten Gesang ihn zum Ausharren zu ermutigen suchten, wobei sie von den Zuschauern eifrig unterstützt wurden. Besteht er die Probe, so wird er bei Sonnenuntergang losgeschnitten und erhält, außer den Geschenken, die während des Tages vor ihm niedergelegt werden, noch den ehrenvollen Titel eines Medizinmannes.

Ich habe bei keinem anderen Stamm von diesem Brauch gehört. Es ist dies eine Art freiwilliger Buße, die indes nur sehr selten vorkommt, denn wer sich ihr unterzieht und ohnmächtig zu Boden fällt, verliert seinen Ruf als Held oder Medizinmann und folglich auch die Achtung des Stammes.

Bei den Sioux scheinen mehrere Arten der Verehrung des Großen oder Guten Geistes und der Versöhnung des Bösen Geistes üblich zu sein; sie haben verschiedene Fasten, Festlichkeien und Opfer, scheinen diese aber weniger streng zu beobachten als die Mandaner, was wohl größtenteils ihrer herumschweifenden Lebensweise zuzuschreiben ist.

Einige Tage vor meiner Ankunft hatte auf der Prärie in der Nähe des Forts ein Medizinfest stattgefunden, das nach der Beschreibung mit der religiösen Zeremonie oder dem Okippe der Mandaner (siehe das 22. Kapitel) einige entfernte Ähnlichkeit zu haben scheint. Sie hatten eine große Hütte von Weidenzweigen errichtet, in deren Mitte ein Pfahl stand, an dem mehrere junge Männer an den durch das Fleisch gesteckten Stäbchen aufgehängt worden waren. Die Wunden bluteten noch bei meiner Ankunft.

Während meines Aufenthalts unter den Sioux galt ich für einen großen Medizinmann und erhielt daher als Zeichen der Achtung und Freundschaft viele Pfeifen und andere Gegenstände zum Geschenk; da ich aber eine soviel wie möglich vollständige Sammlung von ihren Kostümen, Waffen usw. zu haben wünschte, so kaufte ich viele Dinge dieser Art, die ich natürlich teuer bezahlen mußte.

Das Rauchen ist bei allen Indianerstämmen Nordamerikas in ihrem Urzustand gebräuchlich, selbst noch ehe sie den Tabak kennen, der ihnen von den weißen Abenteurern zugeführt wird, die sie zugleich auch mit dem Genuß des Branntweins bekanntmachen. In ihrem Urzustand sind sie gewaltige Raucher, und manche verbringen die Hälfte ihres Lebens damit. Der Grund hiervon ist wohl, daß sie bei ihrem müßigen Leben in dem Rauchen zugleich Beschäftigung und Unterhaltung suchen. Es gibt in diesem Land viele wildwachsende Kräuter, Blätter und Rinden von Bäumen, die narkotisch sind und von den Indianern getrocknet, pulverisiert und geraucht werden; so zubereitet führen sie in mehreren Sprachen den Namen K'nick-k'neck.

Da das Rauchen so leidenschaftlich von ihnen betrieben wird, so verwenden sie auch viele Mühe auf die Anfertigung ihrer Pfeifen, von denen ich mir mehrere hundert verschafft habe. Die Köpfe sind gewöhnlich aus rotem Pfeifenton gemacht und oft sehr geschmackvoll mit Figuren und Gruppen in erhabener Arbeit verziert. Dieser Ton darf nur zu Pfeifenköpfen verwendet werden, weil, wie sie sagen, der Große Geist ihn zu diesem Zweck gegeben hat; seinen Fundort halten sie sehr geheim. Sie geben den Köpfen die Gestalt nur mit einem Messer und höhlen sie dadurch aus, daß sie einen harten Stab zwischen den Händen hin- und herdrehen, während sie beständig etwas scharfen Sand und Wasser in die Höhlung gießen – eine sehr mühsame und viel Geduld erfordernde Arbeit.

Die Pfeifenrohre sind zwei bis vier Fuß lang, zuweilen rund, meistenteils aber flach, einen bis zwei Zoll dick und zur Hälfte ihrer Länge mit Stachelschweinstacheln umwunden und oft mit den Schnäbeln und Federbüschen des Spechts, mit Hermelinfellen oder mit langem, rot gefärbtem Haar von Pferden oder dem Schwanz eines weißen Büffels geschmückt. Sie werden auf sehr mannigfaltige Art geschnitzt und stets aus den Stämmen der jungen Esche gemacht, die sehr gerade gewachsen und ein dünnes Mark haben, das mit einem heiß gemachten dünnen Draht oder mit einem harten Stück Holz ausgebohrt wird.

Die mit den Federn des Kriegsadlers verzierte Friedenspfeife, Calumet, ist eine heilige Pfeife und darf nur bei Friedensschlüssen gebraucht werden. Wenn bei solchen Gelegenheiten die gegenseitigen Bedingungen festgelegt und angenommen worden sind, so wird zur Besiegelung der Verträge die Friedenspfeife von den Häuptlingen geraucht und, nachdem dies geschehen, wieder sorgfältig eingewickelt und in der Hütte des Häuptlings aufbewahrt. Die Pfeife ist die beständige Begleiterin des Indianers und wird nebst dem Tomahawk und der Kriegskeule mit ihm begraben, um ihm auch in die lang ersehnten ›milden und schönen Jagdgefilde‹ zu folgen.

Die Waffen dieses Volkes sind ebenso mannigfaltig wie ihre Pfeifen und werden größtenteils von ihnen selbst verfertigt. Mehrere davon, wie Bogen, Pfeile und Lanzen, wurden bereits im fünften Kapitel beschrieben; sie haben indes noch viele andere, als Messer, Kriegskeulen und Tomahawks, die ich von jedem Stamm gesammelt habe.

Die Skalpmesser und Tomahawks werden von den Weißen ausdrücklich für die Indianer angefertigt und diesen jährlich zu Tausenden für sehr hohe Preise verkauft. Die Scheiden für die Messer und die Stiele für die Tomahawks machen die Indianer jedoch selbst und verzieren sie oft sehr schön. In ihrem wilden Zustand und solange sie mit den Weißen nicht in Verkehr treten, wissen sie nichts von solchen Waffen, weil sie keine Metalle haben. Sie verfertigen ihre rohen Beile aus einem Stück Stein, die Spitzen ihrer Pfeile und Lanzen aus Feuerstein, und ihr Messer ist ein zugeschärfter Knochen oder ein zerbrochener Kiesel mit einem scharfen Rand. Auch die Kriegskeule ist durch die Weißen mit einer Stahlklinge versehen worden, die in eine hölzerne, mit Messingnägeln verzierte Keule eingeführt wird. Die ursprüngliche Keule besteht aus Holz mit einer Spitze von Eisen oder Knochen an dem dicken Ende. Sie ist zweckmäßig eingerichtet, um einen tödlichen Streich damit zu versetzen, und mit hübschem Schnitzwerk versehen.

Die sogenannten Pfeifen-Tomahawks sind zum Rauchen eingerichtet, indem an dem oberen Ende ein Pfeifenkopf angebracht ist und der seiner Länge nach durchbohrte Stiel als Rohr dient. Dies sind die geschätztesten Waffen eines Indianers, da sie ihm in Friedenszeiten zum Zerkleinern des Brennholzes usw. dienen, im Krieg aber eine furchtbare Waffe bilden, die teils mit der Hand geführt, teils mit großer Geschicklichkeit geworfen wird. Das Skalpmesser ist ein gewöhnliches Schlächtermesser mit einer Schneide, wie man sie in Sheffield in England verfertigt, wo sie vielleicht fünfzig Pfennige kosten, während die Indianer dieser wilden Gegenden sie mit einem Pferd bezahlen müssen. Sie werden im Gürtel getragen. In meiner Sammlung befindet sich auch ein großes zweischneidiges Messer, das dem berühmten Mandanerhäuptling Mah-to-toh-pa gehört hat. Ein Jahr nach dem Aussterben der Mandaner schrieb mir Herr M'Kenzie: ›Die armen Mandaner sind tot und auch Ihr alter Freund Mah-to-toh-pa. Ich kann Ihnen nur wenig senden, da die Rikkarihs sich sogleich alles angeeignet haben; unter den Gegenständen, die ich mir verschaffen konnte, befindet sich auch Mah-to-toh-pas großes Kriegsmesser, das jetzt hier im Land als die größte Medizin betrachtet wird. Sie werden sich dessen noch erinnern, und es dürfte daher für Sie wohl von großem Wert sein.‹

Die erwähnten Waffen sowie Bogen, Pfeile und Lanze werden sämtlich zu Pferd mit großem Erfolg und Geschick gebraucht, denn der Indianer reitet stets, sowohl im Krieg als auf der Jagd, und das Wild wird gewöhnlich in vollem Jagen erlegt. Sie sind grausam gegen ihre Pferde, die sie mit einer Peitsche antreiben, deren Stiel gewöhnlich aus einer starken Zinke von dem Geweih des Elen oder aus Holz gemacht wird; die Peitsche aus rohem Leder ist sehr schwer und entweder geflochten, gedreht oder in mehrere Streifen geschnitten. Sie wird stets an einem starken Riemen am Handgelenk getragen, damit man sie jeden Augenblick gebrauchen und wieder loslassen kann, ohne sie zu verlieren.

Während ich mit Malen beschäftigt war, bewog ich die jungen Männer, mir gegen kleine Geschenke ihre Tänze zum besten zu geben, die in der Regel nur von den jungen Leuten ausgeführt werden, indem die Häuptlinge und Doktoren es ihrer Würde nicht angemessen halten, daran teilzunehmen. Meine Medizin war indes so groß, daß die Häuptlinge und Doktoren beschlossen, mir zu Ehren einen Tanz aufzuführen. Es war dies nach der Versicherung der Dolmetscher und Pelzhändler die größte Ehre, die mir widerfahren konnte.

An diesem Tanz, den ich in Ermangelung einer besseren Benennung den ›Tanz der Häuptlinge‹ nennen will, nahmen fünfzehn bis zwanzig Häuptlinge und Doktoren teil, unter denen sich einige sehr alte und ehrwürdige Männer befanden. Alle waren mit dem Kopfputz aus den Federn des Kriegsadlers geschmückt und trugen in der linken Hand eine Lanze oder einen Stab und in der rechten eine Rassel. Der Tanz fand in der Mitte des Siouxdorfes statt, und zwar vor der Hütte des ersten Häuptlings, und außer dem Medizinmann, welcher sang und die Trommel schlug, standen noch vier junge Frauen in einer Reihe, die ebenfalls sangen. Es ist dies einer von den wenigen Fällen, wo den Frauen erlaubt war, an einem Tanz, einem Spiel oder einer Belustigung teilzunehmen. Der Tanz gefiel mir sehr, und alle Bewohner des Dorfes waren versammelt, um das nie gesehene Schauspiel, daß ihre alten und ehrwürdigen Häuptlinge an einem Tanz teilnahmen, zu betrachten.

Da ich oben von den Skalpmessern gesprochen habe, so will ich noch einige Worte über das Skalpieren sagen. Es ist dies ein bei allen Indianern Nordamerikas vorkommender Brauch, der darin besteht, daß man das Kopfhaar eines im Gefecht erschlagenen Feindes mit der linken Hand auf dem Scheitel fest zusammenfaßt, mit dem Messer rundherum einen Einschnitt macht und dadurch ein Stück der Kopfhaut etwa von der Größe eines Handtellers ablöst. Dieser Skalp wird getrocknet, oft wunderlich verziert und als ein sehr hochgeschätztes Siegeszeichen sorgfältig aufbewahrt. Das Skalpieren ist an sich nicht darauf berechnet, das Leben zu nehmen, da nur die Haut abgezogen, der Schädel aber dabei nicht verletzt wird. Ein echter Skalp muß den Scheitel, das heißt denjenigen Teil des Kopfes, enthalten, wo die Haare sich teilen, und sie wissen genau zu unterscheiden, ob ein Versuch gemacht worden ist, zwei oder mehrere Skalpe von einem Kopf zu nehmen. Gewöhnlich schneidet der Sieger, wenn es ohne Gefahr für seinen eigenen Skalp geschehen kann, dem erschlagenen Feind auch noch die ganze Kopfhaut ab, wobei seine Frau das Kopfhaar dann in viele kleine Locken teilt und damit die Nähte seines Rockes und seiner Beinkleider besetzt; diese Haare werden ebenfalls als Siegeszeichen getragen und ›Skalplocken‹ genannt. Die auf solche Weise verzierten Kleidungsstücke, von denen ich mehrere in meiner Sammlung besitze, verkauft der Indianer nur um einen hohen Preis, da er nicht weiß, ob er Gelegenheit haben wird, sie zu ersetzen.

Der Skalp, als ein Teil der Kopfhaut eines im Gefecht getöteten Feindes, dient zugleich dem Besitzer als ein Beweis seiner Tapferkeit, denn da es niemanden gibt, der die Namen der berühmten Krieger und ihre Taten aufzeichnet, so muß ein jeder durch Aufbewahrung dieser Siegeszeichen seine Ehre und seinen Ruhm zu sichern suchen. Die Skalpe werden übrigens nie von Lebenden genommen, es sei denn, daß ein Feind von einer Wunde nur betäubt worden und, nachdem der Skalp abgezogen, sich wieder erholt und das Schlachtfeld verläßt. Eine solche oberflächliche Kopfwunde heilt sehr bald, doch bleibt die Stelle kahl; an der westlichen Grenze der Vereinigten Staaten sieht man häufig solche Kahlköpfe. Ferner muß der Skalp von einem Feind herrühren, sonst trifft seinen Besitzer ewige Schande. Es kommen Fälle vor, in denen es dem Indianer nach den Ansichten seines Stammes nicht nur erlaubt ist, sondern zu einer gebieterischen Pflicht gemacht wird, einen Menschen seines eigenen Stammes zu töten; aber niemals darf er dessen Skalp nehmen, wie schwer auch die ihm widerfahrene Beleidigung sein mag, wenn er nicht unauslöschliche Schmach auf sich laden will.

Kein Brauch bei den Indianern wird so allgemein verdammt wie das Skalpieren; und dennoch läßt es sich entschuldigen, da er, gleich so vielen anderen, die uns abgeschmackt und lächerlich vorkommen, notwendig in dem Leben dieses Volkes begründet ist. Seit den ältesten Zeiten haben diese Stämme die Gewohnheit, in den Krieg zu ziehen, und alles erwartet dann, daß die Krieger mit den Skalpen ihrer erschlagenen Feinde als Beweise ihrer Tapferkeit zurückkehren; es ist mithin ein jeder verpflichtet, einen Brauch aufrechtzuerhalten, den der einzelne nicht abzuschaffen und zu umgehen vermag.

Man hat diesen Brauch des Skalpierens hauptsächlich wegen seiner Grausamkeit getadelt; allein, dieser Vorwurf ist wohl unbegründet und läßt sich vielmehr auf das Töten des Feindes als auf das Abziehen der Kopfhaut eines Getöteten anwenden. Man kann höchstens sagen, daß es ein widriger Brauch sei, und ich würde erfreut sein, wenn ich mit Zuversicht behaupten könnte, daß zivilisierte Menschen und Christen (die Hunderte töten, während der arme Indianer nur einen tötet) ihre erschlagenen Feinde nicht auf ebenso unpassende und widrige Weise behandeln wie die Indianer, wenn sie einen Skalp nehmen.

Die gewöhnliche Art, den Skalp für die Aufbewahrung zuzubereiten, besteht darin, daß man ihn über einen kleinen Reifen am Ende eines zwei bis drei Fuß langen Stockes spannt, um ›ihn zu tanzen‹, wie sie es nennen; dies wird bei dem Skalptanz beschrieben werden. Sehr kleine Skalpe, die nicht größer sind als ein Krontaler, werden nicht zubereitet, sondern als Verzierungen an verschiedenen Teilen der Kleidung befestigt. Bei öffentlichen Aufzügen hängt man sie an das Gebiß oder die Zügel des Pferdes. Zuweilen schneidet man sie in Streifen und verziert damit der Länge nach den Stiel der Kriegskeule oder befestigt sie an ihrem Ende. Bei schönem Wetter hängt zuweilen der Häuptling eines Dorfes alle seine Skalpe an einer Stange, die Skalpstange genannt wird, über seinem Wigwam auf, und alle Häuptlinge und Krieger seines Stammes folgen seinem Beispiel, so daß jedermann die Skalpe zählen und das Ansehen eines jeden Kriegers bestimmen kann, das in hohem Grade von der Anzahl der Skalpe abhängt, die er seinen Feinden im Gefecht abgezogen hat.

30. Kapitel

Köcher und Schild – Räuchern des Schildes – Tabaksbeutel – Musikalische Instrumente – Trommeln – Rasseln – Flöten – Bärentanz – Skalptanz

In dem vorhergehenden Kapitel habe ich einige Waffen und andere Gerätschaften der Indianer beschrieben und will hier noch einiges hinzufügen. Der Köcher wird aus der Haut eines Rehkalbes und der Schild der Sioux aus der Halshaut eines Büffels gemacht und mit einem aus den Hufen und Gelenkknochen dieses Tieres bereiteten Leim gehärtet. Ein merkwürdiges und nach der Meinung der Indianer wichtiges Verfahren ist das Räuchern des Schildes. Will ein junger Mann sich einen Schild verfertigen, so gräbt er ein Loch in die Erde, das zwei Fuß tief und so breit ist, als er den Schild zu machen denkt. In dieser Grube zündet er ein Feuer an, und über diesem, einige Zoll über dem Boden, spannt er die Haut in ihrem rohen Zustand horizontal aus, indem er an deren Rand kleine Stäbchen hindurch und in den Boden steckt. Die Haut ist anfangs doppelt so groß, als der Schild werden soll. Nachdem die hierzu eingeladenen Freunde um die Grube herumgetanzt und den Großen Geist angefleht haben, daß er dem Schild Kraft verleihen möge, den Besitzer gegen seine Feinde zu schützen, wird der Leim darauf gestrichen und, sowie die Haut sich erwärmt, eingerieben. Ein zweiter Indianer ist unterdessen beschäftigt, die Stäbchen zu erneuern, die durch die Zusammenziehung der Haut aus der Erde gerissen werden, wodurch die Haut stets ausgespannt gehalten wird; hat sie sich endlich bis auf die Hälfte ihrer ursprünglichen Größe zusammengezogen und die gehörige Dicke und Härte erlangt, so hört der Tanz auf, und das Feuer wird ausgelöscht. Nachdem die Haut abgekühlt ist, gibt man ihr die Schildform und bemalt sie häufig mit der Medizin oder Totem, das heißt mit dem Bild eines Adlers, einer Eule, eines Büffels oder eines anderen Tieres, das den Besitzer gegen jede Verletzung schützen soll; auch wird der Schild noch mit Adlerfedern oder anderen Dingen verziert. Diese Schilde werden von allen Kriegern dieser Gegenden zum Schutz in ihren Gefechten, die fast immer zu Pferde stattfinden, an einem breiten über die Brust gehenden Lederriemen getragen.

Es ist oben (29. Kapitel), wo von den Pfeifen und dem Rauchen die Rede war, gesagt worden, daß sie verschiedene Surrogate für Tabak haben, die sie K'nick-k'neck nennen. Zu deren Aufbewahrung verfertigen die Frauen sehr sonderbare Beutel von Otter-, Biber- oder anderen Fellen, die mit Stachelschweinstacheln und Perlen verziert werden, gewöhnlich am linken Arm hängen und außer dem Tabak noch Stein, Stahl und Schwamm enthalten.

Musikinstrumente hat dieses Volk nur sehr wenige, und sie sind äußerst roh und unvollkommen; nämlich Rasseln, Trommeln, Flöten und Lauten, die sich bei allen Stämmen finden.

Die Rasseln (Schischikué) werden aus rohen Häuten gemacht, die getrocknet eine große Härte erlangen; sie enthalten Kieselsteine oder ähnliche Gegenstände und geben, wenn man sie schüttelt, einen schrillen Ton. Man bedient sich ihrer, um bei den Tänzen und Gesängen den Takt anzugeben.

Ihre Trommeln sind sehr roh gearbeitet und bestehen oft bloß aus einem Stück roher Haut, das nach der Art eines Tamburins über einen Reifen gespannt ist; zuweilen haben sie die Form eines kleinen Fäßchens, das oben und unten mit roher Haut überspannt ist. Man schlägt diese Trommeln mit einem Stock, der häufig auch eine Rassel ist; zuweilen aber ist das dicke Ende des Trommelstokkes mit Ziegenhaut bewickelt, um den Ton zu mildern. Die Trommel wird bei allen ihren Tänzen und Gesängen geschlagen.

Die Mysterienflöte ist ein sehr sinnreiches Instrument ihrer eigenen Erfindung. Die Hervorbringung des Tons ist ganz verschieden von der bei den Blasinstrumenten der zivilisierten Völker üblichen Art, und obgleich es häufig vor meinen Augen gespielt wurde und ich selbst es oft versuchte, so habe ich doch, zur großen Belustigung der Frauen und Kinder, mich stets vergeblich bemüht, auch nur den leisesten Ton hervorzubringen. Der Ton ist übrigens sehr sanft und angenehm, und ich zweifle nicht, daß es sich in geschickten Händen zu einem beliebten Instrument umwandeln ließe.

Die Kriegsflöte, ein bekanntes und sehr geschätztes Instrument, gewöhnlich sechs bis neun Zoll lang, wird aus den Beinknochen des Hirsches oder Truthahns gemacht und mit bunten Stachelschweinstacheln verziert. Der Häuptling oder Führer trägt sie im Kampf um den Hals unter seiner Kleidung. Sie hat nur zwei Töne; der eine hellere Ton gibt das Zeichen zum Kampf, der andere zum Rückzug; sie werden hervorgebracht, je nachdem man in das eine oder andere Ende hineinbläst. Dieser Ton wird mitten im Gefecht gehört, wenn der Lärm noch so stark ist, daß es unmöglich wäre, das Kommando des Führers zu verstehen.

Ein anderes Blasinstrument, die an der Grenze sogenannte Hirschhautflöte oder die Werbeflöte der Winnebagos (Tsal-iht-quash-to), hat drei, vier oder sechs Löcher für die Finger und ebenso viele Töne mit ihren Oktaven, die aber unregelmäßig graduiert sind und den Beweis liefern, daß die Indianer wenig musikalisches Gehör haben. Man bläst in das Ende der Flöte hinein, und sie scheint zum Teil eine Nachahmung ihr ähnlicher Instrumente der zivilisierten Völker zu sein.

In der Gegend des oberen Mississippi sitzen die jungen Leute des Winnebagostammes, wie man mir erzählte, oft stundenlang Tag für Tag in der Nähe des Wigwams, der den Gegenstand ihrer Neigung enthält, und blasen diese Flöte, bis endlich das Herz der Dame, von soviel Aufopferung gerührt, durch ein Zeichen zu erkennen gibt, daß sie bereit sei, den jungen Orpheus durch ihre Hand und ihr Herz zu belohnen. Ob dies wahr ist, weiß ich nicht, indes muß doch wohl ein Grund für die oben erwähnte Benennung vorhanden sein.

Aus dieser Beschreibung ihrer rohen und unvollkommenen musikalischen Instrumente wird man ersehen, daß sie in der Musik nur geringe Fortschritte gemacht haben; dies zeigt sich noch deutlicher in ihren Gesängen, die der Reisende in diesem Land täglich und fast stündlich hört.

Der Tanz ist eine der vorzüglichsten und häufigsten Vergnügungen bei allen Indianerstämmen Nordamerikas. Die Tänze bestehen etwa aus vier Pas; die Figuren und Formen dieser Szenen, die durch heftige Sprünge und Verdrehungen des Körpers hervorgebracht und mit Gesang und Trommelschlag, genau nach den Bewegungen des Tanzes, begleitet werden, sind sehr zahlreich.

Einige Reisende haben behauptet, daß die Musik des Indianers weder Harmonie noch Melodie besitze; dem kann ich nicht beistimmen, obgleich ich zugebe, daß in meisten Gesängen von dem, was die musikalische Welt ›Melodie‹ nennt, keine Rede ist. Ihre Gesänge bestehen aus rauhen und schnarrenden Kehltönen, aus Geschrei, Gebell und Gekreisch, was alles vollkommen nach dem Takt und nicht nur mit Methode, sondern auch mit Harmonie ausgestoßen wird. Jeder, der in diesem Land reiste, wird sich erinnern, daß der Indianer sich zuweilen neben sein Feuer niederlegt, seine Trommel zur Hand nimmt, die er auf kaum hörbare Weise berührt, und einen so sanften Gesang anstimmt, daß man glaubt, ein Frauenzimmer singen zu hören. Diese sanften Gesänge, die sich sehr von denen unterscheiden, die sie im vollen Chor und mit heftigen Gestikulationen bei ihren Tänzen singen, scheinen voll Ausdruck zu sein, obwohl einförmig und ohne Melodie.

Sie tanzen viel mehr als die zivilisierten Völker, denn der Tanz gehört mit zu ihrem Gottesdienst; sie tanzen, wenn sie dem Großen Geist ihren Dank darbringen, wenn sie ihrer Medizin ihre Verehrung bezeigen und angesehene Fremde ehren oder unterhalten wollen.

Während meines Aufenthalts unter den Sioux habe ich so viele verschiedene Tänze gesehen, daß ich dieses Volk die ›tanzenden Indianer‹ nennen möchte. Sie scheinen für alles Tänze zu haben, und fast zu jeder Stunde des Tages und der Nacht hörte man die Trommel, die irgendeinen Tanz begleitete. Die Tänze sind ebenso mannigfaltig in ihrem Charakter als zahlreich – einige sind ungemein grotesk und lächerlich und erhalten den Zuschauer in fortwährendem Gelächter – andere haben den Zweck, das Mitleid zu erregen, während noch andere durch die furchtbaren Drehungen und Verrenkungen des Körpers Widerwillen oder Schrecken oder Furcht erregen.

Alle Welt hat von dem Bärentanz gehört, aber wohl nur wenige haben ihn gesehen. Die Sioux, gleich allen westlichen Stämmen, lieben das Bärenfleisch und müssen große Vorräte von Bärenfett haben, um ihr langes Haar und ihren Körper damit zu salben. Sie alle lieben auch sehr die Bärenjagd, und mehrere Tage vorher, ehe sie zu diesem Zweck ausziehen, vereinigen sich alle, um den Bärentanz aufzuführen und zu dem ›Bärengeist‹ zu singen, der, wie sie glauben, sich irgendwo unsichtbar aufhält und zu Rate gezogen und versöhnt werden muß, ehe man auf eine glückliche Jagd rechnen könne. Zu diesem Zweck hängt einer der angesehensten Medizinmänner, der den Tanz leitet, ein Bärenfell um, so daß die mit einer Feder des Kriegsadlers verzierte Kopfhaut ihm das Gesicht bedeckt und er durch die Augenlöcher hindurchsieht; noch mehrere der Tanzenden tragen Masken von Bärenfell, und alle ahmen mit den Händen die Bewegung dieses Tieres nach, einige, wenn es läuft, andere die eigentümliche Stellung und das Herabhängen der Vordertatzen, wenn es, auf den Hinterfüßen sitzend, die Annäherung eines Feindes erwartet. Diese wunderliche und unterhaltende Maskerade wird oft in Zwischenräumen mehrere Tage hintereinander wiederholt, ehe man auf die Bärenjagd auszieht, und sie würden, wie bereits erwähnt, auf keinen Erfolg rechnen, wenn sie nicht alle Formen streng beobachteten.

Der Tanz wird auch hier, wie zuweilen unter zivilisierten Völkern, dazu benutzt, um Gunstbezeigungen oder die Güter der Welt zu erlangen, nur gehen die Indianer dabei viel ehrlicher zu Werke, indem sie dem Tanz den rechten Namen geben und ihn Bettlertanz nennen. Und ich sah diesen Tanz nicht von Bettlern, sondern von den ersten und unabhängigsten jungen Leuten des Stammes, die, bis auf den Gürtel von Adler- und Rabenfedern, ganz nackt waren und Lanzen, Pfeifen und Rasseln in den Händen hielten; ein Medizinmann begleitete den Gesang mit der Trommel und mit den höchsten Tönen, die er aus seiner Kehle hervorzubringen vermochte. Bei diesem Tanz singt ein jeder, so laut er kann, indem er den Großen Geist anfleht, daß er die Herzen der Umstehenden erweichen möge, damit sie den Armen geben, und die Versicherung hinzufügt, daß der Große Geist gütig gegen diejenigen sein werde, die sich gegen die Armen und die Hilflosen mildtätig erweisen.

Von dem Skalp und der Art und dem Zweck des Skalpierens ist bereits oben (29. Kapitel) die Rede gewesen, und ich sagte dort, daß die meisten Skalpe über kleine Reifen gespannt würden, um beim Skalptanz benutzt zu werden. Über diesen Skalptanz will ich jetzt einige Worte sagen.

Der Skalptanz findet zur Feier eines Sieges statt und wird bei diesem Stamm in der Nacht bei Fackelschein und kurz vor dem Schlafengehen getanzt. Wenn eine Streifpartei mit den Skalpen der Feinde von einem Kriegszug heimkehrt, so ›tanzen‹ sie vierzehn Nächte hintereinander, wobei sie sich ihrer Heldentaten rühmen, während sie die Waffen in den Händen schwingen. Einige junge Frauen treten in den Kreis und halten die neu eroberten Skalpe, ohne jedoch an dem Tanz selbst teilzunehmen, während die Männer im Kreis herumtanzen, das heißt mit beiden Beinen zugleich in die Höhe springen, auf das entsetzlichste schreien und ihre Waffen so drohend schwingen, als ob sie sich gegenseitig auf der Stelle in Stücke zerhauen wollten; zugleich verzerren sie ihr Gesicht auf das greulichste und beißen die Zähne zusammen, mit einem Wort, sie gebärden sich, als ob sie mitten im heftigsten Kampf wären. Keine Beschreibung vermag den furchtbaren und unauslöschlichen Eindruck dieser in dunkler Nacht bei Fackelschein aufgeführten Tänze zu schildern.

Der Zweck des Skalpierens ist bekannt und oben erklärt worden; aber die Gründe, weshalb die Zeremonie des Tanzes so gewissenhaft von allen nordamerikanischen Stämmen beobachtet wird, sind nach meiner Ansicht noch nicht genügend aufgeklärt. Ein Hauptzweck ist unstreitig die öffentliche Freudenbezeigung; aber es gibt noch andere wesentliche Gründe für die streng beobachtete Schaustellung der Skalpe. Bei einigen Stämmen werden die Skalpe nach dieser Feierlichkeit begraben. Die öffentliche Schaustellung hat wohl den Zweck, die Skalpe zur allgemeinen Kenntnis zu bringen und den Besitzern die öffentliche Anerkennung zu verschaffen, da sie sich nun von ihnen trennen müssen. Die große Achtung, die sie den Skalpen beweisen, solange sie sich in ihrem Besitz befinden, der traurige Gesang für die Geister ihrer unglücklichen Schlachtopfer sowie die große Sorgfalt und Feierlichkeit, womit sie später die Skalpe begraben – dies alles gibt mir die Überzeugung, daß sie eine abergläubische Furcht vor den Geistern ihrer erschlagenen Feinde haben und diese zur Sicherung ihrer eigenen Ruhe durch mancherlei Zeremonien zu versöhnen suchen, wohin auch die oben beschriebene Feierlichkeit gehört.

31. KAPITEL

Beschreibung der Büffel – Zauberkreise – Das Einholen der Büffel und Abschießen des Pfeils – Büffeljagd – Gebrauch des Lassos – Das Jagen in der Maske einer weißen Wolfshaut – Tötung der Pferde bei der Büffeljagd – Büffelkälber – Die Büffel werden in ungeheuren Mengen getötet – Angriff der Büffel durch weiße Wölfe – Betrachtungen über die wahrscheinliche Ausrottung der Büffel und der Indianer

Über die Büffel, die diese Länder in zahlreichen Herden bewohnen, habe ich bereits oben (Kapitel 4 und 24) gesprochen, und ich will hier noch einiges hinzufügen.

Diese edlen Tiere, in den naturgeschichtlichen Werken so genau beschrieben, sind in dieser weiten Wildnis ein Gegenstand von großem Interesse und großer Wichtigkeit, da sie gleich dem Wilden vor der Annäherung des zivilisierten Menschen schnell verschwinden und in wenigen Jahren nur noch in Büchern und Bildern vorhanden sein werden.

Das Wort ›Büffel‹ wird mit Unrecht auf diese Tiere angewendet, die dem östlichen Büffel ebensowenig gleichen als dem Zebu oder dem gemeinen Ochsen. Ob sie dem europäischen Bison, den ich niemals gesehen habe, ähnlich sind, weiß ich nicht. Nach den zahlreichen Abbildungen und Beschreibungen ist jedoch der Bison der amerikanischen Prärien von dem Bison des nördlichen Europa und Asien sehr verschieden. Der amerikanische Bison oder, wie ich ihn nennen werde, der Büffel ist das größte wiederkäuende Tier, das gegenwärtig in Amerika lebt, und scheint in den Ebenen dieses weiten Landes von dem Großen Geist eigens für die roten Männer geschaffen zu sein, die fast ausschließlich von seinem Fleisch leben und sich mit seinen Häuten bekleiden. Die Farbe dieser Tiere ist ein dunkles Braun, das sich aber nach den Jahreszeiten sehr verändert; das lange Haar oder der Pelz des Winters und Frühlings wird ganz dünn und fast schwarz, wenn nach dem Abwerfen des Winterkleides ein neuer Haarwuchs hervorkommt.

Der Büffelstier erreicht oft das ungeheure Gewicht von zweitausend Pfund und hat eine lange und zottige Mähne, meist schwarz, die in großer Fülle über Kopf und Schultern herabhängt und oft bis auf die Erde reicht. Die Hörner sind kurz, aber sehr stark und haben nur eine Biegung, das heißt sie bilden einen einfachen Bogen ohne die geringste Annäherung an eine Spirallinie wie bei dem gemeinen Ochsen und der Ziege. Die Kuh ist viel kleiner als der Stier und durch die eigentümliche Gestalt der Hörner ausgezeichnet, die stets gekrümmter sind und ihre Spitzen mehr einwärts kehren nach der Mitte der Stirn.

Eines der merkwürdigsten Kennzeichen des Büffels ist die eigentümliche Bildung und der Ausdruck des Auges, dessen Augapfel sehr groß und weiß, die Iris dagegen schwarz ist. Die Augenlider stehen immer weit offen, und der Augapfel rollt beständig auf und nieder, so daß ein großer Teil der Iris von dem unteren Augenlid verdeckt wird, während das reine Weiß des Augapfels in halbmondförmiger Gestalt darüber hervorglänzt.

Diese Tiere leben im eigentlichen Sinn des Wortes herdenweise, aber sie wandern nicht. Sie grasen zuweilen in ungeheurer und fast unglaublicher Menge beisammen und durchziehen weite Landstriche, und zwar ebensooft von Osten nach Westen und von Westen nach Osten als von Norden nach Süden, obwohl man dies Umherstreifen durch regelmäßige Wanderungen nach den Jahreszeiten hat erklären wollen. Ihr Verbreitungsgebiet in Nordamerika erstreckt sich vom 30. bis 55. Grad nördlicher Breite und von der äußersten Westgrenze der Vereinigten Staaten bis an den Fuß der Rocky Mountains. Die Grenzen ihres Vorkommens im Osten und Westen werden durch ganz andere Ursachen bedingt als im Norden und Süden, wo die Temperatur ihrer Verbreitung Schranken setzt. Innerhalb dieser fünfundzwanzig Breitengrade leben die Büffel, ohne daß sie es nötig hätten, sich der Strenge des Klimas zu entziehen, gegen das sie die Natur mit einem mehr oder weniger dichten Pelz versehen hat.

Es ist erwiesen, daß der Büffel bis zum Winnipegsee in den strengsten Wintern ausdauert, indem er sich in den Wäldern aufhält und unter dem Schnee das Gras hervorscharrt, das dort beim Eintritt des Winters schnell mit allen seinen Säften gefriert und daher ein sehr nahrhaftes Futter gewährt; und oft, wenn nicht gewöhnlich, sind die Büffel in dieser Jahreszeit dort fetter als unter dem 30. Breitengrad an den Grenzen Mexikos, wo man die Strenge des Winters nicht kennt, aber während des langen Herbstes eine brennende Sonne die Vegetation allmählich austrocknet und ihrer nährenden Bestandteile beraubt, so daß diese armen Tiere, während sie sich dort selbst im Winter einer wärmenden Sonne erfreuen, kein saftiges Gras zu ihrer Nahrung haben.

Die Mündung des Tetonflusses kann man als den eigentlichen Mittelpunkt des Büffellandes betrachten, da sie ungefähr gleich weit von beiden Extremen entfernt ist. Die schönsten Tiere finden sich auf den dortigen Prärien, und ich konnte keinen besseren Aufenthaltsort wählen, um über die Jagd, die ihre endliche Ausrottung beschleunigen muß, noch einiges mitzuteilen.

Die Sioux sind verwegene Reiter und tüchtige Jäger. In dem Herzen ihres Landes befindet sich eine der größten Niederlagen von Waren und Branntwein, und es ist der Sammelplatz von Leuten, die unermüdlich jeder abgezogenen Büffelhaut nachspüren.

Die zahllosen Herden dieser Tiere, die man zuweilen auf den Prärien antrifft, sind von vielen Schriftstellern erwähnt worden, und es kann sie noch jetzt jeder sehen, der sich die Mühe gibt, diese Gegenden zu besuchen. In der Jagdzeit, im August und September, versammeln sie sich an manchen Orten oft in solcher Menge, daß die Prärien buchstäblich meilenweit ganz schwarz erscheinen. Man sieht dann nicht selten mehrere tausend in eine Wolke von Staub gehüllt, die von den Stieren aufgewirbelt wird, die sich auf dem Boden wälzen oder wütend miteinander kämpfen.

Die Stiere verfolgen immer die Kühe, und die ganze Masse ist in steter Bewegung, wobei alle beständig ein tiefes, dumpfes Gebrüll ausstoßen, das einem fernen Donner gleicht. Während sie sich in dieser Jahreszeit in dichten Massen an einem Ort versammeln, ist das umliegende Land auf eine Strecke von mehreren Meilen ganz von ihnen entblößt, und man kann mehrere Tage und Nächte reisen, ohne einen einzigen Büffel zu sehen, während man einige Wochen später auf demselben Weg zahlreiche kleine Herden erblickt, die sich über das ganze Land verbreiten und teils grasen, teils ruhig liegen oder sich im Schlamm wälzen. Der Ausdruck ›ein Büffel in seinem Schlamm‹ ist sehr bezeichnend für denjenigen, der jemals Gelegenheit hatte, einen Büffel zu sehen, der seinen erhitzten Körper in einem Schlammpfuhl abzukühlen sucht.

Wenn diese großen Tiere, die wegen ihres starken und zottigen Haares sehr unter der Hitze des Sommers leiden müssen, in Niederungen weiden, wo sich zwischen dem Gras etwas stehendes Gewässer befindet, unter dem der Boden erweicht ist, so läßt sich der Büffel auf ein Knie nieder und wühlt mit den Hörnern und zuletzt mit dem Kopf die Erde auf, wodurch eine Vertiefung entsteht, in die das Wasser sich hineinzieht und ein kühles und angenehmes Bad bildet, in das er sich hineinstürzt wie das Schwein in den Kot. In dies köstliche Bad legt sich nun der Büffel auf die Seite und dreht sich mit Hilfe der Hörner und des Höckers im Kreis herum, wodurch er immer tiefer in den Schlamm versinkt, der ihn, wenn er aufsteht, wie ein Mörtel bedeckt, seine Farbe verändert und von allen Seiten seines Körpers herabläuft, was ihm ein abschreckendes Aussehen gibt.

Gewöhnlich macht der Führer der Herde, das Leittier, diese Vertiefungen, und wenn es ein anderer Stier übernimmt, so vertreibt er ihn, stürzt sich hinein und bleibt, nachdem er seinen Körper abgekühlt und in eine wandelnde Masse von Schlamm verwandelt, noch darin stehen, bis es ihm beliebt, einem anderen Platz zu machen; so geht es fort, bis die ganze Herde, die zuweilen aus mehreren hundert Stück besteht, an die Reihe gekommen ist. Jeder Büffel erweitert die Vertiefung etwas und nimmt einen Teil des Schlammes mit hinweg, der an seinem Körper hängenbleibt, beim Trocknen eine graue oder weißliche Farbe annimmt und allmählich abfällt. Dadurch erhält die kreisförmige Vertiefung oft einen Durchmesser von fünfzehn bis zweiundzwanzig Fuß und eine Tiefe von zwei Fuß; das Wasser in der Prärie zieht sich dorthin, setzt vegetabilische Stoffe ab, und in einigen Jahren ist sie mit einem fruchtbaren Boden ausgefüllt, auf dem Gras und Kräuter in ungewöhnlicher Üppigkeit gedeihen.

Viele Reisende, die nicht weit genug gegen Westen vordrangen, um die Lebensart der Büffel und die Entstehung dieser geheimnisvollen Kreise zu beobachten, die oft in Gruppen und von verschiedener Größe vorkommen, haben nach ihrer Rückkehr sehr schöne und sinnreiche Theorien über den Ursprung dieser sonderbaren und unerklärlichen Erscheinungen aufgestellt, die man mangels einer vernünftigen Erklärung ›Zauberkreise‹ genannt hat. Andere haben angenommen, diese Kreise entständen durch die Tänze der Indianer, die allerdings in den meisten Fällen im Kreis aufgeführt werden; allein eine geringe Überlegung zeigt sogleich das Unwahrscheinliche einer solchen Behauptung, da die Indianer zu ihren Tänzen stets einen trockenen und harten Boden, und zwar in der Nähe ihrer Dörfer, wählen, während die ›Zauberkreise‹ sich immer auf niedrigem, feuchtem Boden befinden.

Da mein Besuch des fernen Westens mich tief in das Herz des Büffellandes führte, wo ich Gelegenheit hatte, diese Tiere in allen Phasen ihres Lebens sowie die verschiedenen Arten der Jagd auf dieselben zu beobachten, möchte ich noch einige Worte hierüber sagen.

Die Lieblingsjagd der Indianer dieser Gegend ist die Büffeljagd, die fast immer zu Pferde und mit Bogen und Lanze stattfindet. Sie haben kleine, aber sehr brauchbare Pferde, die sie auf den Prärien fangen, wo man sie oft wild in zahlreichen Herden antrifft. Auf seinem kleinen wilden Pferd, das einige Jahre lang abgerichtet worden ist, sprengt der Indianer in vollem Jagen mitten in die Herde der Büffel, Elen und selbst Antilopen hinein. Das Pferd ist das schnellste Tier der Prärie und bringt seinen Reiter mit Leichtigkeit an die Seite des Wildes, das dann in der Entfernung weniger Schritte seinen tödlichen Waffen eine leichte Beute wird.

Bei der Jagd des Büffels oder eines anderen Tieres ›entkleidet‹ der Indianer gewöhnlich sich und sein Pferd, indem er den Schild, den Köcher und jedes Stück seiner Kleidung, das ihm hinderlich sein könnte, wegwirft; in die linke Hand nimmt er den Bogen und fünf oder sechs Pfeile, und an der rechten Hand (oder am Gürtel befestigt) hängt eine schwere Peitsche, die er auf unbarmherzige Weise gebraucht, um sein Pferd zum schnellsten Lauf anzutreiben.

Diese Pferde sind so abgerichtet, daß der Indianer sich wenig des Zügels zu bedienen braucht, der auf dem Hals des Pferdes hängt, während er sich dem Büffel auf der rechten Seite nähert, wodurch der Reiter in den Stand gesetzt wird, seinen Pfeil nach der linken Seite hin abzuschießen; dies geschieht in dem Augenblick, wenn er im Vorbeijagen sich dem Herzen des Tieres gegenüber befindet, das dann den tödlichen Pfeil ›bis an die Feder‹ empfängt. Wenn der Indianer eine zahlreiche Herde verfolgt, so jagt er gewöhnlich dicht hinter ihr her, bis er ein Tier ausgewählt hat, das er dann so bald wie möglich von den anderen dadurch abzusondern sucht, daß er zwischen dieses und die Herde hineinsprengt.

Die Indianer bedienen sich niemals eines eigentlichen Zaumes mit Gebiß, sondern eines Halfters, der mit einer Schleife um die untere Kinnlade des Pferdes befestigt ist und mehr zum Anhalten als zum Lenken dient. Hat der Indianer den Lauf seines Pferdes auf den von ihm ausgewählten Büffel hin gerichtet, so strengt es alle seine Kräfte an, ihn so nahe als möglich zu begleiten, während der Halfter unberührt auf dem Hals liegt und der Reiter mit dem gespannten Bogen sich auf der linken Seite des Pferdes vorwärtsbeugt, um den tödlichen Schuß zu tun, sobald der Büffel zur Seite ist. Das Pferd, das sich instinktmäßig vor dem Büffel scheut, hält die Augen starr auf das dicht vor ihm befindliche wütende Tier gerichtet, und sobald es die geringste Entfernung von ihm erreicht hat, der Reiter mag geschossen haben oder nicht, wendet es sich ab, um jedes Zusammentreffen mit den Hörnern des Büffels zu vermeiden, der sich oft plötzlich gegen seinen Verfolger kehrt. Aber bei aller Vorsicht von seiten des Reiters und trotz des Scharfsinns seines Pferdes kommen dennoch dergleichen Kollisionen vor; denn die Aufregung bei dieser Jagd ist so groß, daß Instinkt und Vernunft ihre Herrschaft verlieren und Roß und Reiter sich dem Tod entgegenstürzen, als geschähe es zum Zeitvertreib oder zum Vergnügen (vergleiche die Schilderung der Büffeljagd im 4. Kapitel). Ich habe mich stets für sehr vorsichtig gehalten, allein auch ich bin in dies Delirium der Jagd verfallen und habe mich mehrmals, mit Staub und Blut bedeckt, von der Prärie erhoben, während meine Flinte zwanzig bis dreißig Schritte von mir mit zerbrochenem Schaft am Boden lag und mein Pferd eine halbe englische Meile entfernt ruhig weidete, auf der ganzen Prärie aber, so weit das Auge reichte, kein lebendes Wesen mehr zu erblicken war.

Für den Neuling ist diese Jagd mit großer Gefahr verbunden, während der von Jugend auf damit beschäftigte Indianer sie als ein Vergnügen betrachtet, beim Reiten den Atem nicht verliert und mit sicherer Hand die tödliche Waffe entsendet.

Wenn der Indianer auf der Jagd einen Büffel oder im Krieg einen

Feind verfolgt, so läßt er gewöhnlich den am Pferd befestigten Lasso – einen zehn bis fünfzehn Ellen langen, aus Streifen von rohem Leder geflochtenen Riemen – auf der Erde nachschleppen, damit er, wenn er vom Pferd stürzt, dieses damit wieder anhalten kann. Dieser Lasso dient hauptsächlich zum Einfangen der wilden Pferde, indem man ihnen die am Ende befindliche Schlinge um den Hals wirft.

In dem langen und sehr strengen Winter bedient sich der Indianer auf der Jagd der Schneeschuhe, die ihn leicht über den Schnee hinwegtragen, während die Büffel durch ihr großes Gewicht tief einsinken und dadurch leicht eine Beute ihrer Verfolger werden. Schnee wird von den Gipfeln und Abhängen der Hügel hinweggeweht, so daß diese ganz entblößt werden und den Büffeln zur Weide dienen; dagegen häuft er sich in den Vertiefungen und Schluchten so bedeutend an, daß es den verfolgten Tieren oft unmöglich ist, sich hindurchzuarbeiten. Da im Winter das Haar oder der Pelz des Büffels am längsten und dichtesten ist, das Fell mithin den größeren Wert hat, so werden in dieser Jahreszeit die meisten Tiere getötet, denen man nur die Haut abzieht, um sie an die Pelzhändler zu verkaufen, während man das Fleisch den Wölfen überläßt.

Die Schneeschuhe, die sehr verschiedene Formen haben, sind zwei bis drei Fuß lang, einen Fuß und darüber breit und bestehen aus einem oder mehreren Reifen, über die ein Netzwerk von Lederriemen gespannt ist, worauf der Fuß wie bei einem Schlittschuh befestigt wird. Mit diesen Schneeschuhen gleitet der Indianer mit erstaunlicher Schnelligkeit über den Schnee hin, ohne einzusinken, und hinterläßt kaum eine Spur seines Weges. Der Mensch stellt den armen Büffeln zu allen Jahreszeiten und auf die verschiedenste Weise nach – er jagt sie zu Pferde in den Ebenen, verfolgt sie im Winter im Schnee auf Schneeschuhen und beschleicht sie, wenn sie ruhig grasen, unter der Maske eines Wolfes und schießt sie nieder, ehe sie einmal die Nähe der Gefahr ahnen.

Es gibt in diesem Land verschiedene Arten von Wölfen; der furchtbarste und zahlreichste ist der weiße Wolf, der oft in Rudeln von fünfzig bis sechzig Stück auf den Prärien herumschwärmt, die dann in der Ferne einer Herde Schafe ähnlich sehen. Sie erreichen oft die Größe des größten neufundländischen Hundes. Wenn die Büffel in Menge vorhanden und es daher den Wölfen nicht an Nahrung fehlt, so sind sie harmlos und fliehen den Menschen. Sie halten sich stets in der Nähe der Büffelherden, um sich desjenigen zu bemächtigen, was die Jäger von den erlegten Büffeln zurücklassen, oder die verwundeten Tiere anzufallen. Sind die Büffel in einer Herde beisammen, so scheinen sie die Wölfe wenig zu fürchten und lassen sie ganz nahe herankommen. Dies nutzen die Indianer, um die Büffel zu beschleichen, indem sie sich eine vollständige Wolfshaut über den Kopf ziehen und so maskiert oft über eine halbe englische Meile weit auf Händen und Füßen fortkriechen, bis sie sich der arglosen Herde auf wenige Schritte genähert haben und dann mit Leichtigkeit den fettesten Büffel niederschießen.

Der Büffel ist ein sehr furchtsames Tier und flieht die Nähe des Menschen mit dem größten Scharfsinn; wird er aber eingeholt und verwundet, so wendet er sich oft mit der größten Wut gegen seine Verfolger, die dann ihr Heil in der Flucht suchen müssen. Die Pferde werden dann gewöhnlich getötet, während der Indianer sich durch seine Gewandtheit und seinen Scharfsinn zu retten weiß.

Solange die Kälber jung sind, halten sich die Stiere immer in der Nähe der Kühe, als ob sie die Jugend schützen wollten, und es ist sehr gefährlich, sie in dieser Zeit anzugreifen, denn man kann sicher darauf rechnen, daß sie sich gegen ihre Verfolger kehren, die sich oft gegenseitig zu Hilfe eilen müssen. In den ersten sechs Monaten ist das Büffelkalb rot und sieht den Kälbern des gezähmten Rindviehes zum Verwechseln ähnlich. Im Herbst, wenn es das Haar wechselt, erhält es eine braune Färbung, die es für immer behält. Bei der Verfolgung einer großen Büffelherde zu einer Zeit, wenn die Kälber erst wenige Wochen alt sind, haben mir ihre wunderlichen Manöver oft viel Unterhaltung gewährt. In der Verwirrung und dem Gedränge mehrerer hundert oder tausend dieser Tiere verlieren die Kälber oft ihre Mutter aus dem Gesicht und bleiben weit hinter der Herde und den Jägern zurück; sie sind dann in großer Verlegenheit, wo sie sich verbergen sollen, da die ebene Prärie nichts darbietet als sechs bis acht Zoll hohes Gras oder einen um wenige Zoll höheren Busch von wilder Salbei. Auf diesen laufen sie dann zu, knien nieder, stecken die Nase in den Busch, schließen die Augen und halten sich wahrscheinlich für vollkommen sicher, während sie auf den Hinterfüßen stehen und daher schon in der Entfernung von einigen englischen Meilen gesehen werden können.

Wir ritten oft, nachdem wir die Herde verfolgt hatten, auf demselben Weg zurück, um diese kleinen zitternden Tiere aufzusuchen, die bei unserer Annäherung ihre Stellung nicht verließen, aber, während wir von den Pferden stiegen, ihre Augen starr auf uns gerichtet hielten. Sie lassen sich dann nach geringem Widerstand fangen. Ich habe oft nach einem hier bekannten Brauch meine Hände über die Augen des Kalbes gelegt und einige Male stark in seine Nasenlöcher hineingeblasen, worauf es meinem Pferd stets mehrere Meilen weit bis in den Stall gefolgt ist. Ich hatte früher schon viel von diesem sonderbaren Brauch gehört, aber niemals daran glauben wollen, bis ich mich endlich durch den Augenschein überzeugte. Herr Laidlaw hatte auf diese Weise etwa ein Dutzend Kälber gefangen, die er mit der Milch einer Kuh ernährte. Er wollte sie mit dem Dampfboot nach St. Louis senden, in dessen Nähe er eine große Pflanzung besitzt; da jedoch das Dampfboot einen Weg von mehr als dreihundert Meilen zu machen hatte und überdies eine oder zwei Wochen auf einer Sandbank liegenblieb, in einem Land, wo es keine Milch gab, so starben alle bis auf eines, das jetzt ganz munter auf der erwähnten Besitzung lebt.

Dem Reisenden in diesen Gegenden drängt sich der betrübliche Gedanke auf, daß die Zeit nicht fern ist, wo das letzte dieser edlen Tiere den unvorsichtigen Verfolgungen der weißen und roten Männer zum Opfer fallen wird, und daß diese schönen grünen Gefilde dann für die Zukunft ohne Wild und ohne Bewohner sein werden. Damit man aber nicht glaube, daß dies bloß Phantasiegebilde sind, so will ich eine Tatsache mitteilen, welche die Richtigkeit meiner Behauptung dartun wird.

Als ich im Mai 1832 bei meiner Fahrt den Missouri aufwärts in Fort Pierre ankam, erzählte mir Herr Laidlaw, daß wenige Tage zuvor auf der anderen Seite des Flusses sich eine zahllose Büffelherde gezeigt habe, worauf etwa fünfhundert bis sechshundert Sioux um Mittag zu Pferd durch den Fluß gesetzt und gegen Sonnenuntergang mit tausendvierhundert frischen Büffelzungen zurückgekehrt seien, für die sie nur einige Gallonen (vier Quart) Branntwein forderten, die sofort ausgetrunken wurden. Dieses Töten der Büffel zu einer Zeit, als die Häute ohne Pelz und mithin ohne Wert waren und im Lager sich große Fleischvorräte befanden, ist ein schlagender Beweis für die Sorglosigkeit des indianischen Charakters.

In diesem merkwürdigen Land, wo weder Gesetze noch gesellschaftliche Verordnungen dem armen Indianer den Trunk als ein Laster oder eine Unschicklichkeit darstellen, hält er es für etwas Harmloses, sich dem Genuß des Branntweins hinzugeben, solange er noch imstande ist, sich dieses köstliche Getränk zu verschaffen. Sie halten die Weißen für klüger und glauben, ihrem Beispiel folgen zu müssen – aber alle Weißen, die sie in ihrem Land sehen, verkaufen ihnen Branntwein, und die meisten trinken selbst, die Indianer finden bald Geschmack daran, und um diesen zu befriedigen, suchen sie so viel Büffel wie möglich zu töten, um für deren Häute unverdünnten Alkohol zu kaufen, der ihnen mit vier Dollars das Gallon berechnet wird.

Es ergibt sich aus dem Vorhergehenden, daß nicht nur rote und weiße Männer, sondern auch die Tiere bei der Vernichtung der Büffel beteiligt sind, obgleich die letzteren in geringerem Grad und aus einem löblichen Grund. Ich habe oben erwähnt, daß die weißen Wölfe in allen Jahreszeiten den Büffelherden folgen, um die von ihren Feinden getöteten zu verzehren oder über die kranken und altersschwachen Tiere herzufallen. Solange eine Herde beisammen ist, greifen die Wölfe diese niemals an, da sich alle sofort zu gemeinsamem und erfolgreichem Widerstand vereinigen. Wenn aber die Herde weiterzieht, so bleiben häufig alte oder verwundete Tiere zurück und werden dann, sobald die Herde aus dem Gesichtskreis verschwunden ist, von den Wölfen, die oft bis zu fünfzig Stück beisammen sind, angefallen und getötet. Der Büffel ist jedoch ein starkes und wütendes Tier und leistet, wenn ihm der Rückzug abgeschnitten ist, verzweifelten Widerstand, und nicht selten tötet er seine sämtlichen Angreifer, indem er sie teils mit den Hörnern in die Luft schleudert, teils mit den Füßen tottritt.

Auf meinen Reisen hatte ich mehrmals Gelegenheit, einem solchen Kampf beizuwohnen. Einst kehrten wir von der Jagd zurück und bemerkten in der Entfernung einen großen Stier, der von einem Rudel Wölfen umgeben war. Wir näherten uns bis auf Pistolenschußweite, und nachdem ich eine Skizze entworfen, verjagten wir die Wölfe, die sich in einige Entfernung zurückzogen. Der alte Stier hatte einen verzweifelten Widerstand geleistet, denn mehrere seiner Feinde lagen tot oder schwer verwundet am Boden; aber er selbst war auch übel zugerichtet: Die Augen waren ihm ausgebissen, die Nasenspitze ganz und die Zunge zur Hälfte abgerissen, und von den Schenkeln hing die Haut und das Fleisch in Stücken herab. In diesem traurigen Zustand stand das alte Tier mitten unter seinen Verfolgern, die für einige Minuten den Angriff eingestellt hatten, um ihn mit erneuten Kräften wieder zu beginnen. Ich ritt näher und sagte ihm: »Nun ist es Zeit, alter Bursche, mach, daß du wegkommst!« Und als ob er, wenngleich blind und halbtot, einen Freund in mir erkannt hätte, lief er plötzlich in gerader Richtung über die Prärie davon. Wir setzten unseren Weg fort, als wir aber nach einiger Zeit zurückblickten, sahen wir, daß er aufs neue von seinen Verfolgern umringt war, deren unersättlicher Gefräßigkeit er ohne Zweifel zum Opfer gefallen ist.

Ich kann nicht unterlassen, hier noch einige Betrachtungen über die wahrscheinliche Ausrottung der Büffel und der Indianer hinzuzufügen. Die Natur bietet in ihrem ursprünglichen wilden Zustand wohl nirgends schönere und lieblichere Landschaften als in den weiten Prärien des Westens, und keine schöneren Exemplare von Menschen und Tieren gibt es als diejenigen, die jene Landschaften bewohnen, den Indianer und den Büffel, die gemeinschaftlichen ursprünglichen Besitzer des Bodens, die gemeinsam vor der Annäherung des zivilisierten Menschen in die großen Ebenen des Westens geflohen sind, wo sie gemeinsam untergehen und wo ihre Gebeine nebeneinander bleichen werden.

Gewalt ist vielleicht Recht, Habgier eine Tugend, und jenes Volk und jene Tiere sind vielleicht von Rechts wegen zum Untergang verdammt. Es kann leicht bewiesen werden – denn wir haben eine zivilisierte Wissenschaft, die dies und noch ganz andere Dinge beweist, wenn es darauf ankommt, die Ungerechtigkeiten des zivilisierten Menschen zu beschönigen –, es wird bewiesen werden, sage ich, daß der Schwache und Unwissende gar keine Rechte hat – daß es in dem Zustand der Unwissenheit keine Tugenden gibt – daß die Gaben Gottes keine Bedeutung und kein Verdienst haben, als bis der zivilisierte Mensch sie sich aneignet und zu seinem Nutzen und Luxus verwendet. Wir haben eine Art des Begründens, wodurch dies alles und selbst noch mehr bewiesen werden kann. Ich sage: Wir können dergleichen Dinge beweisen, aber ein Indianer kann es nicht. Seiner natürlichen Einfachheit ist diese Art der Beweisführung unbekannt, die trefflich dazu geeignet ist, den Interessen der zivilisierten Welt förderlich zu sein, die im Verkehr mit den Wilden stets ihr eigener Richter ist und in der gegenwärtigen aufgeklärten Zeit mancherlei Gelüste hat, die nur dann gesetzlich befriedigt werden können, wenn man beweist, daß die Gesetze Gottes mangelhaft sind.

Es genügt in unserer verfeinerten und ausschweifenden Zeit nicht, dem Indianer sein Land zu entreißen und die Kleider vom Leib zu nehmen, man muß ihm auch noch den Unterhalt entziehen, um der feinen Welt einen neuen und unnützen Luxusgegenstand zu verschaffen. Die Rasse der Büffel muß ausgerottet und der Indianer seiner Subsistenzmittel beraubt werden, damit die weißen

Leute einige Jahre länger und prächtig in Büffelroben einherstolzieren können!

Die Büffel, die einst in zahllosen Scharen über das ganze Land vom Atlantischen Ozean bis zu den Rocky Mountains verbreitet waren, sind vor der Annäherung des zivilisierten Menschen in die weiten Prärien des Westens geflohen. Da sie in den Wäldern ihren Todfeinden leicht zur Beute wurden, so bewog sie der Instinkt, sich in die weiten und baumlosen Grasebenen zurückzuziehen, wo sie den Angriffen weniger ausgesetzt sein würden; und über diese einsamen, aber schönen Gefilde sind sie gleich dem Indianer immer weiter gegen Sonnenuntergang geflohen, bis sie endlich auf einen schmalen Strich Landes im Osten der Felsengebirge beschränkt worden sind.

Dieser Landstrich, der sich von der Grenze Mexikos im Süden bis zum Winnipegsee im Norden erstreckt, besteht fast ganz aus einer einzigen Grasebene, die für den kultivierten Menschen niemals von Nutzen sein kann. Hier leben die Büffel und mit ihnen die Indianerstämme, die Gott geschaffen hat, damit sie sich dieses schönen Landes und seiner Genüsse erfreuen.

In diesen Ebenen sieht man den schönsten Indianer, hier ist er am prächtigsten gekleidet, nur hier kann er alle seine Bedürfnisse befriedigen, und nur hier ist er ein stolzer und ehrenwerter Mensch.

Nach einer mäßigen Schätzung leben mehr als dreihunderttausend Indianer von dem Fleisch des Büffels, und zugleich liefert ihnen dies Tier alle übrigen Bedürfnisse, da sie keine anderen kennen. Wer nicht selbst unter diesen Indianern gelebt und ihre Sitten und Gebräuche genau beobachtet hat, kann sich keine Vorstellung davon machen, wie sie jeden einzelnen Teil eines Büffels nützlich zu verwenden wissen. Das Fleisch wird auf die eine oder die andere Weise zur Nahrung zubereitet, und sie leben ausschließlich davon. Die Häute werden gegerbt und teils als Mäntel, teils als Zelt- und Bettdecken benutzt – ungegerbt werden sie zu Kanoes, Sätteln, Zügeln, Halftern, Lassos und Stricken verarbeitet. Das Gehirn dient zum Gerben der Häute – aus den Hörnern macht man Löffel – aus den Knochen Sattelgestelle, Kriegskeulen und Werkzeuge zum Schaben der Häute, oder man zerschlägt sie, um das Mark zu erhalten. Sehnen werden zu Bogensehnen oder zur Verstärkung des Bogens verwendet, oder sie bedienen sich ihrer statt des Zwirns zum Nähen ihrer Kleider und zum Aufziehen der Glasperlen. Die Beine und Hufe werden ausgekocht, um den Leim zu erhalten, den sie zur Befestigung der Pfeilspitzen und zu verschiedenen anderen Zwecken benutzen. Aus dem langen Haar vom Kopf und den Schultern flechten sie Halfter, und den Schweif benutzen sie als Fliegenwedel. Auf diese Art wissen die Indianer die einzelnen Teile dieses wertvollen Tieres zu nützlichen Zwecken zu verwenden.

Noch ließe sich dies interessante Volk mit seinen Jagden, seinen Sprachen, seinen Sitten und Gebräuchen erhalten und mit ihm die Büffel, wenn man das System der Nichteinmischung einführen wollte. Allein dies ist nicht der Fall – das Schicksal der Büffel ist bestimmt, und mit ihrer Ausrottung müssen auch die Bewohner dieser weiten Ebenen untergehen, die ihnen kein anderes Subsistenzmittel darbieten.

Es ist hart und grausam, daß die zivilisierten Menschen, die mit allem Luxus des Lebens umgeben sind, jährlich bis zu hundertfünfzigtausend oder zweihunderttausend Büffelhäute aus jenen Gegenden holen und daß der größte Teil dieser Tiere zu einer Zeit getötet wird, wo das Fleisch nicht aufbewahrt werden kann und daher den Wölfen überlassen wird, während der Indianer für jede Haut nur ein Nößel Branntwein erhält. Und zu dieser Zahl muß man noch diejenigen hinzufügen, die für den Unterhalt von dreihunderttausend Indianern getötet werden.

Man wird vielleicht einwenden, daß der Pelzhandel in diesen weiten westlichen Gegenden, der sich jetzt hauptsächlich auf den Ankauf von Büffelhäuten beschränkt, von großer und nationaler Wichtigkeit sei und unterstützt werden müsse. Hierauf erwidere ich (ganz abgesehen von dem Mißgeschick des armen Indianers), daß es doch wohl bei weitem vorteilhafter sein würde, ein solches Kapital zur Anfertigung wollener Kleidungsstücke zu verwenden und dadurch zugleich den Wollzüchter und den gewerbefleißigen Fabrikanten zu unterstützen, als den Hang zum Gebrauch der Büffelhäute zu nähren, die man doch in wenigen Jahren, wenn das letzte dieser Tiere getötet worden ist, ohnehin wird entbehren müssen.

Man wird mir ferner den Vorwurf machen, daß ich Unrecht hätte, da man ja den Indianer für seine Büffelhäute mit allen Bedürfnissen des Lebens versehe; aber ich frage dagegen, welche Bedürfnisse hat denn der Indianer noch, wenn Büffel in ausreichender Menge vorhanden sind? Alle jene sogenannten Bedürfnisse für die Indianer sind künstlich gemacht, und wenn in acht bis zehn Jahren die Büffel in seinem Land gänzlich verschwunden sein werden, wer, frage ich, wird ihn mit den Lebensbedürfnissen versehen, und wer wird dann dreihunderttausend Indianern, die den Hungertod vor Augen haben und den Tausenden von Wölfen, die ihnen folgen werden, Widerstand leisten, wenn sie über unsere ungeschützten Grenzen dringen, um sich die Mittel zur Erhaltung ihres Lebens zu verschaffen? Gott hat den Menschen im Naturzustand überall mit dem reich versehen, was er zu seinem Leben braucht, und bevor wir das Wild seines Landes töten und ihn mit neuen Wünschen bekannt machen, hat er keine Bedürfnisse, die er nicht befriedigen könnte.

Die verarmten und wiederholt verpflanzten Indianerstämme, etwa neunzigtausend Seelen, erhalten von der Regierung jährlich fünfhunderttausend bis sechshunderttausend Dollars in barem Geld; allein dies Geld geht sogleich in die Hände des weißen Mannes über, und es können dafür die Lebensbedürfnisse in hinreichender Menge geliefert werden. Aber wer, so frage ich, wird den Indianern, die sich an die von den weißen Männern ihnen verabreichten Bedürfnisse und selbst Luxusgegenstände gewöhnt haben, jene Lebensbedürfnisse liefern, wenn jene Jahresrenten aufhören und dem letzten der Tiere, die Gott zu ihrem Unterhalt geschaffen hat, die Haut abgezogen worden ist?

32. KAPITEL

Kantonnement Leavenworth – Schaiennes – Floyds Grab – Black Birds Grab – Schöne Rasenhügel – Mandanische Überreste – Bellevue – Die ›viereckigen Hügel‹ – Mündung des Platteflusses – Schwimmende Büffel

Das Kantonnement Leavenworth, der äußerste Militärposten an der Westgrenze der Vereinigten Staaten, unter dem Befehl des Obersten Davenport, liegt am Westufer des Missouri, etwa hundertdreißig Meilen oberhalb der Mündung dieses Stromes und an vierhundert Meilen vom Golf von Mexiko in einer schönen Gegend. Es wurde vor einigen Jahren von dem General Leavenworth, dessen Namen es trägt, erbaut und ist der Vereinigungspunkt mehrerer feindlicher Stämme. Gewöhnlich befindet sich daselbst ein Regiment Soldaten, um den Frieden unter diesen kriegerischen Indianern zu erhalten.

Ich muß hier noch einiges über meinen Aufenthalt an der Mündung des Tetonflusses nachholen. Unter den Bildnissen, die ich dort malte, war auch das eines Schaiennehäuptlings, Nih-hih-o-ihwuh-tis (der Wolf auf dem Berge), und einer Frau, Tis-sih-wuh-natis (die ihre Knie wäscht). Die Schaiennes sind ein kleiner Stamm von etwa dreitausend Seelen, der westlich von den Sioux zwischen den Black Hills (Schwarzen Bergen) und dem Felsengebirge wohnt. Es gibt außer den Osagen keinen schöneren und größeren Menschenschlag in Nordamerika; man findet kaum einen Erwachsenen, der unter sechs Fuß mißt. Sie besitzen unstreitig von allen Stämmen die meisten Pferde, denn sie leben in einem Land, in dem die größten wilden Herden dieser Tiere vorkommen, die sie in Mengen fangen und teils an die Mandaner, Sioux und andere Stämme, teils an die Pelzhändler verkaufen. Sie sind die verwegensten Reiter und Krieger und führen seit Menschengedenken einen unaufhörlichen Krieg mit den Pahnis und Schwarzfußindianern.

Der Häuptling, den ich malte, trug einen Anzug von Hirschhaut, der längs der Ärmel und der Beinkleider mit breiten Streifen von Stachelschweinstacheln und Skalplocken verziert war. Sein starkes Haar hing ihm über die Schultern herab, und in der Hand hielt er eine schöne Siouxpfeife, die ihm Herr M'Kenzie geschenkt hatte. Er war einer der schönsten und würdevollsten Männer, die ich im Indianerland gesehen habe, und nach den Aussagen der Handelsleute ein Mann von Ehre und strenger Rechtlichkeit. Die Frau war ziemlich hübsch und ihr aus dem Fell des Bergschafs gemachter Anzug mit Stachelschweinstacheln und Glasperlen geschmackvoll verziert; ihr Haar hing in breiten Flechten über die Brust herab.

Außerdem malte ich noch einen berühmten Krieger der Sioux namens Mah-to-tschih-ga (den Kleinen Bären), der unglücklicherweise wenige Augenblicke nach Vollendung des Gemäldes von einem seines Stammes getötet wurde; dieser Vorfall hätte auch mir fast das Leben gekostet, denn da ich eine Seitenansicht seines Gesichtes gezeichnet hatte, so glaubte der ganze Stamm, ich hätte absichtlich die eine Hälfte des Gesichtes weggelassen, weil sie ›nichts wert‹ sei. Es war dies das letzte Gemälde, das ich unter den Sioux malte, und wohl überhaupt das letzte, welches ich jemals an diesem Ort malen werde. Die Aufregung war so groß, daß ich mich am nächsten Tag auf das Dampfboot begab und sehr froh war, als ich mich an Bord befand.

Der, welcher diesen edlen Krieger tötete, war ein streitsüchtiger Mann desselben Stammes namens Schon-ka (Hund). Als ich nach mehreren Monaten, während welcher Zeit mein Leben häufig bedroht gewesen, glücklich in St. Louis ankam, erfuhr ich, daß der ›Hund‹ nebst seinem Bruder, nachdem man ihn lange Zeit verfolgt hatte, getötet und diese Angelegenheit dadurch erledigt worden sei. Das Nähere hierüber werde ich später mitteilen.

Meine Fahrt von der Mündung des Tetonflusses bis zum Kantonnement Leavenworth war der mühsamste, aber dennoch der angenehmste Teil meiner Reise. Wir landeten gewöhnlich zur Nacht an der vorspringenden Spitze einer dürren Sandbank, wo wir uns auf Büffelhäute lagerten und vor Moskitos, Indianern und Bären gesichert waren. Diese Fahrt bot mir nicht nur Gelegenheit, alle Indianerstämme des Flusses zu besuchen und meine Mappe mit Skizzen der schönen Gegenden zu füllen, sondern auch die Jagdlust fand hinreichende Befriedigung, und Schwäne, Enten, Gänse, Pelikane, Hirsche, Antilopen und Büffel wurden von unseren Büchsen erlegt. Zuweilen hieß es freilich auch: »Rudert zu, ihr Burschen! Eine Streifpartei! Rudert, wenn euch euer Leben lieb ist, oder wir sind verloren!«

Ich ging oft ans Land und erstieg die grünen Hügel, deren weicher Rasen zur Ruhe und zum Nachdenken einlud und von deren Gipfel man eine Aussicht genoß, die keine Sprache und keine Feder zu schildern vermag. Einer der reizendsten Punkte in dieser Beziehung ist der unter dem Namen ›Floyds Grab‹ bekannte Hügel am Missouri, etwa zweihundert Meilen unterhalb St. Louis. Seinen Namen erhielt er von dem Sergeanten Floyd, der Lewis und Clarke auf ihrer Reise begleitete, im Jahre 1806 hier starb und auf diesem Hügel beerdigt wurde; sein Grab wird durch einen Pfahl bezeichnet, in dem die Anfangsbuchstaben seines Namens eingeschnitten sind. Wenige Meilen von diesem Hügel ist ein anderer, das ›Grab des Schwarzen Vogels‹ (Black Bird) genannt, weil ein berühmter Häuptling dieses Namens vom Stamm der Omahas auf sein Verlangen auf dem Gipfel beerdigt worden ist. Sein Grab wird ebenfalls durch einen Pfahl bezeichnet. Alle Reisenden in diesen Gegenden, weiße und rote, besuchen diesen Punkt, die einen der schönen Aussicht wegen, die anderen, um die Gebeine eines ausgezeichneten Häuptlings zu ehren. Der Häuptling starb an den Blattern in der Nähe dieses Hügels auf der Rückkehr von Washington, wo er in Gesellschaft des Indianeragenten einen Besuch abgestattet hatte; er befahl den ihn begleitenden Kriegern, seinen Körper auf den Gipfel dieses Hügels, der sein Lieblingsplatz war, zu bringen und dort auf seinem Lieblingspferd zu beerdigen, damit er ›die Franzosen sehen könne, wenn sie in ihren Booten den Fluß hinauf und hinab schifften‹.

Alles geschah buchstäblich, wie er es angeordnet hatte. Man

wählte aus seinen Pferden einen schönen weißen Hengst, führte ihn auf den Gipfel des Hügels und setzte daselbst, in Gegenwart des ganzen Stammes, mehrerer Pelzhändler und des Agenten, den toten Häuptling mit dem Bogen in der Hand auf das Pferd, hing ihm Schild und Köcher um und gab ihm die Pfeife, den Medizinbeutel, einen Vorrat von getrocknetem Fleisch, die gefüllte Tabakstasche nebst Feuerstein, Stahl und Zunder, damit er auf dem Weg zu den ›glücklichen Jagdgefilden der Schatten seiner Väter‹ mit allem versehen sei. Die Skalpe, die er den Köpfen seiner Feinde abgezogen hatte, wurden an dem Zaum des Pferdes befestigt, und auf seinem Haupt prangte zum letzten Mal der schöne Kopfputz aus den Federn des Kriegsadlers. Nachdem die Medizinmänner die letzten Zeremonien vollzogen hatten, bemalte jeder Krieger die Finger und die innere Fläche der Hand mit roter Farbe und drückte sie auf die Seiten des weißen Pferdes ab. Sodann wurde Erde herbeigebracht und Roß und Reiter bis über den Kopfschmuck des letzteren hinauf damit bedeckt. Dieser Grabhügel, der ebenfalls durch einen Pfahl bezeichnet wird, ist mit wilden Blumen überwachsen; man sieht ihn schon aus einer Entfernung von drei Meilen, und er dient dem Reisenden als Landmarke.

Auf meiner Reise den Missouri hinauf besuchte ich in Gesellschaft des Majors Sandford diesen Grabhügel und bemerkte durch eine Öffnung, die ein Murmeltier (Ground-hog, Arctomys pruinosus, Pennant) oder irgendein anderes Tier darin gemacht hatte, den Schädel des Pferdes; mit geringer Mühe gelangte ich auch zu dem Schädel des Häuptlings, den ich mit mir nahm.

Man erzählt von diesem Häuptling, daß er sich des Arseniks, das er von den Pelzhändlern erhielt, dazu bedient habe, sich seiner Feinde sowie derjenigen, die ihm im Wege standen, zu entledigen; der Tod seiner Opfer erfolgte dann natürlich immer genau zu der von ihm vorhergesagten Zeit, und es gelang ihm auf diese Weise, den Glauben an seine übernatürliche Macht in seinem Stamm fest zu begründen und die unumschränkte Gewalt bis zu seinem Tod auszuüben.

Ob diese Erzählung wahr oder falsch ist, kann ich zwar nicht entscheiden, hoffe aber, man wird es mir verzeihen, wenn ich nicht daran glaube. Ist sie wahr, so ist es ebenfalls wahr, daß sie dem indianischen Charakter nicht zur Ehre, den Pelzhändlern aber zur ewigen Schande gereicht. Sie würde im ersteren Fall ein Beispiel von indianischer Verworfenheit darbieten, wie mir auf meiner Reise kein ähnliches vorgekommen ist, zugleich aber auch auf die schlagendste Weise dartun, welch ein Verbrechen die Weißen in diesem Land befolgen, da sie doch offenbar erst den armen Häuptling mit der furchtbaren Wirkung des Giftes bekannt machten und dann den damit verübten Verbrechen schweigend zuschauten. Die ganze Erzählung soll von den Pelzhändlern herrühren, und obgleich ich kein großes Vertrauen zu ihrer Gerechtigkeitsliebe habe, sobald es sich um die Indianer handelt, so kann ich doch zur Ehre der weißen Männer nicht glauben, daß sie so verderbt und schwach sein würden, dergleichen Schandtaten von diesem Häuptling zu enthüllen, die, wenn sie begründet wären, sie selbst als direkte Mitschuldige an jenen absichtlichen und durch nichts hervorgerufenen Verbrechen würden erscheinen lassen. Ich habe vieles von diesem edlen Häuptling gehört und werde später auf ihn zurückkommen, um zu erzählen, wie er sein Leben gewagt und sein Blut vergossen, um die zu den furchtbarsten Qualen Verurteilten zu befreien und diesen barbarischen Brauch in seinem Stamm abzuschaffen – wie er, allen voran, seine tapferen Krieger gegen die Sakis und Fuchsindianer in den Kampf führte und die Ermordung seiner Frauen und Kinder verhinderte – wie er den Agenten der Indianer empfing und in seinem gastfreundlichen Wigwam bewirtete – und wie er sich der Gesandtschaft in der zivilisierten Welt entledigte.

Gäbe es im Land der Indianer Bücher und Zeitungen, um die Ungerechtigkeiten, die die weißen Männer sich in diesen westlichen Gegenden zuschulden kommen lassen, zu berichten, so würde man Dinge erfahren, die einem das Haar sträubten, und zugleich den Indianer als einen redlichen und verträglichen Menschen kennenlernen.

Es gibt wohl kaum ein schöneres Prärieland als die Umgebung der genannten beiden Punkte; das Land ist gegen Westen bis in unabsehbare Ferne leicht gewellt und überall mit grünem Rasen und hier und da mit einzelnen Baumgruppen bedeckt, der Boden ist fruchtbar und fähig, eines der schönsten und reichsten Länder der Welt zu bilden.

Wir fuhren von hier aus an beständig wechselnden schönen Ansichten vorüber und landeten am Fuß einer Reihe grasbedeckter Hügel, die, gleich tausend anderen, soviel ich weiß, keinen Namen tragen und die ich daher die ›Rasenhügel des Missouri‹ nennen will. Ich erstieg diese Hügel mit meinem Malerapparat und zeichnete zwei Ansichten, die eine den Fluß aufwärts, die andere den Fluß abwärts. Von diesen Hügeln, die fünfhundert bis sechshundert Fuß hoch und, soweit es sich erkennen ließ, sämtlich ganz mit lebhaft grünem Rasen bedeckt waren, überschaut man den Fluß fünf bis sechs Meilen weit, der zwischen sanft abgedachten Hügeln, reichen Wiesen, Wäldern und Hunderten von Inseln, die mit stattlichen Baumwollbäumen (Populus Canadensis) bewachsen sind, ruhig dahinfließt. Vergleicht man die im 10. Kapitel gegebene Beschreibung der wunderbar geformten Tonhügel, so wird man einsehen, wie die Verwitterung und die Auswaschung durch Regenwasser diesen Hügeln ihre gegenwärtigen sanft gerundeten Formen gaben und der sie allmählich überziehende Rasen sie vor weiterer Zerstörung schützt.

Der Standpunkt, von dem ich die beiden erwähnten Ansichten zeichnete, befindet sich etwa sechs Meilen oberhalb des ›Turmes‹; so heißt nämlich ein Tonhügel, der sich einige hundert Fuß hoch erhebt und aus der Ferne das Ansehen einer mit Zinnen versehenen Festung hat.

Ich verweilte hier zwei Tage, fuhr mehrmals über den Fluß, um die gegenüberliegenden Hügel zu besuchen, bemühte mich aber vergebens, meine beiden Begleiter Baptiste und Bogard auf die Schönheit der Gegend aufmerksam zu machen; sie zogen es vor zu schlafen, während ich einen Hügel nach dem anderen erstieg, wobei ich kein anderes lebendes Wesen erblickte als hie und da einen Wolf, der widerstrebend sein schattiges Lager verließ oder schweigend meiner Spur folgte.

Bei diesem Umherstreifen fand ich am westlichen Ufer die Spuren eines ehemaligen Indianerdorfes, das ich, nach den vorhandenen Überresten, für einen alten Wohnsitz der Mandaner zu halten geneigt bin. Es ist im 11. Kapitel erwähnt worden, daß einige der ältesten Mandaner sich erinnerten, früher weiter stromabwärts gewohnt zu haben. Auf meiner Fahrt den Strom hinab habe ich mich von der Wahrheit dieser Aussage vollkommen überzeugt. Ich fand noch die kreisförmige Vertiefung für die Pfähle der Wohnungen, die Gruben zur Aufbewahrung von Lebensmitteln, die Gerüste für die Toten, auch die kreisförmige Aufstellung der Schädel sowie Bruchstücke ihres Töpfergeschirrs, die völlig übereinstimmten mit dem, das sie noch bei meiner Anwesenheit unter ihnen in Menge verfertigten, das aber kein anderer Stamm in jener Gegend zu machen versteht.

Diese Überreste und noch manche andere haben es mir sehr wahrscheinlich gemacht, daß die Mandaner allmählich vom Ohiofluß am Missouri hinauf durch das große Gebiet der Sioux bis an ihren gegenwärtigen Wohnsitz gewandert sind und daß sie von den Begleitern Madocs abstammen. Ich werde später mehr über diesen Gegenstand sagen.

Auf meiner Fahrt stromabwärts fand ich überall Spuren von der Anwesenheit der Indianer, die anfangs nur von Sioux, später aber auch von den Omahas und Otos herrührten. Man erkennt die letzteren leicht daran, daß sie ihre in Häute eingewickelten Toten auf Bäumen aufbewahren und daß am Kopfende einer jeden Leiche ein hölzerner Napf hängt, wahrscheinlich, damit der Verstorbene auf dem langen und beschwerlichen Weg, den er, wie sie glauben, nach dem Tode zurücklegen muß, Wasser schöpfen könne, um seinen Durst zu löschen. Man sieht diese Leichen oft zu Dutzenden auf einmal längs des Flusses.

Da die Wigwams der Sioux nur aus einem beweglichen Zelt bestehen, so lassen sie keine bleibenden Spuren zurück, dagegen ist die Art, wie sie ihre Verstorbenen bestatten, ein sicheres Kennzeichen. Sie legen diese zwar auch öfters auf Bäume oder Gerüste, gewöhnlich aber begraben sie die Toten auf den Gipfeln der Hügel oder bei den Dörfern und suchen sie durch Stäbe, die sie in die Erde stecken, vor Hunden oder wilden Tieren zu schützen.

Ein hübscher Punkt ist Bellevue am Westufer des Missouri, etwa zwei Meilen oberhalb der Mündung des Platteflusses, der Wohnsitz des Majors Dougherty, eines der ältesten und tätigsten Agenten an der Grenze der Vereinigten Staaten. Es gewährte einen überraschenden Anblick, mitten in dieser Wildnis die Wohnung eines zivilisierten Menschen zu sehen, mit Getreide- und Kartoffelfeldern und zahllosen Obstbäumen, die sich unter der Last ihrer Früchte bogen, umgeben und mit Schweinen, Geflügel und Kühen wohl versehen. Aber das beste von allem war der gütige Besitzer, der die vielen ihm aus allen Weltgegenden zuströmenden halb verhungerten Gäste stets wohlwollend und freundlich aufnimmt.

Ich befand mich hier in dem Land der Pahnis, eines zahlreichen Stammes, dessen Dörfer am Plattefluß liegen und von dem ich später mehr sagen werde. Der Major Dougherty, der seit mehreren Jahren Agent dieses feindlichen Stammes gewesen ist, hat durch seine genaue Kenntnis des indianischen Charakters und durch seine strenge Rechtlichkeit den friedlichen Verkehr aufrechterhalten.

Etwa zwanzig Meilen oberhalb dieses Punktes kam ich an den sogenannten ›viereckigen Hügeln‹ vorüber. Ich ging an Land, um sie zu ersteigen, hatte mich aber über ihre Entfernung vom Fluß sehr getäuscht, denn obgleich sie ganz nahe zu sein schienen, so brauchte ich doch zum Hin- und Rückweg einen halben Tag. Sie erheben sich unter einem Winkel von 45 Grad etwa zweihundert bis dreihundert Fuß hoch; auf ihrem Gipfel sind einige eine halbe englische Meile weit vollkommen eben, mit grünem Rasen bedeckt, und gleichen sowohl in der Gestalt als in den Bestandteilen völlig den im 10. Kapitel erwähnten tafelförmigen Hügeln.

Die Gegend an der Mündung des Platteflusses ist sehr schön, und es wird sich daselbst unstreitig einst eine große und blühende Stadt erheben, sobald man die Indianer von dort verdrängt hat, was wohl in wenigen Jahren geschehen dürfte. Der Plattefluß, der von dem Felsengebirge herkommt und sich in den Missouri ergießt, ist ein langer und mächtiger Strom.

Wir trafen während des ersten Teiles unserer Reise zahllose Büffelherden und schlichen uns oft in einer tiefen Schlucht bis auf wenige Schritte an sie heran, wo dann auf den Ruf »Feuer!« ein jeder von uns einen Büffel niederschoß. An der Mündung des White(Weißen)-Flusses begegneten wir einer ungeheuren Herde, die über den Missouri setzte, und aus Unvorsichtigkeit geriet unser Boot mitten unter sie, so daß wir froh waren, glücklich davonzukommen. Es war in der Brunstzeit, und wir hörten bereits ihr Brüllen in der Entfernung von einigen englischen Meilen. Als wir sie erblickten, waren wir in der Tat erschreckt über die Menge, die auf der einen Seite des Flusses herab- und auf der anderen Seite wieder hinaufeilte. An einigen Stellen war der Fluß ganz schwarz von den Köpfen und Hörnern der schwimmenden Büffel, die sich selbst noch im Schwimmen bekämpften.

Da ich es für unvorsichtig hielt, zwischen diesen schwimmenden Tieren hindurchzufahren, so gingen wir an Land und warteten einige Stunden vergebens, daß die Büffel ein Ende nehmen sollten; endlich schien ihre Zahl sich zu vermindern, wir fuhren wieder ab und kamen glücklich durch sie hindurch. Das etwa fünfzehn Fuß hohe Ufer der Prärie war von der großen Menge der hier durchschwimmenden Büffel so herabgetreten worden, daß sich eine Art von Landungsplatz gebildet hatte, wo einer nach dem anderen hinaufstieg; mehrere waren indes in dem Gedränge zu weit abwärts getrieben worden und standen nun, da sie diesen Punkt gegen die schnelle Strömung nicht wieder erreichen konnten, an dem hohen Ufer dicht zusammengedrängt. Als wir bei diesen vorüberfuhren und uns außer Gefahr glaubten, schoß ich einen von ihnen durch den Kopf; er stürzte, riß aber im Fallen mehrere hundert mit sich in das Wasser hinab, die im selben Augenblick unser Kanoe schwimmend umgaben, so daß wir in große Gefahr gerieten. Sie griffen uns zwar nicht an und kannten in der Verwirrung wahrscheinlich nicht einmal den Feind, der sich unter ihnen befand, allein unser Boot war in Gefahr, von ihnen zerdrückt zu werden, da sie sich wütend aneinanderdrängten und stießen; ich stand daher auf und suchte sie durch Bewegungen der Arme und durch Geschrei von unserem Kanoe fernzuhalten, bis wir glücklich außerhalb ihres Bereichs gekommen waren.

Dies ist einer der früher erwähnten Fälle, wenn Tausende dieser Tiere in der Brunstzeit sich versammeln und von Osten nach Westen oder in anderer Richtung wandern, je nachdem Zufall oder Umstände sie bestimmen; es ist dann am geratensten, ihnen auszuweichen, da sie nicht vor dem Menschen fliehen.

Während wir an diesem Tag weiterruderten, sahen wir mehrere tote Büffel auf dem Wasser treiben oder auf den Vorsprüngen von Inseln und Sandbänken liegen. Nicht weit unterhalb der Stelle, wo sie durch den Fluß geschwommen waren, fanden wir mehrere, die in der Nähe des Ufers in Triebsand steckten: einige waren halb, andere bereits größtenteils versunken, von anderen befand sich der Kopf unter dem Wasser, während der halbe Leib daraus hervorragte, auf dem sich Raben und Krähen niedergelassen hatten und sich am Fleisch gütlich taten.

33. KAPITEL

Zweck der Forts an der Grenze – Unterhaltungen der Bewohner – Jagd des Präriehuhns – Brennende Prärien und Hügel

In dem vorhergehenden Kapitel wurde erwähnt, daß das Fort Leavenworth der äußerste Posten an der Westgrenze der Vereinigten Staaten sei und mitten im Land der Indianer liege. Es hat gleich vielen anderen an der Grenze erbauten Forts den Zweck, die Grenzbewohner vor den Einfällen der Indianer zu schützen und zugleich unter den verschiedenen Stämmen, die stets bereit sind, sich untereinander zu bekriegen, den Frieden zu erhalten. Inwiefern diese schwachen Garnisonen, die in der Regel nur die Hälfte ihrer Mannschaft haben, imstande sein werden, diese beiden Zwecke zu erfüllen, muß die Zukunft lehren; ich zweifle indes daran, solange man nicht die Besatzungen verstärkt.

Es befinden sich in diesem Fort gewöhnlich sechs bis sieben

Kompanien Infanterie und zehn bis fünfzehn Offiziere, deren mehrere ihre Frauen und Töchter bei sich haben und auf diese Weise eine kleine Gemeinde bilden, die sich mit den eigentümlichen Vergnügungen und Unterhaltungen dieses wilden Landes die Zeit zu vertreiben sucht. Diese Vergnügungen bestehen im Reiten oder Fahren auf der grünen Prärie, Einsammeln von Erdbeeren und wilden Pflaumen, Jagd auf Hirsche und Präriehühner, Pferderennen usw.

Ein Hauptvergnügen ist die Jagd auf das Präriehuhn (Tetrao pratensis). Dieser wohlschmeckende Vogel kommt in großer Menge auf fast allen Prärien Nordamerikas vor; er erscheint in diesen Gegenden im August und September aus höheren Breiten, wohin er zu Anfang des Sommers zieht, um zu brüten. Es ist dies die beste Zeit der Jagd, und die ganze Garnison lebt dann in der Tat von diesen Vögeln, da sie sehr leicht zu schießen sind.

Eines Tages ging ich mit einem Offizier der Garnison auf die Jagd, und wir brachten fünfundsiebzig dieser Vögel zurück, die wir an einem Nachmittag schossen. Obgleich ich mich schäme einzugestehen, auf welche Art wir die meisten erlegten, so will ich es doch hier mitteilen. Wir hatten einen guten Hühnerhund bei uns und jagten einen Teil des Nachmittags ganz regelrecht. Wir bemerkten indes bald, daß einige englische Meilen vor uns die Prärie brannte, und da der Wind die Flammen allmählich auf uns zutrieb, so kamen auch diese armen Vögel, um dem sich über eine weite Strecke verbreitenden Feuer zu entfliehen, in ungeheurer Anzahl uns entgegen; sie flogen im allgemeinen etwa eine halbe englische Meile weit, ließen sich dann in das Gras nieder und erhoben sich erst wieder, wenn das Feuer ihnen ganz nahe war. Indem wir ihre Bewegungen genau beobachteten, sahen wir, daß sie sich in großer Anzahl auf jeden einzelnstehenden Baum niederließen; wir stellten uns daher immer in die Nähe eines solchen Baumes und schossen sie, sobald sie sich darauf niedergelassen hatten, und töteten auf diese Weise zuweilen fünf bis sechs auf einen Schuß. Nachdem wir auf diese Art so viel Vögel erlegt hatten, als wir fortzuschaffen vermochten, gaben wir uns das Wort, über die Art unserer Jagd nichts zu erzählen, und kehrten in das Lager zurück, wo wir große Lobsprüche wegen unserer Geschicklichkeit ernteten.

Eine brennende Prärie gewährt eines der schönsten und erhabensten Schauspiele, die man sehen kann. Jeder Teil dieser weiten Prärien, die auf Hunderte von Meilen mit Gras bewachsen sind, das im Herbst verdorrt, brennt entweder in dieser Jahreszeit oder zu

Anfang des Frühlings und erhält dadurch ein schwarzes, düsteres Aussehen.

Das Feuer wird der Prärie sowohl durch Weiße als durch Indianer, teils durch Zufall, teils in der Absicht mitgeteilt, um dadurch einen frischen Graswuchs zur Weide für die Pferde zu erhalten und zugleich für den nächsten Sommer das alte auf dem Boden liegende Gras zu vertilgen, das sich den Menschen und den Pferden um die Füße schlingt und sie am Gehen hindert.

Über das Hochland und die Präriehügel, wo das Gras nur dünn und kurz ist, verbreitet sich das Feuer nur langsam und mit schwacher Flamme, so daß man ihm sehr gut entgehen kann. Die wilden Tiere bleiben oft in ihrem Lager, bis das Feuer ihnen fast die Nase verbrennt, worauf sie sich widerstrebend erheben, über die Flammen hinwegspringen und über das verbrannte Gras davonlaufen. Unbeschreiblich schön ist dieses Schauspiel bei Nacht, wenn die entfernten Flammen, da man die Hügel selbst nicht sieht, wie Festons von flüssigem Feuer am Himmel erscheinen.

Einen anderen Charakter hat dagegen die brennende Prärie, auf der das Gras, wie an den Ufern des Missouri, mehrere Meilen weit sieben bis acht Fuß hoch ist und die Flammen vom Orkan, der oft über die weiten entblößten Prärien hinstürmt, mit reißender Schnelligkeit fortgetrieben werden. Es gibt Wiesen am Missouri, Arkansas und Plattefluß, die mehrere englische Meilen breit und mit so hohem Gras bedeckt sind, daß wir uns in den Steigbügeln erheben mußten, wenn wir über seine Spitzen hinwegsehen wollten. Auf einer solchen Prärie und bei einem solchen Wind verbreitet sich das Feuer mit furchtbarer Schnelligkeit und wird auch oft den Indianern auf ihren schnellsten Pferden verderblich, wenn sie unglücklicherweise davon überrascht werden. Die Flamme hat zwar keine größere Schnelligkeit als ein Pferd in vollem Lauf, aber zwischen dem hohen Gras finden sich die Ranken der knolligen Erdnuß (Apios tuberosa) und andere Hindernisse, die den Reiter nötigen, den im Zickzack gehenden Hirsch- und Büffelpfaden zu folgen; dies hält ihn auf, die dichte, dem Feuer vorausgehende Rauchsäule erreicht ihn, und das dadurch erschreckte Pferd bleibt unbeweglich stehen, bis das vom Wind fortgerissene brennende Gras um ihn her niederfällt und an tausend Punkten zugleich neue Feuer entzündet, die augenblicklich in die Rauchmasse eingehüllt werden und die sich dann gleich einer schwarzen Gewitterwolke mit ihren leuchtenden Blitzen und ihrem rollenden Donner dicht am Boden fortbewegt.

Als ich eines Tages mit Baptiste, Bogard, Patrik Ragmond (der, gleich Bogard ein Freitrapper, in den Felsengebirgen anwesend war) und unserem Führer Pah-mi-o-ni-qua (der rote Donner) von einem benachbarten Dorf zurückkehrte und wir auf dem Rücken des Hügels langsam hintrabten, wo man ein weites, mit hohem Gras bedecktes Tal überblickte, durch das wir unseren Weg nehmen mußten, fragte ich den Indianer: »Du sagst, du hast die Prärie im Feuer gesehen?« – »Ja.« – »Du hast das Feuer auf den Bergen gesehen und auf den Hügeln des Nordens, wenn es sich langsam über diese verbreitet und die Kröte und die furchtsame Schnecke ihm langsam aus dem Weg gehen? Alles das hast du gesehen; aber sahst du auch die hellen Flammen und hörtest den brüllenden Donner, wenn der Brand auf den hochbegrasten Prärien des Westens wütet? Bist du auf deinem wilden Pferd durch ein Meer von Gras im tollsten Jagen dahingesprengt, während der Sturm, die Wellen flüssigen Feuers vor sich hertreibend, dir auf den Fersen folgte?« – »Jawohl, ebenfalls.« – Man frage diese roten Männer der Wildnis, die kühn den Blitz des Himmels herausfordern, ob es nicht einen Feind gibt, der ihr Land durchzieht, zu schnell für ihre Füße, zu mächtig für ihre Stärke ist, bei dessen Annäherung ihre stolzen Herzen versagen und ihr stets ungebeugter Mut sie verläßt – man richte diese Frage an sie, und sie werden, zu stolz zwar, um ein solches Bekenntnis abzulegen, mit gesenktem Haupt und der Hand vor dem Mund erwidern: »Husch! Das ist Medizin!«

Während wir von den Hügeln in die Prärie herabritten, schlug ich meinen Gefährten vor, dem Büffelpfad zu folgen, weil daselbst das Gras von diesen Tieren niedergetreten sei; ein tüchtiger Tagesmarsch werde es uns möglich machen, einen diesseits dieses Grasmeeres sichtbaren Hügel zu erreichen. Wir ritten auf diesem Weg langsam vorwärts, dessen Windungen wir folgen mußten, da das Gras höher als der Rücken des Pferdes war, als der indianische Führer langsam von seinem Pferd stieg, sich mit dem Gesicht auf den Boden legte und die Geister der Tapferen anflehte, »denn«, sagte er, »über dieser schönen Ebene weilt der Feuergeist! Er reitet dort auf jener Wolke – sein Antlitz verdunkelt sich bei dem Geräusch des Hufschlags – der Feuerbogen ist in seiner Hand – er spannt ihn über den Weg des Indianers, und schneller als die Blitze steigen tausend Flammen auf, um ihn zu vernichten. So erzählten es meine Väter, und die Erde ist weiß von ihren Gebeinen. Hier war es, wo vor zwölf Monaten der tapfere Wah-schi-ton und die starken Krieger seiner Partei das Feuer von dem Flammenstab jenes großen Zauberers herablockten. Ihre spitzen Lanzen waren auf die Rücken der verräterischen Sioux gerichtet, deren schnellere Rosse sie vergebens mitten in dies Tal des Todes führten. Es erhob sich um sie her aus der Prärie eine kreisförmige Welle wie eine Wolke; sie stieg empor, und ihr Schicksal war von dem Feuergeist bestimmt! Auf dieser weiten Ebene des Feuergrases, das über unserem Haupt wogt, wurde der schnelle Fuß Mah-to-gas gehemmt, hier sind die Gebeine des windschnellen Rosses mit denen des roten Mannes gemischt, und die Flügel des Adlers wurden verzehrt, indem er darüberhin flog. Freunde! Es ist die Jahreszeit des Feuers, und ich fürchte, nach dem Geruch des Windes, daß der Feuergeist erwacht ist!«

Indem Pah-mi-o-ni-qua dies sagte, bestieg er sein wildes Roß, winkte mit der Hand und sprengte davon. Wir folgten ihm bis Mittag; dann machten wir halt, um einige Erfrischungen zu genießen. Unser Indianer nahm jedoch nicht teil an unserem Mahl, sondern stand unbeweglich wie eine Bildsäule, beobachtete schweigend den Horizont und legte sich dann wieder mit dem Gesicht auf die Erde, und während wir uns die Büffelzungen, den Pemmikan und das Knochenmark trefflich schmecken ließen, sprang er, schneller als ein erschreckter Hirsch, vom Boden auf, ließ abermals seinen Blick über die Oberfläche der Prärie hingleiten und legte sich wieder auf die Erde.

»Der Rote Donner scheint heute verdrießlich zu sein«, sagte Bogard, »er stutzt bei jedem Windstoß und schmollt mit der ganzen Welt.«

»Das ist ein seltenes Modell für Sie – ein Kerl, der, wenn er bei sich daheim ist, dem Himmel Trotz bieten würde; und hier auf einem Grasfleck macht er seine Feuermedizin für einen Fall, dem er leicht mit einem Hufschlag seines Pferdes entgehen könnte. – Holla, was ist das?«

Der Rote Donner sprang schnell auf, streckte seinen langen Arm über das Gras hin, und seine glänzenden Augen schienen aus ihren Höhlen heraustreten zu wollen. »Weißer Mann«, rief er, »siehst du die kleine Wolke, die von der Prärie aufsteigt? Er erhebt sich! Die Hufe unserer Pferde haben ihn aufgeweckt! Der Feuergeist ist erwacht – dieser Wind ist sein Atem, sein Antlitz ist hierher gewendet!« Mit diesen Worten flog er auf seinem Pferd pfeilschnell über das vom Wind bewegte Gras dahin. Wir ließen unser Mahl im Stich, schwangen uns schnell in den Sattel und folgten ihm. Die außerordentlichen Sprünge seines Pferdes ließen bald seine roten

Schultern sichtbar werden, bald wieder in dem Gras verschwinden. Über unseren Köpfen flog der Adler hinweg nach den Hügeln zu, und sein durchdringendes Geschrei verkündete zur Genüge, was hinter ihm vorging. Unsere Pferde eilten schnell vorwärts, allein wir hatten nur wenig Hoffnung, denn der Hügel vor uns erschien noch immer blau, und die Kräfte unserer Pferde waren fast erschöpft. Der Sonnenschein hörte auf, und ein kühler Schatten zog sich über die Ebene hin. Wir wagten nicht zurückzuschauen und strengten alle unsere Kräfte an. Das Getöse eines entfernten Wasserfalles schien immer näher zu kommen – der Wind wurde stärker, hinter uns raste der heulende Sturm – Käfer und Präriehühner flogen über unseren Köpfen und folgten uns instinktmäßig – auch die schnelle Antilope und der noch schnellere Hase eilten an uns vorüber. Hier war keine Zeit zu Betrachtungen, aber ich erinnere mich, daß der Himmel trübe war, daß wir den fernen Donner hörten, daß das Leuchten der Blitze die Szene erhellte und daß der Geruch, den der Wind herbeiführte, uns mit Schrecken erfüllte! – In diesem Augenblick drang der gellende Ruf unseres indianischen Führers zu uns; wir blickten auf und sahen, wie sein dampfendes Roß soeben den Hügel hinaufeilte. Wir hatten eben noch Kräfte genug, den Hügel zu erreichen – wir waren aus einem Feuermeer gerettet! Großer Gott! Welchen Anblick gewährte dieses Tal, in dem die entfesselten Elemente im Kampf waren. Man verlange nicht von dem Dichter oder dem Maler, die Augenzeugen eines solchen Schauspiels waren, eine bildhafte Schilderung; aber man frage den nackten Wilden und beobachte dann, wenn er, mit der Hand vor dem Mund, ein langgedehntes »Husch!« ausspricht, wie sein kräftiger Körper zittert und seine glänzenden Augen euch in die Seele zu dringen suchen.

Ich sah unter mir eine ungeheure Wolke von schwarzem Rauch, die sich von einem Ende dieser weiten Ebenen bis zu dem anderen erstreckte und in einem Bett von flüssigem Feuer mechanisch hin und her zu wogen schien; und über diesem Schauplatz der Zerstörung stieg in langen Streifen der weiße Rauch in den Himmel empor.

Ich stand in Sicherheit, aber ich zitterte; ich hörte den rasenden Sturm, den rollenden Donner, ich sah die tausend leuchtenden Blitze und, wenn ich zurückblickte, die schwarze und rauchende Zerstörung dieses Feuersturmes.

57 *Kielboot*: Kielboote sind bedeckte Schaluppen, wie die ehemaligen Rhein-Diligencen von Mainz nach Köln; sie fassen fünfzig bis sechzig Mann und führen Mast und Segel. Am Hinterteil befindet sich eine Kajüte, in der Mitte ist der lange Raum für die Waren und vorn für die Leute. Mit solchen Fahrzeugen betrieb man allein das Pelzgeschäft auf dem Missouri, bevor man Dampfschiffe gebrauchte. Kleinere Fahrten macht man noch jetzt mit unbedeckten oder sogenannten Makinah-Booten, besonders auf den seichteren Nebenflüssen des Missouri und in dessen oberen Gegenden. Hat man für die Kielboote nicht zufällig Segelwind, so werden sie von einem Teil der Mannschaft an einer langen Leine aufwärts gezogen. (Maximilian Prinz zu Wied, Reise durch Nord-Amerika in den Jahren 1832–1834. 2 Bde., Coblenz 1838–1841, Bd. I, S. 270.)

63 *Ziegelöfen*: Catlin sagt da, wo er von den sonderbar geformten Tonhügeln am Missouri spricht, daß ihr Gipfel aus einer fünfzehn Fuß mächtigen Schicht von rotem Bimsstein bestehe. Dies ist ein Irrtum, der jedoch um so verzeihlicher sein dürfte, da Catlin durchaus keine Ansprüche macht, für einen Geognosten gelten zu wollen. Maximilian Prinz zu Wied bemerkt über diesen Gegenstand (Bd. II, S. 78) folgendes:

Alle Hügel, deren Ketten die Prärie durchziehen und von welchen längs eines jeden der Missouriufer eine Reihe hinzieht, um das Flußtal zu begrenzen, bestehen aus Ton mit Sand gemischt und aus Sandstein mit vielen Abdrücken und Versteinerungen von Schalentieren und den sonderbaren Bakuliten, die sich überall am Missouri und seinen Nebenflüssen, selbst in den Betten der Bäche hier und da wiederfinden. Fossile Knochen hat man häufig gefunden, ja ganze Skelette von zwölf bis vierzehn und mehr Fuß langen krokodilartigen Tieren weiter abwärts am Missouri im Kalkstein. Metalle sollen in dieser Gegend nicht vorkommen, auch unmittelbar in der Umgebung von Fort Clarke kein Kalk, dagegen durchsetzen auf mehrere hundert Meilen weit die schwarzen bituminösen Kohlenschichten die Hügel. Diese Kohle brennt leicht, mit starkem Schwefelgeruch, gibt aber nicht Hitze genug, um als Feuermaterial oder für Schmieden angewendet zu werden. An verschiedenen Stellen beobachtet man unumstößlich, daß diese Lager gebrannt haben; der Ton der Umgebung ist häufig rot gebrannt, und die Scherben sind vollkommen gefärbt, hart und klingend wie unsere Ziegel und die holländischen Klinker. Bei Fort Clarke hat man übrigens von Erdbränden nie reden gehört; dagegen ist dies am Missouri weiter abwärts öfter der Fall gewesen. Die roten Tonhügel scheinen durch Feuer gehoben zu sein. Am Ufer des Flusses findet man überall leichte, porös-zellige, rotbraune Schlacken, die man hier mit der Benennung Pumice-Stone (Bimsstein) belegt, obgleich sie sich sehr von demjenigen Fossil unterscheiden, das man gewöhnlich so benennt und in großen Lagern an den Ufern des Rheins findet.

67 *Büffelbusch,* auch Büffelbeeren (Shepherdia argentea Nuttal): Gehört zu der kleinen Familie der Elaeagneen Juss. und ist zufolge Hookers ›Flora Boreali-Americana‹ ganz verschieden von Shepherdia Canadensis Nutt. und sogleich zu

erkennen an ihren mehr ausgebreiteten Zweigen und ihren schmaleren Blättern, die auf beiden Seiten mit silberähnlichen Schuppen bedeckt sind, sowie an ihrer durchscheinenden Frucht, die so glänzend rot ist, daß die Indianer sie Metheu-miva (Blutbeere) nennen. Pursh erwähnt ihre große Ähnlichkeit mit Elaeagnus argentea, deren Blätter jedoch viel schmaler, weniger silberfarbig und ebenso wie die Zweige gegenüberstehend sind; Blüten und Früchte sind sehr verschieden.

Shepherdia Canadensis Nutt. (Hippophae Canadensis Willd.) kommt in ganz Kanada vor und bis zum Fort Franklin am Mackenziestrom und von Neufundland und der Hudsonbai bis zum Felsengebirge (Richardson; Drummond). Nach Menzies kommt sie auch an der Nordwestküste vor.

Elaeagnus argentea,. ein in Kanada einheimischer Strauch, findet sich auch von den großen Stromschnellen des Saskatschewan bis zum Felsengebirge und bis zum 69. Breitengrad nahe der Küste (Richardson; Drummond); auch an der Hudsonbai (Nuttal). E. argentea ist sehr nahe verwandt mit einigen Elaeagnus-Arten der Alten Welt, namentlich mit E. parvifolia Wall.; E. orientalis L. und E. angustifolia. Die Blätter scheinen veränderlich in der Gestalt zu sein, doch sind sie, nach Hooker, bei E. argentea mehr herabhängend als bei den erwähnten, und die Früchte sind kugelförmiger mit einem mehligen Überzug wie die Blätter. Nach Richardson ist es die von den Crihs Wah-pisk-kimena genannte Pflanze. Die Rinde fällt im Winter ab, sowie sie bereift. Drummond sagt, die Blätter seien sehr wohlriechend. Blätter und Zweige stehen abwechselnd.

Wislicenus (›Ausflug nach den Felsengebirgen‹, S. 97) spricht von Bull-Berries, auch Rabbit-Berries (Kaninchenbeeren) genannt, und nennt sie die Frucht der Shepherdia argentea, eines großen Strauches, dessen Blätter auf der unteren Seite weißglänzend sind. Die roten Beeren haben Ähnlichkeit im Ansehen und Geschmack mit Johannisbeeren. In diesen Nachrichten ist nicht die Rede von blauen Blättern, deren Catlin gedenkt; ist die blaue Farbe etwa abhängig von der Jahreszeit? Bei Catlins Anwesenheit waren die Früchte reif, es war also entweder Spätsommer oder Herbst.

Der Service-Berries-Strauch ist Amelanchier sanguinea DC. (Pirus sanguinea, Pursh). Maximilian (Bd. II, S. 201) schreibt Cervisberry-Strauch.

73 *Fasanenvolk*: Die Mandaner (bei den Kanadiern les Mandals) – so werden diese Indianer genannt, obgleich diese Benennung eigentlich von den Dacotas gegeben ist – bildeten ehemals ein zahlreiches Volk, das dreizehn und vielleicht mehr Dörfer bewohnte. Sie selbst nennen sich Númangkake (d. h. Menschen), und wollen sie ihre Abstammung näher bezeichnen, so wird noch die Bezeichnung des Dorfes hinzugesetzt, aus dem sie ursprünglich herstammen, da alle Dörfer einen Namen tragen. Ein Teil von ihnen nennt sich Sipuske-Númangkä (die Leute der Fasanen oder Prairie Hens), nach dem Dorf Sipúska-Mihti (Fasanendorf); andere heißen Mató-Númangkä (die Leute des Bären), nach dem Dorf Mató-Mihti; wieder andere Schakiri-Númangkä (die Leute der Kaktus oder der Pommes de requettes), nach Schakiri-Mihti (Dorf der Kaktus), noch andere Mahtäkä-Númangkä (Leute des Dachses), nach dem Dachsdorf (Mahtäkä-Mihti) usw. Ein anderer allgemeiner Name dieses Volkes ist Máhnd-Härrä,

die Trotzenden oder Schmollenden, weil sie sich von einem Teil ihrer Nation trennten und den Missouri weiter aufwärts zogen.

74 *zwei Dörfer*: Die beiden Dörfer sind Mih-Tutta-Hangkusch (das südliche Dorf), etwa dreihundert Schritte oberhalb Fort Clarke an demselben Flußufer, und Ruhptare (die sich umwenden), etwa drei englische Meilen höher am Fluß aufwärts ebenfalls an demselben Ufer. Das erstere zählte fünfundsechzig Hütten und enthielt etwa einhundertfünfzig Krieger, das letztere achtunddreißig Hütten und dreiundachtzig Krieger. Dem Gesagten zufolge besaß damals dieser Stamm nicht mehr als zweihundertdreiunddreißig bis zweihundertvierzig Krieger und etwa im ganzen neunhundert bis eintausend Seelen.

86 *Verschiedenheit der Gesichtsfarbe*: Die Hautfarbe dieser Indianer ist ein schönes bald rötliches, bald mehr helleres oder dunkleres Braun, das man wohl zuweilen Kupferfarbe nennen könnte, bei einigen mehr graubraun, bei anderen mehr gelblich. Wenn sie sich gehörig reinigen, so gibt es einige unter ihnen, die eine stark ins Weißliche gehende Haut und sogar Röte auf den Backen zeigen.

Es gibt ganze Familien unter den Mandanern wie unter den Blackfeet (Schwarzfußindianer), wo die Haare grau oder schwarz mit Weiß gemischt sind, so daß der ganze Kopf grau erscheint. Beispiele hierzu liefert die Familie des Sih-Chidä und des Mato-Chidä. Der letztere war in dieser Hinsicht besonders merkwürdig. Sein Haar war buschweise bräunlich, schwarz, silbergrau, meist aber weißgrau, und seine Augenwimpern gänzlich weiß, was bei einem überaus wohlgebildeten Mann zwischen zwanzig und dreißig Jahren einen sonderbaren Eindruck machte (Maximilian Prinz zu Wied, Bd. II, S. 106, 107).

105 *Cornus sericea*: Die Mandaner rauchen teils die Blätter der selbstgebauten Tabakpflanze (Nicotiana quadrivalvis), teils die Rinde der roten Weide (Cornus sericea) mit dem Tabak der Handesleute gemischt oder den letzteren mit den Blättern des Sakakomi (Arbutus uva ursi), in ihrer Sprache Mánna-Schóttä. Die Rinde der roten Weide heißt in der Mandanersprache Mánna-Sáchka. Der Tabak der Weißen unvermischt ist den Indianern zu stark, weil sie den Rauch in die Lungen einziehen; daher rauchen sie auch Zigarren nicht gern.

Der Tabak (Mánnascháe oder Mánasché), den die Mandaner, Mönnitarrier und Rikkarihs kultivieren, wird dort hoch, und man läßt diese Pflanze ohne alle Sorgfalt aus dem Samen aufwachsen. Sie wird nicht verpflanzt. Man schneidet die Stengel ab, wenn sie reif sind, trocknet und pulverisiert sie oder schneidet die Blätter mit den kleinen Zweigen in kleine Stücke. Geruch und Geschmack sind unangenehm für den Europäer und mehr kamillen- als tabakartig. Häufig wird dieser Tabak nicht mehr kultiviert, da er durch den ihnen angenehmeren Tabak der Weißen verdrängt worden ist; doch erhält man immer die Art. Nur bei feierlichen Gelegenheiten, zum Beispiel Friedensunterhandlungen, raucht man noch diesen Tabak; der Samen wird daher im Medizinbeutel der Nation aufbewahrt, damit diese Pflanze nicht verlorengeht. Wenn man diesen Tabak rauchen will, so wird er mit etwas Fett angerieben.

106 *Pemmikan*: Dies bei den nördlichen Indianern so beliebte Gericht wird von den Mandanern wenig bereitet.

107 *aus einem zähen, schwarzen Ton*: Irdene Gefäße und Töpfe verstehen die drei

Nationen (Mandaner, Mönnitarrier und Rikkarihs) von verschiedener Gestalt und Größe zu verfertigen. Der Ton ist dunkel schieferfarbig und brennt sich gelbrot. Man mischt diesen Ton mit im Feuer zu Staub gebrannten Kieseln oder Granit. Mit einem runden dicken Stein in der Hand bildet die Arbeiterin die innere Höhlung des Gefäßes und treibt dasselbe auf diese Art von innen auseinander, indem sie es von außen mit einem Stück Pappelrinde zusammenhält und glättet. Ist der Topf fertig, so wird er inwendig mit trocknen Spänen angefüllt, von außen mit ähnlichen umgeben, alsdann gebrannt, worauf man in ihm kochen kann. Von einer Glasur wissen sie nichts.

111 *Elkhirsches*: Der Hirsch, den man in Nordamerika mit dem Namen Elk bezeichnet, ist nicht das Elen (Cervus Alces), wie durch ein Versehen an einigen Stellen der Übersetzung stehengeblieben ist, sondern Cervus strongyloceros Schreb., ein großer starker Hirsch, der gegenwärtig in den naturgeschichtlichen Werken ›Wapiti‹ genannt wird, ein Name, der nach Maximilian Prinz zu Wied niemals hätte angenommen werden sollen, da er in Amerika beinahe gar nicht bekannt ist.

Jahreszeit des grünen Korns: Die Indianer der feststehenden Dörfer haben vor den umherziehenden Jägervölkern den Vorzug, daß sie nicht nur jagen, sondern auch ihren Hauptunterhalt aus ihren Pflanzungen nehmen, was ihnen immer einen gewissen Rückhalt in der Not sichert. Zwar hungern auch diese Indianer zuweilen, wenn die Bisonherden sich entfernt halten und ihre Feldfrüchte mißraten; allein der Mangel kann bei den Missouri-Indianern nie so drückend werden wie bei den mehr nördlich wohnenden Nationen. Die Gewächse, die sie bauen, sind Mais, Bohnen (Phaseolus), Kürbisse, Sonnenblumen (Helianthus annuus) und die Tabakpflanze (Nicotiana quadrivalvis).

Von dem Mais gibt es viele Farben und mehrere Abarten, die bei ihnen verschiedene Benennungen tragen. Der allgemeine Name für dies Gewächs in der Mandansprache ist Kóhchantä (ch guttural, an französisch aussprechen). Die verschiedenen Abänderungen sind etwa folgende: 1. Weißer Mais, Schótka; 2. Gelber Mais, Sihka; 3. Roter Mais, Sachká; 4. Gefleckter Mais, Puská; 5. Schwarzer Mais, Psichká; 6. Süßer Mais, Chéhchipka; 7. Sehr harter, gelber Mais, Schótlka-Káhschä; 8. Weiß oder rot gestreifter Mais oder sogenanntes Erdkorn, Omahkank-Takóhchä (an französisch); 9. Sehr zarter gelber Mais, Chiika.

Die Bohnen, Ohmenik-Kähne (e halb ausgesprochen), sind ebenfalls von verschiedenen Arten: 1. Kleine weiße Bohnen, Ohmenik Schóttä; 2. Schwarze Bohnen, Ohmenik-Pfih; 3. Rote Bohnen, Ohmenik-Sähne (e halb ausgesprochen); 4. Gefleckte Bohnen, Ohmenik-Pusähne.

Die Kürbisse, Kóhdä: 1. Gelbe Kürbisse, Kóhdä-Siida; 2. Schwarze Kürbisse, Kóh-Psi; sie sind schwärzlich von Farbe; 3. Gestreifte Kürbisse, Kóh-Pussa; 4. Blaue Kürbisse, Kóh-Fokähne; 5. Lange Kürbisse, Kóh-Háschka; 6. Der Kürbis mit der dicken Schale, Kóhachtuhn.

Die Sonnenblumen, Mapáe, ein großer Helianthus, der dem in unseren Gärten kultivierten ganz ähnlich zu sein scheint. Man pflanzt sie reihenweise zwischen den Mais. Es gibt zwei bis drei Arten, mit rotem, schwarzem und eine andere mit kleinerem Samen. Aus den Körnern bäckt man wohlschmeckenden Kuchen.

Die Bebauung der Mais- und anderer Felder, deren jede Familie drei bis vier Acker bearbeitet, geschieht im Monat Mai. Kleine Gruben werden reihenweise angelegt, in welche man die Maiskörner einzeln wirft und mit Erde bedeckt. Während des Sommers werden die Maisfelder dreimal behackt und behäufelt, damit die Feuchtigkeit besseren Zugang findet, und im Oktober ist die Erntezeit, wobei Männer, Weiber und Kinder Hand anlegen. Jetzt bedienen sich die Weiber zur Feldarbeit breiter eiserner Hacken mit einem krummen hölzernen Stiel, die sie von den Kaufleuten erhalten; Charbonneau erinnerte sich, daß sie Schulterblätter von Bisons dazu gebrauchten. Die Felder werden nie eingezäunt, sondern sind gänzlich frei und offen.

Die Benutzung der wilden Gewächse der Prärie haben die Mandaner und übrigen Völker des Missouri miteinander gemein. Außer den oben erwähnten sind noch die Féverolles zu nennen, eine den Bohnen ähnliche Frucht, die in der Erde wachsen soll, so wie es noch mehrere Wurzeln in der Prärie gibt, die benutzt werden. Die Kürbisse werden frisch und getrocknet, die Bohnen gewöhnlich mehrere Arten durcheinandergemischt gegessen. Der Mais wird in Wasser abgekocht oder geröstet, auch alsdann gestoßen, mit Fett gemischt und, in kleine runde Kuchen geballt, gebacken, die an einer Seite hohl sind und etwa aussehen wie die Hippen; auch bereitet man ihn auf mancherlei andere Art. Der süße Mais ist sehr wohlschmeckend, besonders wenn er in der sogenannten Milch ist, wo er abgekocht, dann getrocknet und zum Gebrauch aufbewahrt wird.

112 *wohlschmeckende Suppe*: Der bekannte Amerikaforscher Maximilian Prinz zu Wied erwähnt noch eine Suppe, die, wie er sagt, bei zivilisierten Menschen wohl wenig Beifall finden dürfte; sie wird nämlich in dem Magen der Tiere gekocht, indem man, nachdem man die innere Haut des Magens abgezogen hat, Wasser hineingießt, das Ganze fest zugebunden über dem Feuer aufhängt und hin- und herbewegt, worauf das Wasser bald darin kocht. Auf ebendiese Weise bratet man und kocht in den dicken Gedärmen der Tiere Fleisch und Blut. Das ungeborene Büffelkalb ist ein großer Leckerbissen für die Mandaner. Auch der Biber liefert ihnen ein sehr schmackhaftes Fleisch und in seinem fetten Schwanz eine große Delikatesse. Außerdem essen sie noch den Bären, wenn er jung ist, den Wolf, den Fuchs, kurz alles, nur nicht das Pferd. Das Wiesel (Hermelin) wird nur von wenigen gegessen, und unter den Vögeln sind ihnen der Turkey-Bussard und die Raben unangenehm, weil sie die Toten auf den Gerüsten verzehren.

114 *ohne Salz*: Nach Maximilian Prinz zu Wied bedienen sich die Mandaner des Salzes bei ihren Speisen; sie finden es teils in ihren Seen, teils kaufen sie es von den Handelsleuten.

121 *das Spiel Tschung-ki*: Maximilian Prinz zu Wied sagt, dieses Spiel wurde von den Mandanern Skohpe und von den Mönnitarriern Máh-Kache genannt; der Major Long erwähnt es auch bei den Pahnis. Die französischen Kanadier nennen es Billardspiel.

122 *Haut eines weißen Büffels*: Ein wichtiger Gegenstand und eine vorzügliche Medizin ist in den Augen der Mandaner und Mönnitarrier die Haut einer weißen Büffelkuh. Wer eine solche nicht besessen oder noch nicht besitzt, ist nicht angesehen. Es streiten sich vielleicht zwei Männer um ihre Taten: der eine ein alter erfahrener Krieger, der viele Feinde erlegt hat, der andere ein junger unerfahrener Bursche, und der letztere wirft dem ersten vor, er habe ja noch keine weiße Büffelhaut gehabt, so wird der Alte den Kopf senken und vor Scham sein Gesicht verbergen. Gewöhnlich gibt der Besitzer einer solchen Haut, die man Wohka-deh nennt (ein weißer Büffel im allgemeinen heißt Ptihn-Schóttä), diese als Opfer (Uapáhdshi) an den Herrn des Lebens. Er weiht sie ihm oder, was gleichviel ist, der Sonne, auch dem ersten Menschen (Numánk-Máchana). Er sammelt vielleicht noch während der Zeit eines ganzen Jahres Dinge von Wert und hängt dann alles zusammen in der freien Prärie, meist in der Nähe des Begräbnisplatzes, oder im Dorf vor seiner Hütte an einer hohen Stange auf. Die weiße Büffelkuhhaut steht unter den Auszeichnungen eines Mannes obenan. Hat man nicht selbst das Glück, eine solche zu erlegen, was wohl meistens der Fall ist, da dergleichen Tiere selten sind, so kauft man sie oft in weiter Ferne, und andere Nationen bringen sie, da man den von den Mandanern diesem Gegenstand beigelegten Wert wohl kennt. Eine solche Haut muß von einer jungen, nicht über zwei Jahre alten Kuh sein und wird mit Hörnern, Nase, Hufen, Afterklauen und Schwanz vollständig abgezogen und gegerbt. Man zahlt dafür bis zu zehn und fünfzehn Pferden an Wert. Ein Mandaner gab zehn Pferde, eine Flinte, Kessel und andere Dinge für ein solches Fell. Die weiße Haut einer alten Kuh oder eines Stieres bezahlt man lange nicht so hoch. Eine weiße junge Kuhhaut reicht für alle Töchter eines Mannes hin; sie wird nicht als Robe getragen wie bei den Mönnitarriern, oder es trägt sie höchstens einmal bei einer großen Festlichkeit eine Tochter oder Frau aus der Familie, nachher aber nicht mehr.

Bei der Einweihung des Felles haben die Númangkake (Mandaner) besondere Feierlichkeiten. Sobald man die Haut erhalten hat, nimmt man einen ausgezeichneten Medizinmann (Numank-Chópenick) an, der sie umhängen muß. Dieser geht alsdann in der scheinbaren Richtung des Ganges der Sonne um das Dorf herum und singt eine Art von Medizingesang. Wenn der Besitzer, nachdem er drei bis vier Jahre hindurch Dinge von Wert gesammelt hat, sein Kleinod dem Herrn des Lebens oder dem ersten Menschen opfern will, so wickelt er es zusammen, nachdem er Wermut (Artemisia) oder einen Maiskolben hinzugefügt hat, und die Haut bleibt alsdann an einer hohen Stange aufgehängt, bis sie verfault ist. Oft, wenn die Zeremonie der Einweihung vorüber ist, schneidet man die Haut in schmale Streifen, und die Familienmitglieder tragen Teile davon als schmale Binden quer über den Kopf oder über die Stirn befestigt, wenn sie sich putzen wollen.

Tötet ein Mandaner eine solche junge weiße Büffelkuh, so gilt dies mehr, als wenn er einen Feind erlegt hätte. Er zerlegt das Tier nicht selbst, sondern trägt dies einem anderen Mann auf, dem er ein Pferd dafür schenkt. Er allein, der ein solches Tier erlegt hat, darf in den Ohren einen schmalen Streifen des Felles tragen. Die weiße Robe wird nicht anderweitig verziert, denn sie ist über allen anderen Putz erhaben. Die Handelsleute verkauften zuweilen den Indianern solche Felle und erhielten bis zu sechzig andere Felle dafür.

Auch weißgefleckte Büffelfelle haben bei den Mandanern schon einen höheren Wert; es gibt aber auch eine Rasse dieser Tiere mit sehr weichen, seidenartigen Haaren von schönem, in der Sonne wie Biberhaar schillerndem Goldglanz, die man ebenfalls hochhält und mit zehn bis fünfzehn Dollar bis zu dem Wert eines Pferdes verkauft.

133 *Beinkleider*: Das Band an der äußeren Naht der Beinkleider wurde auch häufig mit blauen und weißen Glasperlen bestickt und mit langen ledernen Fransen besetzt, die unten am Knöchel ein dichtes, auf dem Boden etwas nachschleppendes Bündel bilden. Das Leder der Beinkleider selbst ist meist rotbraun oder fahl rötlich angestrichen, gewöhnlich mit Ton, auch öfters auf diese Art weiß, oft unterhalb des Knies mit schwarzen Querstreifen gezeichnet.

Das von den Engländern so genannte Breech-Cloth, Nokkä, kommt bei den Mandanern wie bei allen Stämmen der Nordamerikaner vor. Es ist meist ein schmales Stück schwarz und weiß gestreiften, wollenen Zeuges, das sie zwischen den Schenkeln durchziehen und vorn und hinten unter dem Gürtel durchschieben, wo es alsdann mit einer breiten Fläche herunterhängt. Daß dieses Stück der Bekleidung auch selbst bei den alten Mexikanern im Gebrauch war, beweisen die Figuren, die man noch gegenwärtig an den alten Ruinen jenes Landes mit so viel Interesse betrachtet.

Mokassins: Maximilian Prinz zu Wied nennt die Schuhe der Mandaner Humpä.

Köcher ... mit vergifteten Pfeilen: Obgleich alle Pfeile der Missouri-Nationen einander vollkommen gleichen, so liegt doch in ihrer Verfertigung ein großer Unterschied. Die Mandaner sollen unter allen Missouristämmen die besten Pfeile zu verfertigen wissen. Ihre Eisenspitzen sind dick und solid, länglich dreieckig und sehr scharf schneidend; sie verfertigen sie selbst aus altem Eisen. Die Federn sind gänzlich angeleimt, und die Bewicklung unter der Spitze und am Federende ist aus sehr gleichen, höchst feinen Tiersehnen gemacht. Alle tragen auf ihrer ganzen Länge hinab eine Schlangen- oder Spirallinie eingegraben oder mit roter Farbe aufgemalt, die den Blitz darstellen soll. Die Mönnitarrier machen die Eisenspitzen dünner und nicht so gut, leimen auch die Federn nicht fest, sondern binden sie bloß an beiden Enden an wie die Brasilier. Die Assiniboins haben häufig sehr dünne, schlechte Blechspitzen an ihren Pfeilen. Say (siehe Major Long's Exped.) erzählt, daß das Arrowwood (Viburnum) von den Indianern des unteren Missouri und der benachbarten Prärien zu ihren Pfeilen benutzt werde. Maximilian Prinz zu Wied vermutet, daß dieser Strauch der Alisien (Viburnum) des oberen Missouri sei, der zuweilen zu den Bogen, aber selten zu den Pfeilen benutzt wird. – Vom Vergiften der Pfeile weiß man nichts.

Die Mandaner und Mönnitarrier haben jetzt fast sämtlich Flinten (Erúhpa in der Sprache der ersteren), die sie an den messingnen Pfeifen der Ladestöcke mit roten Tuchläppchen verzieren und an den Kolben mit gelben Nägeln beschlagen. Außer dem an dem Gewehr befindlichen Ladestock tragen sie, wie alle Indianer, noch immer einen besonderen langen Ladestock in der Hand, dessen sie sich gewöhnlich bedienen (Maximilian Prinz zu Wied, Bd. II, S. 201).

143 *der letztere soll ... viel mächtiger sein*: Maximilian Prinz zu Wied hält dies für ein Mißverständnis, da die Indianer ihm niemals etwas Ähnliches gesagt haben (Bd. II, S. 659).

wohne in der Hölle: Catlin hat in bezug auf den Wohnplatz des Herrn des Lebens die Mandaner wohl mißverstanden, oder er ist falsch unterrichtet worden, wie dies auch Herr Kipp, welcher der Mandanersprache ganz mächtig war, bekräftigte. Den Sitz des Herrn des Lebens glaubten sie in der Sonne und nicht in der Hölle, weshalb sie auch besonders die Sonne verehrten. Der Ausdruck ›Hölle‹ sollte hier gar nicht gewählt werden, indem ›das Land der Guten‹ und ›das Land der Bösen‹ bessere Bezeichnungen für diese Begriffe zu sein scheinen (Maximilian Prinz zu Wied, Bd. II, S. 660 Anm.).

144 *das ›große Kanoe‹*: Es ist dies die Arche des ersten Menschen (Mah-Mönnih-Túchä), die Catlin ›Kanoe‹ nennt (Maximilian Prinz zu Wied, (Bd. II, S. 661 Anm.).

Die religiöse Zeremonie ... beginnt: Nach Catlin kennen die Mandaner nicht die Einteilung in Tage oder Wochen; dagegen sagt Maximilian Prinz zu Neuwied (Bd. II, S. 191):

Die Einteilung der Zeit, besonders die Einteilung des Jahres in Monate (Minang-gä) ist bei den Mandanern ziemlich natürlich. Sie rechnen die Jahre nach Wintern und sagen, so viele Winter sind seit jenem Ereignis verflossen. Die Zahl der Winter können sie in Zahlen oder auch an den Fingern und Händen abzählen, denn ihre Zählwörter sind sehr vollständig. Beginnt man mit dem Anfang des Jahres, so ist:

1. Der erste Monat, der Monat der sieben kalten Tage, Aschini-tächtä-minang-gä; er entspricht dem Januar.
2. Der Monat der Begattungszeit des Wolfes, Charatä-dúh-häminähki-minang-gä; unser Februar.
3. Der Monat der kranken Augen, Istippa-minang-gä; März.
4. Der Monat des Wildprets, einige nennen ihn auch den Monat der wilden Gänse, Enten usw.; Pattohä-ku-minang-gä; April. Man nennt ihn auch öfters den Monat, welcher das Eis aufbricht, Chódä-uáppi-minang-gä.
5. Der Monat, in welchem man sät (den Mais), oder Monat der Blumen, Wakih-häddä-minang-gä, Mai.
6. Der Monat der reifen Servicebeeren, Mánna-puschákä-rátak-minang-gä; Juni.
7. Der Monat der reifen Kirschen (Prunus), Katáckä-rátak-minang-gä; Juli.
8. Der Monat der reifen Pflaumen (Prunus), Wáhkta-rátak-minang-gä; August.
9. Der Monat des reifen Maises, Makiruchah-minang-gä; September.
10. Der Monat der abfallenden Blätter, Mánna-apä-haráh-minang-gä; Oktober.
11. Der Monat, wo die Flüsse zufrieren, Chódä-ahke-minang-gä; November.
12. Der Monat des kleinen Frostes (la lune du petit froid), Ischinin-takschúkä-minang-gä; Dezember.

Hier und da werden auch noch andere Namen für die Monate gewählt, worin etwas Willkür herrscht; die hier angegebenen sind aber die gewöhnlichen (Maximilian Prinz zu Wied, Bd. II, S. 191).

146 *mit verschieden gefärbtem Ton angestrichen*: Eigentlich sollten sie alle weiß angestrichen sein, was die Farbe der Trauer oder Demut ist, doch kann zufällig die weiße Erde gefehlt haben (Maximilian Prinz zu Wied, Bd. II, S. 662 Anm.).

147 *Kauih-Sächka*: Catlin nennt den Leiter der Zeremonie Oh-ka-pa-kah-seh-ka; dies ist unrichtig, es muß heißen Kauich-Sächka. Es erklärt sich dies wohl dadurch, daß die Sprache der Mandaner für einen Engländer und Franzosen schwer, für einen Deutschen und Holländer weit leichter auszusprechen ist, weil sie außerordentlich viele Kehllaute, wie ach, och, uch im Deutschen, hat. Nasallaute kommen nur einzeln vor (Maximilian Prinz zu Wied, Bd. II, S. 662 Anm. und S. 207).

nahm auf dieselbe Weise Abschied: Dies ist nicht richtig, indem der erste Mensch am Ende des Festes wiedererscheint, die acht Büffeltiere (Berócki-Häddisch) totschießt und sie dem Volk preisgibt. Wenn nämlich alles vorüber ist, ladet Numánk-Máchana (der erste Mensch) die Bewohner ein, sich zu versammeln und Büffeljagd zu halten. Die Männer kommen nun zu Fuß und zu Pferd mit Bogen und Pfeilen herbei; letztere sind an der Holzspitze mit grünem Laub versehen, und indem die Stiere dem ersten Menschen tanzend sich genähert haben und von ihm zurückgestoßen werden, schießt man sie von allen Seiten nieder. Sie fallen, wälzen sich auf dem Boden und liegen dann als Tote still. Der erste Mensch ladet nun die Bewohner ein, sich das Fleisch der Büffel zu nehmen. Diese, denen die Roben schon abgefallen waren, stehen nun auf und ziehen sich in die Medizinhütte zurück, wo die Figuranten sich in zwei Haufen teilen, Arme und Beine ausstrecken, sich auf den Magen schlagen und dabei ausrufen, daß sie sich nun stark fühlen, die einen, daß sie Feinde töten, die anderen, daß sie viele Büffel erlegen werden usw.; dann entfernt man sich, ißt, ruht, und das Fest ist beendigt (Maximilian Prinz zu Wied, Bd. II, S. 662, Anm.).

151 *als Maske*: Maximilian Prinz zu Wied führt noch folgende Masken an, die am dritten Tag des Okippe an dem Tanz teilnehmen und von Catlin nicht erwähnt werden (Bd. II, S. 175, 177, 178):

1. Zwei Männer, als Weiber verkleidet, welche in diesem Aufzug mittanzen, indem sie sich zur Seite der acht Büffel halten. Sie tragen Kleider von Bighornleder, Weiberbeinkleider (Mitasses), die Robe mit den Haaren nach außen, bloß die Backen rot bemalt, das Kinn tätowiert, den Kopf nach Weiberart mit Glasperlen (Rassade) verziert.

2. Zwei andere Männer stellen ein Paar Schwäne vor. Sie sind nackt, tragen einen Schwanenschwanz in der Hand, sind über und über weiß angestrichen, bloß Nase, Mund (Schnabel) und der untere Teil der Beine mit den Füßen schwarz.

3. Ein Paar Klapperschlangen. Ihr Rücken ist wie bei diesen Tieren schwarz quergestreift, die Vorderseite gelblich, von jedem Auge läuft über die Backen hinab ein schwarzer Streifen, und in jeder Hand halten sie einen Büschel Wermut.

4. Zwei Biber (Uárapä); sie tragen die Büffelhaut mit dem Pelz nach außen, hinten am Gürtel ein Stück Pergament wie einen Biberschwanz und sind braun bemalt.

5. Zwei Raubvögel; ihre Schultern sind blau, der Vorderteil gelblich und gefleckt, sie tragen Federn auf dem Kopf und Raubvogelfüße in den Händen.

6. Zwei Männer stellen das getrocknete Fleisch vor, das in schmale Streifen geschnitten ist. Sie haben auf dem Kopf eine Mütze von weißem Hasenfell, der Leib ist mit Zickzackstreifen bemalt, um die Hüften haben sie einen Gürtel von grünen Zweigen und tanzen mit wie die übrigen.

7. Ein oder zwei Wölfe (Cháratä). Sie sind weiß angestrichen, tragen eine Wolfshaut und laufen den Cabris, die vor ihnen flüchten, nach; fangen sie eine solche, so kommen die Bären, nehmen sie ihnen ab und fressen sie auf.

8. Zwei Präriewölfe (Schähäcke). Sie sind oben auf dem Kopf weiß, auf dem Gesicht gelbrot bemalt, tragen trockene Kräuter in den Haaren, in der Hand einen rotbraun gestreiften Stock und laufen in der Prärie vor den anderen Tieren her, wenn diese das Dorf verlassen.

Fast alle diese Tiere sollen verschiedene Gesänge mit Worten haben, die aber Uneingeweihte nicht verstehen.

153 *der Böse Geist*: ›Die Rolle des Ochkih-Häddäh oder Teufels kann niemandem zugeteilt werden, sondern wer sich dazu hergeben will, muß sich selbst melden.‹ (Maximilian Prinz zu Wied, Bd. II, S. 176.) Einst, so erzählen die Indianer, habe man dieses Medizinfest am Heart (Herz)-Fluß gefeiert, wo die Mandaner damals noch wohnten, und den Mann, der diese Rolle übernommen hatte, in den Fluß geführt. Als man ihn ausgezogen hatte, um ihn zu bemalen und anzukleiden, gab er große Unruhe zu erkennen und verlangte, man solle ihn loslassen, und als dies geschah, war er wie vom bösen Geist besessen, rannte pfeilschnell wie ein Pferd auf die Hügel und in der Ebene umher. Den beiden Begleitern wurde bange, und sie liefen nach dem Dorf; allein der neue Ochkih-Häddäh kam pfeilschnell bei ihnen vorbei, sprang über die hohe Umzäunung des Dorfes oben in die Hütten hinein und wieder hinaus, lief alsdann nach dem Fluß, und man sah nach ihrer Meinung deutlich, daß er besessen war. Es kostete die Bewohner viel Mühe, seiner habhaft zu werden und ihn abzuwaschen, er aber zitterte am ganzen Leib, verhüllte sich in seine Robe und blieb sein ganzes Leben hindurch in einem ähnlichen Zustand, ohne je wieder ein Wort zu sprechen.

Wenn die Mandaner drei bis vier Tage fasten, so träumen sie häufig vom Ochkih-Häddäh und glauben dann, daß sie nicht lange mehr leben werden. Ein Indianer erzählte Maximilian Prinz zu Wied (a. a. O., S. 176 Anm.), er habe auch einst bei diesem Fest lange gefastet und sich am Rücken aufhängen lassen. Während der Nacht träumte er vom Ochkih-Häddäh und sah ihn weit schrecklicher und größer, als er je dargestellt werden konnte. Sein Federbusch reichte bis in die Wolken, und er lief pfeilschnell umher. Noch mehrmals träumte er von diesem Teufel; er will aber jetzt, um nicht zu früh zu sterben, nie mehr fasten. Er setzte noch hinzu, er habe den als Maske vorgestellten Ochkih-Häddäh oft mit Freude und ohne Scheu betrachtet; er sehe jetzt diese Sache aus einem anderen Gesichtspunkt an, denn je mehr er an ihn gedacht habe, desto größer und gräßlicher sei er ihm vorgekommen, und unter diesen Umständen sei ihm der Geist auch sehr nahe gewesen, und wenn er ihn nur einmal berührt hätte, so würde er ohne Zweifel gestorben sein.

165 *Die Mönnitarrier*: auch Mennitarris; die Benennung ist von den Mandanern gegeben und bedeutet ›die über das Wasser Gekommenen‹. Es ist daher falsch, wenn die Amerikaner ›Minetarris‹ schreiben, da in der Mandansprache das Wasser nicht ›Minnih‹, sondern ›Mönnih‹ oder ›Mennih‹ genannt wird. Die Franzosen legten diesen Indianern den sonderbaren Namen Grosventres bei, dessen Bedeutung nicht mehr auf sie als auf die übrigen Nationen paßt; auch die Anglo-Amerikaner bedienen sich häufig dieses Namens. Die Mönnitarrier nennen ihre Nation Biddahátsi-Awatiß und nicht Bellántsiä, wie viele Amerikaner sagen.

179 *ihre Wigwams im Winter nicht bewohnt*: Catlin, der die Mandaner im Sommer besuchte, scheint nicht erfahren zu haben, daß sie besondere Winterdörfer besitzen. Maximilian Prinz zu Wied sagt, daß diese Indianer im Winter, das heißt im Anfang oder in der Mitte des November, mit dem größten Teil ihrer Habe in die benachbarten Waldungen ziehen, wo sie ihre Winterdörfer erbaut haben, die aus ganz ähnlichen, nur etwas kleineren Hütten bestehen. Der Wiedereinzug in die Sommerdörfer fällt gewöhnlich in den letzten Teil des Februar oder in den Anfang des März, so daß sie also acht und einen halben Monat in den Sommerdörfern wohnen. Im Innern der Winterhütte haben die Pferde eine besondere, von Stangen gebildete Abteilung, in die man sie abends stellt und mit Mais füttert, während sie bei Tag in den Prärien geweidet und sich in den Gebüschen von Pappelrinde genährt haben. Man sieht die Indianer aus ihren Winterdörfern häufig nach den Sommerdörfern zurückkehren, um mancherlei Bedürfnisse zu holen, da sie immer einen Teil ihrer Habseligkeiten dort zurücklassen. Im Innern der Winterhütten errichten sie quer vor der Tür eine hohe Schirmwand von Weidenästen, die mit Fellen bedeckt wird, den äußeren Luftzug abhält und namentlich die Feuerstelle vor dem Zug schützt. Der Eingang besteht aus zwei vorspringenden, oben bedeckten Wänden und gleicht einer Röhre.

191 *Wampumschnüre*: Wampum ist der Name eines Schmuckes, den die Indianer aus bunten Muscheln verfertigen, die sie an den Flüssen aufsuchen. Sie zerschneiden diese in Stücke von einem Zoll Länge, durchbohren sie, so daß sie das Ansehen von Stücken eines zerbrochenen Pfeifenrohres erhalten, reihen sie auf Hirschsehnen aneinander und tragen sie um den Hals oder als Kriegsgürtel um den Leib. Unter den zahlreichen Stämmen, die früher die atlantische Küste und dasjenige Land bewohnten, das gegenwärtig den Hauptteil der Vereinigten Staaten bildet, wurden diese Wampum stets angefertigt und hatten einen hohen Wert, da sie an Stelle des Geldes dienten, das den Indianern unbekannt ist. Eine gewisse Anzahl Schnüre oder Handbreiten war für den Wert eines Pferdes, einer Flinte, einer Büffelhaut usw. festgesetzt. Bei Verträgen galt der Wampum als ein Freundschaftspfand, und seit den ältesten Zeiten sandte man ihn als Friedensboten an die feindlichen Stämme. Auch wurden Wampum-

schnüre von einer gewissen Länge als Tribut an die Eroberer und indianischen Häuptlinge entrichtet.

Es ist ein merkwürdiger Umstand, daß ich nur sehr wenige Wampum sah, sobald ich den Mississippi überschritten hatte, und ich erinnere mich nicht, ihn bei Indianern des oberen Missouri gesehen zu haben, obgleich die Muscheln, aus denen er verfertigt wird, auch dort in Menge vorkommen. Bei den Missourisioux bemerkte ich nur sehr wenig Schnüre und bei den Stämmen im Norden und Westen von ihnen gar keine. Unterhalb der Sioux und längs der ganzen Westgrenze der Vereinigten Staaten sind die verschiedenen Stämme mit Wampumschnüren überladen, da diese jetzt keinen Wert mehr für sie haben, seitdem die Pelzhändler nachgemachte Wampumschnüre aus Porzellan oder einem anderen Stoff in großer Menge eingeführt und zu so geringen Preisen verkauft haben, daß die echten Wampumschnüre ihren Wert verloren haben und fast ganz verschwunden sind.

207 *Büffel*: Maximilian Prinz zu Wied sagt über den Büffel: ›Man hat den amerikanischen Bison für identisch oder doch sehr nahe verwandt mit dem noch jetzt in Rußland lebenden Zubr oder Wisent angesehen, allein beide Tierarten bilden vollkommen verschiedene Spezies. – Den Bison hat man schon öfter gezähmt, doch soll er zur Arbeit nicht besonders gut zu gebrauchen sein. Man soll Bastarde vom Hausstier und der Büffelkuh gezogen haben, die sehr stark und tapfer waren und alle anderen Stiere abschlugen; ein recht großer, starker Hausstier soll aber den Bison besiegt haben. Von den Runzeln an der Basis des Bisonhorns hat man gesagt, daß sie das Alter des Tieres anzeigten; allein dies ist ebenso unbegründet, als man das Alter der Klapperschlange nach ihren Schwanzklapperringen bestimmen will.‹

227 *Plattefluß*: Wenn Catlin den Plattefluß einen mächtigen Strom nennt, so ist dies ein Irrtum (der übrigens verzeihlich ist, da er nur die Mündung sah), denn von allen Flüssen dieses weiten Gebietes ist er der seichteste und kaum für die kleinsten Boote befahrbar; ja im Sommer trocknet er so aus, daß er gleich den Flüssen Neuhollands und Südafrikas nur einzelne Wasseransammlungen zwischen großen Sandbänken enthält. Die Indianer nennen ihn ›Nebraska‹, das heißt seichter Fluß, und Washington Irving sagt sehr passend von ihm, daß er der schönste und unnützeste Fluß der Welt sei. Es ist dies um so mehr zu beklagen, da die Quellen seines nördlichen Armes auf dem Südpaß, dem bequemsten Übergangspunkt über das Felsengebirge, liegen und sein Lauf etwa hundertneunzig Meilen bis zu seiner Mündung in den Missouri gerade ostwärts geht, mithin die direkteste und vorteilhafteste Verbindung zwischen dem Missouri und dem Columbiastrom (oder vielmehr mit dem südlichen Arm desselben, dem Lewisfluß) im Oregongebiet bilden würde.

231 *Bogard ein Freitrapper*: Die Trapper (sprich: Träpper), die ihren Namen davon haben, daß sie Biber und andere Tiere in Fallen (traps) fangen, sind ein dem westlichen Amerika ganz eigentümlicher Menschenschlag. Sie werden entweder von Handelsgesellschaften für geringen Lohn ausgesandt und mit Pferden, eisernen Biberfallen, einer Flinte, Pulver und Blei versehen, oder sie treiben ihr Gewerbe auf eigene Hand und nennen sich dann ›freie Leute‹ (Freemen); diese

letzteren sind die zahlreichsten. In kleinen Partien durchstreifen sie das Land, kein Fels ist ihnen zu steil, kein Wasser zu reißend. Dabei schweben sie in beständiger Gefahr, von den feindlichen Indianern angegriffen zu werden, die ihnen auflauern, um sie zu plündern und zu skalpieren. Aber ebendiese immerwährende Gefahr scheint für sie einen eigenen Reiz zu haben; nur selten und ungern entschließt sich der Trapper, sein gefährliches Handwerk aufzugeben, und mitten unter den Genüssen und Bequemlichkeiten der Zivilisation befällt ihn eine Art Heimweh, eine Sehnsucht nach dem beschwerlichen Leben in der Wildnis.

In Sitten und Gebräuchen haben die Trapper manches von den Indianern angenommen, und viele verheiraten sich mit indianischen Frauen. Ihre Kleidung ist aus Leder gemacht, und ihr Kopfhaar lassen sie lang wachsen. Die Stelle des Geldes vertreten Biberfelle, für die sie in den Forts ihre Bedürfnisse eintauschen. Ein Pfund Biberfelle wird gewöhnlich mit vier Dollars in Waren bezahlt, diese selbst aber werden ihnen zu sehr hohen Preisen, sogenannten Gebirgspreisen, angerechnet. So kostet zum Beispiel eine Pinte (ein halber Liter) Mehl einen halben bis einen Dollar, eine Pinte Kaffeebohnen, Kakaobohnen oder Zucker zwei Dollars, eine Pinte verdünnter Alkohol (das einzige geistige Getränk im Gebirge) vier Dollars, ein Stück Kautabak, der gewöhnlich nach indianischer Art mit Kräutern vermischt wird, ein bis zwei Dollars; Gewehre, Munition, Biberfallen, wollene Decken, Tücher und bunter Putz für die Squaws sind ebenfalls sehr teuer.

Einmal in jedem Jahr finden an gewissen Plätzen, die jedoch öfters wechseln, Zusammenkünfte von Agenten der Handelsgesellschaften, Trappern und Indianern statt, um auf dieser ›Messe der Wildnis‹ zu kaufen, zu verkaufen, alte Kontakte zu erneuern oder neue zu schließen, Verabredungen zu treffen, alte Bekannte wiederzusehen, die erlebten Abenteuer zu erzählen und eine Woche hindurch – so lange währt gewöhnlich die Zusammenkunft – sich gütlich zu tun und die überstandenen Beschwerden zu vergessen.

Die Glanzperiode der Trapper ist jedoch vorüber, denn durch die beständige Jagd haben sich die Biber bereits so vermindert, daß, wenn man in der bisherigen Weise mit ihrer Vertilgung fortfährt, sie in nicht ferner Zeit gänzlich verschwinden werden und mit ihnen das originelle Geschlecht der Trapper, und die Erzählungen von dem Leben dieser Söhne der Wildnis, von den Gefahren, die sie bestanden, von den Beschwerden und Entbehrungen, denen sie sich unterzogen. werden dereinst wie Märchen klingen.

Inhalt

ISBN Sammel-Nr. 3-378-00379-0
ISBN 3-378-00380-4
(Bd. 2 ISBN 3-378-00381-2)

Gustav Kiepenheuer Verlag Leipzig und Weimar
1. Taschenbuchauflage (3., veränderte Auflage)
Lizenz Nr. 396/265 LSV 7333
Gesamtherstellung: DRUCKZENTRUM BERLIN · Grafischer Großbetrieb
Schrift: Publica
Gestaltung: Peter Mauksch
Printed in the German Democratic Republic
Bestell-Nr. 812 365 9
01360 (I/II)

ISBN Sammel-Nr. 3-378-00379-0
ISBN 3-378-00380-4
(Bd. 2 ISBN 3-378-00381-2)

Gustav Kiepenheuer Verlag Leipzig und Weimar
1. Taschenbuchauflage (3., veränderte Auflage)
Lizenz Nr. 396/265 LSV 7333
Gesamtherstellung: DRUCKZENTRUM BERLIN · Grafischer Großbetrieb
Schrift: Publica
Gestaltung: Peter Mauksch
Printed in the German Democratic Republic
Bestell-Nr. 812 365 9
01360 (I/II)

Der Anblick einer prächtig geschmückten,
stolzen Indianerabordnung aus dem ›Fernen Westen‹
veranlaßte den jungen,
aus Pennsylvania stammenden Maler
George Catlin im Jahre 1832, ›ihr Land zu besuchen
und ihr Geschichtsschreiber zu werden‹.
Während einer achtjährigen Reise
durch nordamerikanische Indianergebiete
hielt er sich besonders lange
bei den Prärieindianern auf
und studierte ihre Sitten und Bräuche.
Sein 1841 erschienener umfangreicher Reisebericht
gehört zu den klassischen Werken der Literatur
über die Indianer Nordamerikas.
Anschaulich und einfühlsam
schildert er das abwechslungsreiche und mühevolle
tägliche Leben berühmter Indianerstämme und versucht,
Verständnis zu wecken für deren
fremdartig erscheinende ›unzivilisierte‹ Lebensweise.
So entsteht vor den Augen des Lesers
ein farbiges und noch unverfälschtes Bild
von der Welt des ›roten Mannes‹,
die in dieser ursprünglichen Form
nicht mehr lange existieren sollte.